Theodor Fontane
Da sitzt das Scheusal wieder

aufbau

THEODOR FONTANE

Da sitzt das Scheusal wieder

Die besten Theaterkritiken

Herausgegeben und mit einer Einführung
von Debora Helmer

Mit einem Nachwort
von Simon Strauß

 aufbau

Textgrundlage:
Theodor Fontane, Theaterkritik 1870–1894,
4 Bände, hrsg. von Debora Helmer und Gabriele Radecke in
Zusammenarbeit mit der Theodor Fontane-Arbeitsstelle, Universi-
tät Göttingen (Große Brandenburger Ausgabe, Das kritische Werk,
hrsg. von Gabriele Radecke und Heinrich Detering).

Orthographie und Interpunktion folgen der historischen Schreib-
weise, wobei offenkundige Fehler stillschweigend korrigiert wurden. Sämtliche Hervorhebungen erscheinen kursiv.

ISBN 978-3-351-03742-0

Aufbau ist eine Marke der Aufbau Verlag GmbH & Co. KG

1. Auflage 2018
© Aufbau Verlag GmbH & Co. KG, Berlin 2018
Einbandgestaltung zero-media.net, München
Satz LVD GmbH, Berlin
Druck und Binden CPI books GmbH, Leck, Germany
Printed in Germany

www.aufbau-verlag.de

Inhalt

»Ich danke für Obst!« – Kuddelmuddel und Grundkonfuses

Gefühlsunwahrheiten

Von jenseits des gesunden Menschenverstandes

Urteile der höheren Instanz:
Das Gesetz in unserer Brust

»»Da sitzt das Scheusal wieder‹, habe ich sehr oft auf den Gesichtern gelesen«

Eine Einführung
Von Debora Helmer

Auf seinem Stammplatz, dem Parkettplatz 23 im Königlichen Schauspielhaus am Gendarmenmarkt, saß Theodor Fontane zum ersten Mal am 17. August 1870; man gab Schillers »Wilhelm Tell«. Bis April hatte er zehn Jahre lang als Redakteur für die erzkonservative »Kreuz-Zeitung« gearbeitet, jetzt war er als Theaterkritiker bei der als liberal geltenden »Vossischen Zeitung« angestellt und hatte diesen Posten knapp zwanzig Jahre inne. In dieser Zeit sind insgesamt etwa 700 Theaterkritiken entstanden (649 Haupt- und 44 Nachtkritiken), von denen hier eine Auswahl von 46 Texten vorliegt.

Diese Zusammenstellung bildet einen repräsentativen Querschnitt, wobei von Klassikeraufführungen über französisches Theater, zeitgenössische Dramen und Gastspiele berühmter Schauspieler bis hin zu den Aufführungen naturalistischer Stücke auf der »Freien Bühne« alles versammelt ist, womit sich Fontane in dieser Zeit als Theaterkritiker auseinandergesetzt hat. 1889 übergab er seinen Posten bei der ›Vossin‹ an seinen Nachfolger Paul Schlenther, besprach aber noch fünf Aufführungen der »Freien Bühne«.

In der vorliegenden Auswahl überwiegen die Verrisse, was durchaus repräsentativ ist. Das mag zum einen an der Textsorte und dem Publikationsort liegen, schließlich schrieb Fontane für das Feuilleton einer der größten Berliner Tageszeitungen, war also zu Unterhaltung verpflichtet. Zum anderen hat er seine Aufgabe sehr ernst genommen und das, was sich ihm darbot, stets einem kritisch-professionellen Blick unterzogen. Auch wenn ihn ein Kollege als »Theaterfremdling«, abgeleitet von seinen Initialen Th. F., zu verunglimpfen suchte, weil er auf diesem Gebiet keine akademische Vorbildung besaß, hatte er sich doch bereits als Journalist profiliert, war mit poetischen Texten an die Öffentlichkeit getreten und gehörte verschiedenen literarischen Vereinigungen an. Nicht weniger wichtig war ihm jedoch die eigene Überzeugung seiner ästhetischen Urteilsfähigkeit, die ihn erkennen ließ, wenn er eine dramatische oder schauspielerische Glanzleistung – oder eben ein ›grundkonfuses Kuddelmuddel‹ vor sich hatte. Und in letzterem Falle scheute er sich nicht, seine Meinung zu sagen, gerade wenn sie abwich von der des Publikums, das sich in Fontanes Augen nicht unbedingt durch Sicherheit in Geschmacksfragen auszeichnete.

Obwohl das Königliche Schauspielhaus subventioniert wurde und nicht in gleicher Weise wie die vielen privaten Berliner Theater auf finanziellen Erfolg angewiesen war, wurde der Spielplan einerseits von zeitgenössischen Lustspielen, oft nach französischem Vorbild, dominiert, andererseits bot ein festes Repertoire an Klassikern vor allem den gastierenden Schauspielern die Gelegenheit, ihr Können als Luise Millerin, Don Carlos, Gretchen oder Othello zu zeigen. Weiterhin gehörten zum Repertoire ältere, in Fontanes Augen veraltete Dramen, die nur mehr ›verstaubt‹ daherkamen. Ein viel bedientes Genre in dieser Hinsicht war das historische Trauerspiel. Eher selten fühlte sich Fontane von dem, was er auf der Bühne sah, »in das Reich idealer Kunst emporgetragen«, wie er anlässlich einer Aufführung von Schillers »Piccolomini« schrieb. Dabei sprach er dem Theater durchaus die Aufgabe einer Bildungsstätte zu – eine Aufgabe, der sich die Königlichen Schauspiele unter den Intendanten Botho von Hülsen, der das Amt bis 1886 innehatte, und Bolko von Hochberg gerade nicht stellten. Nun war die zweite Hälfte des 19. Jahrhunderts nicht unbedingt eine Blütezeit des deutschen Dramas; von den zeitgenössischen Autoren, die heute noch zum Kanon gehören, wie Friedrich Hebbel und Franz Grillparzer, besprach Fontane lediglich Grillparzers »Des Meeres und der Liebe Wellen« und Hebbels »Herodes und Mariamne«.

Bei alledem zog Fontane ein gut gespieltes triviales Lustspiel einer schlechten Klassiker-Aufführung vor: »Ein gut gemalter Kohlkopf jagt drei schlecht gemalte Heilige zum Tempel hinaus.« (Kritik vom 20. 12. 1883) Wiederholt gab er zu bedenken, dass das Ensemble des Königlichen Schauspielhauses für das »Klassisch-Ideale« wie für das »Historisch-Romantische« ungleich weniger geeignet sei als für Lustspiel und Konversationsstück. Auch ist hierbei die damalige Aufführungspraxis zu berücksichtigen, speziell die des Königlichen Schauspielhauses, während im Wiener Burgtheater zum Teil andere Regeln galten. So war es zum Beispiel üblich, selbst für Neueinstudierungen oder Novitäten nicht mehr als drei Proben anzusetzen. Auch einen Regisseur oder Dramaturgen im heutigen Verständnis gab es zu dieser Zeit am Königlichen Schauspielhaus nicht. Die entsprechenden Aufgaben übernahm in der Regel einer der erfahreneren Schauspieler selbst. Bisweilen wurden auch Rollenmonopole zum Problem: Dem Schauspieler Theodor Liedtcke stand laut Vertrag von 1853 die Rolle des ersten bzw. jugendlichen Liebhabers sowie des Bonvivants im Lustspiel zu, und weil er 1884 immer noch auf dieser Vertragsklausel bestand, musste der Intendant schließlich den Kaiser höchstpersönlich bitten, einzugreifen und den inzwischen auf die sechzig zugehenden Liedtcke zu veranlassen, geeignetere Rollen zu übernehmen.

In Fontanes Theaterkritiken wird, wenn es sich um ein neues oder neu einstudiertes Stück handelt, vor allem der Inhalt referiert und bewertet. Im Falle von Klassikern oder viel gespielten zeitgenössischen Stücken steht die Aufführung als solche im Vordergrund, wobei wir heutigen Leser vollständig auf die Vermittlung durch den Kritiker angewiesen sind. Während Fontane in dieser Hinsicht, der Bewertung der schauspielerischen Leistungen, zurückhaltender ist, transportieren seine höchst amüsanten Inhaltsangaben oft schon ein Gutteil der Bewertung.

Kapitel 1 enthält vor allem Kritiken zu Aufführungen des französischen Theaters. Auf Wunsch der Kaiserin Augusta wurde 1874 und 1877 bis 1879 jeweils von Januar bis April erstmals wieder eine französische Theatertruppe nach Berlin eingeladen, nachdem der Deutsch-Französische Krieg 1870/71 diese jährlichen Gastspiele unterbrochen hatte. Diese Wiederaufnahme der seit 1828 bestehenden Tradition stieß angesichts des angespannten deutsch-französischen Verhältnisses nicht überall auf Beifall, auch galten die favorisierten französischen Lustspiele und Konversationsstücke gemeinhin als frivol und sittenlos. Fontane allerdings war bei allen Vorbehalten durchaus der Meinung, dass das Ensemble des Königlichen Schauspielhauses von den französischen Kollegen einiges lernen könnte.

Um mangelhafte bis unzureichende schauspielerische Leistungen geht es im Kapitel 2 mit Besprechungen zu Klassikern wie Goethe, Schiller und Shakespeare, zu Wohlbekanntem wie Charlotte Birch-Pfeiffers »Die Grille« und weniger Bekanntem wie G. Conrads »Phädra« (unter diesem Pseudonym veröffentlichte Georg, Prinz von Preußen, Großneffe von König Friedrich Wilhelm III., seine Dramen). Das kritische Interesse gilt hier vor allem den Auftritten von Gastschauspielern, berühmten wie der Tragödin Clara Ziegler und weniger berühmten wie Louise Eppner vom Freiburger Stadttheater. Bei den vielen ›Gastspielen auf Engagement‹, die die immer wiederkehrende Aufführung von Stücken mit Paraderollen zur Folge hatten, sollte dem jeweiligen Gast die Möglichkeit geboten werden, anhand von drei aussagekräftigen Auftritten Publikum und Rezensenten von der Qualität seines Spiels zu überzeugen. Diese Kritiken sind in der Regel eher kurz, weil Fontane meistens kaum etwas über das jeweilige Drama und nur wenig über die Aufführung als solche sagt, sondern sich auf die betreffende Gastschauspielerin oder den Gastschauspieler konzentriert.

Kapitel 3–5 umfassen Texte, die sich in ihren Hauptkritikpunkten entsprechen.

Unter dem Titel »Ich danke für Obst« (Kapitel 3) finden sich Besprechungen zu Stücken, die in Fontanes Augen ›grundkonfus‹ und ›abgestanden‹ sind und in ihrer schlimmsten Ausprägung ein »Kuddelmuddel, ja [...] ein vollständiges Gequatsche« darstellen (S. 115). Meist sind es zeitgenössische Lust- und Schauspiele, in denen statt originaler Figuren und Situationen nur mehr Typen die Szene bevölkern: die Kicherkatze und der dumme Pantoffel-Präsident, der nichtssagende Lückenbüßer-Freund und die kokette Generalin: »mitunter wird einem mehr zugemuthet, als zu tragen möglich ist« (S. 104). Und gerade wenn Fontane bestrebt ist, den Eindruck des Nörglers und Krittlers doch noch durch ein Lob wettzumachen, ist der Erfolg seines Bemühens mehr als zweifelhaft: So heißt es z. B. am Schluss der Besprechung von A. Hackenthals »Eine Ehe von heut'« (ein Schauspiel, das er zu Beginn als ›gescheitert‹ bezeichnet): »Das Stück, mit all seinen Fehlern, ist doch sehr talentvoll und selbst mein innerlichstes Widerstreben gegen Stoff und Richtung desselben kann mich nicht hindern dies allerbereitwilligst zuzugestehen.« (S. 98)

Die für Kapitel 4 ausgewählten Stücke vom Typus des Historiendramas sind in Fontanes Augen mit dem Makel der ›Gefühlsunwahrheit‹ behaftet. Für sie gilt, was er in der Kritik zu Ernst Raupachs »Vor hundert Jahren« schreibt: »Ein bühnengeschicktes, effektvolles, aber innerlich hohles Ding, unwürdig, grundsatzlos, ethisch-verwirrend, weil alles richtige Empfinden darin auf den Kopf gestellt wird.« (S. 119) Die Kritiken zu selbigen Historiendramen sind vergleichsweise lang, weil sich der Rezensent ausführlich mit dem Inhalt beschäftigt. So legt er anhand der Nacherzählung von Richard Voß' »Treu dem Herrn« detailliert dar, was er in erster Linie zu beanstanden hat: »Und so nicht blos an dieser Stelle, sondern wohin man blickt; nirgends klappt es und paßt es in diesem Stück«, und alles »berührt häßlich, alles ist krumm und schief« (S. 137).

Die Kritiken in Kapitel 5, »Von jenseits des guten Menschenverstandes«, befassen sich mit Stücken, denen es vor allem an innerer Logik des Handlungsablaufs fehlt. Die einzelne Szene zähle mehr als das große Ganze; viele Rollen seien »zu sehr aus dem Unverstand des Lebens geschöpft«, und im schlimmsten Falle ist »alles Unsinn von Anfang bis Ende« (S. 165). Hugo

Lubliner und Otto Franz Gensichen wirft er vor, ihre Stücke seien nicht viel mehr als ›Szenen-Aneinanderreihungskunst‹, bei der »mit Vorliebe gepflegtes Achthaben auf die Theile, leicht zur Vernachlässigung des Ganzen führt« (S. 150).

Das 6. und letzte Kapitel präsentiert Texte, die sich durch ihren Enthusiasmus von den vorherigen deutlich absetzen. Ausschlaggebend für ihre Aufnahme war jedoch nicht das Kriterium des Lobes (auch ein absoluter Verriss ist mit der Kritik zu Ernst von Wildenbruchs »Fürst von Verona« darunter), sondern die selbstreflexiven Passagen, in denen Fontane Rechenschaft ablegt über seine Tätigkeit als Kritiker. Hier kommen die Kriterien zur Sprache, nach denen er seine Bewertungen vornimmt, hier spricht er über das ›Gesetz in unserer Brust‹, das wichtiger ist als ›das ästhetische Gesetz‹.

In diese Gruppe gehören auch die naturalistischen Dramen (Ibsen, Schlaf/Holz, Hauptmann), deren Aufführungen in das Ende seiner Zeit als Theaterkritiker fallen. Fontane stand dieser Strömung mit einer bemerkenswerten Offenheit gegenüber – anders als viele seiner Kollegen. So hat er neun Aufführungen des Vereins »Freie Bühne« besprochen. Dieser Verein hatte sich 1889 gegründet, um unabhängig von der Theaterzensur moderne, und das heißt: vor allem naturalistische Dramen aufführen zu können. Als Verein, dessen Mitglieder einen Jahresbeitrag zahlten und sich damit das Recht erwarben, jährlich an die zehn Aufführungen zu besuchen – die also nicht öffentlich waren –, befand er sich außerhalb des Zugriffes der Zensur. Die »Freie Bühne« brachte Gerhart Hauptmanns »Vor Sonnenaufgang« als Uraufführung heraus, Bjørnstjerne Bjørnsons »Ein Handschuh« und von Johannes Schlaf/Arno Holz »Die Familie Selicke«, ein Stück, das Fontane nachhaltig beeindruckte. Hier werde wirkliches Neuland betreten, schreibt er in seiner Kritik, die u. a. der Frage nachgeht, was denn eigentlich Kunst ausmache und wie ›wirkliches Leben‹ in Kunst zu überführen sei.

»Ich bin nicht ungern ins Theater gegangen, und wenn ich

mal da war, habe ich mich immer amüsiert, auch wenn es scheußlich war, fällt aber der Zwang fort, so werde ich von nun an wohl lieber zu Hause bleiben«, schrieb er am Ende seiner Amtszeit an seinen Nachfolger Paul Schlenther (Brief vom 4. Dezember 1889). Immerhin war er zu diesem Zeitpunkt fast 70 Jahre alt. In den Erinnerungen an die Zeit als Theaterkritiker beschreibt er seinen Parkettplatz 23 als einen ›merkwürdigen Platz‹, auf dem er zwar viele angenehme Stunden verbracht habe, der aber von seiner Anordnung her schon etwas abgesondert war: Der Kritiker war dort den Blicken eines Publikums ausgesetzt, das nicht immer seiner Meinung war und das mitunter auch vernehmlich kundtat. »Denn man bilde sich nur nicht ein, daß ein Theaterkritiker ein Richter ist, viel öfter ist er ein Angeklagter. ›Da sitzt das Scheusal wieder‹, habe ich sehr oft auf den Gesichtern gelesen.« (Theodor Fontane: Kritische Jahre – Kritiker-Jahre. Autobiographische Bruchstücke aus den Handschriften herausgegeben. Hrsg. von Conrad Höfer. Eisenach 1934, S. 7.)

Dem missbilligenden Blick auf seine Person, hervorgerufen durch die kritische Besprechung eines Schauspielers oder eines Dramas, suchte Fontane zu begegnen, indem er in den Kritiken selbst auf seine Rolle einging, sich für harsche Urteile rechtfertigte und seinen Lesern die Kriterien darlegte, anhand derer er seine Wertungen vornahm. So heißt es etwa in der Kritik zu Ernst von Wildenbruchs »Fürst von Verona«: »Es ist nicht so schlimm mit dem Rezensententhum, wie dem Publikum beständig vorgeredet wird; die Kritik ist kein Tadel-Institut, aber freilich auch keine Beifalls-Statistik; sie hat Besseres zu thun, als die Zahl der Hervorrufe zu registriren; sie soll nicht durch Applaus und nicht einmal durch dauernd erscheinende Triumphe bestimmt werden, sie soll ihr Gesetz, am besten das ins eigene Herz geschriebene, haben und danach verfahren; wenn sie das nicht kann, so ist sie ›gut für nichts.‹« (S. 202)

In der Tat richtete sich Fontane in seinen – oft situationsgebundenen – Urteilen lediglich nach den eigenen Vorstellungen von gut und schlecht; dabei war er vorurteilsfrei gegenüber

Neuem, revidierte gegebenenfalls seine Meinung und scheute sich nicht, Goethes »Torquato Tasso« uninteressant, Wilhelmine von Hillerns »Geier-Wally« dagegen brillant zu finden.

Die zeitüberdauernde Lebendigkeit seiner Theaterkritiken verdankt sich nicht zuletzt dieser Unabhängigkeit seines Urteils, mehr noch aber seinem berühmten Plauderton und seiner unakademischen, bilderreichen und durch Berolinismen und Neologismen angereicherten Sprache.

Dennoch ist der Abstand von etwa 140 Jahren nicht zu übersehen, der uns von der Entstehungszeit dieser Texte trennt. Vieles, was dem Zeitungsleser von damals selbstverständlich bekannt war, gehört heute nicht mehr zum allgemeinen Wissensstand. Manche Anspielungen und Vergleiche bedürfen der Erläuterung – was aber nicht heißt, dass man Fontanes Theaterkritiken nicht auch ohne sie lesen, verstehen und genießen könne. Alle aber, die durch die Lektüre dieses Auswahlbandes so recht auf den Geschmack gekommen sind und einen Sinn für umfassende Erläuterungen und vertiefende Kontextualisierung haben, seien an dieser Stelle auf die vierbändige, erstmals vollständig edierte und kommentierte Gesamtausgabe der Theaterkritiken hingewiesen, die 2018 ebenfalls im Aufbau Verlag erschienen ist.

Frivole Franzosen?

Eugène Scribe/Ernest Legouvé
Feenhände

Aufführung vom 31. 10. 1871; Kritik vom 2. 11. 1871

Dienstag den 31. Oktober zum ersten Male: »*Feenhände*«, Lustspiel in 5 Akten nach dem Französischen des Scribe von Ch. v. Graven.

Widerstreitende Empfindungen haben uns gestern bei der Aufführung dieses Scribe'schen Stücks begleitet. Es konnte nicht anders sein. Das Ganze ist eine Mischung von bewährter, liebenswürdiger Routine auf der einen Seite und von häßlicher Condescenz gegen die Tagesphrase auf der andern: wo *jene* sich geltend macht, wie in den Rollen der Marquise von Méneville, der Frau von Berny, des Herzogs von Penn-Mar und des bretagnischen Edelmanns Richard von Kerbriand, wird man sehr angenehm berührt und in die heiteren Regionen der Kunst erhoben; wo *diese*, die Condescenz gegen die Tagesphrase, hervortritt (und dies ist der eigentliche Inhalt des Stücks, sein Lebenskeim) wird man abgestoßen und gelangweilt zu gleicher Zeit. Hier soll die Neuheit und die Piquanterie liegen, diese Piquanterie ist aber nur Gesinnungslosigkeit, ein rücksichtsloses Rücksichtnehmen auf das *Eine*: was wirkt heute? was will der Epicier hören und sehen? Aus diesem feigen sich Unterwerfen, worin die französischen Schriftsteller (und die populären am meisten) immer groß waren, ist zu erheblichem Theile das Unheil entstanden, das alle 20 Jahr einmal, in dieser oder jener Gestalt, über die Pariser Bevölkerung hereinbricht; alles was berufen wäre, geistig zu leiten, zieht es vor, servil die Schleppe zu tragen, und wenn dann die Saat aufgeht, dann ist ein Verwundern, dann giebt es ein Weiß-waschen oder wohl gar eine sittliche Empörung, und die Deportations-Schiffe füllen sich mit Tausenden, die an einem warmen Sumpfplatz die Zeche bezahlen müssen. Der ältere Dumas – in vielen Beziehungen der Liebenswürdigsten einer, die je gelebt – er theilte nichtsdestoweniger die große Krankheit seiner Nation, und als er 1848 in die Assemblée gewählt werden wollte, empfahl er sich seinen Wählern nicht als Alexander Dumas, sondern als »Arbeiter«, und rechnete seinen anwesenden neuen Collegen vor, welchen Nutzen er der Produktion respective der Ouvrierschaft Frankreichs dadurch gethan habe, daß er durch *seine* Arbeit die Arbeit von drei Papiermüllern, sechs Setzern und wenigstens 600 Theaterleuten gesichert habe. In ähnlicher Weise proklamirt der alte Scribe in diesem seinem Lustspiel den Satz, daß der alte Adel, wenn er in der Klemme ist, am besten thut, ein *Putzgeschäft* zu etabliren. Dies muß natürlich sämmtliche Nätherinnen von Paris, sämmtliche Rigolettes und ihre Liebhaber bis zu schwindelnder Bewunderung hinreißen. Wir unsererseits können diesem Gefühlsfluge nicht folgen. Aber erst die Geschichte.

Die alte gräfliche Familie Lenève lebt in der Bretagne: die Gräfin-Wittwe, der Graf ihr Sohn, Graf Tristan ihr Enkel, noch eine Enkelin und eine Nichte. Diese letztere ist die glückliche Inhaberin der »Feenhände«, wovon man aber wenig gewahr wird. Es steht schlecht mit den Finanzen des Hauses, Graf Tristan, der durch eine reiche Heirath die Dinge wieder in Balance bringen soll, hat das Unglück, sich in die Nichte (Gräfin Helene), die arm ist, zu verlieben, und so bleibt nichts anderes übrig, als die schöne Helene aus dem Hause zu schicken. Wer Feenhände hat, wird schon durchkommen. Und so geschieht es denn auch. Zwei Jahre sind ins Land gegangen; Gräfin Helene ist vorläufig verschollen; die bretagnische Familie kommt nach Paris, immer noch mit Ordnung ihrer Finanzen beschäftigt. Ja, diese Dinge haben bereits eine äußerste Dringlichkeit angenommen. Da plötzlich, im Vorzimmer der Marquise von Méneville, treffen die gräfliche Familie Lenève und die verschollen geglaubte Helene zusammen. Sie ist reich geworden, man findet sie schöner, mehr Fee denn je; die Annahme scheint gerechtfertigt, daß sie Herzogin von St. Leu geworden sei; alles drängt sich an sie, besonders der in Geldnöthen ringende Graf; da fällt die Maske, – Gräfin Helene, die geträumte Herzogin von St. Leu, ist *Putzmacherin*, Vorsteherin eines großen Kleider-Kunstinstituts. Die Familie ist entsetzt; die Gräfin-Wittwe wie deren Sohn, der brouillirte Graf, sagen sich von ihr los, kennen sie nicht mehr. Aber – das Verhängniß schreitet schnell. Ueber dem Haupte des Grafen schlagen schlimme Wechsel, Doppelverkauf eines ihm nicht gehörigen Guts und ähnliche trübe Wellen immer bedrohlicher zusammen, da tritt die »Fee« rettend dazwischen, hier nimmt sie 60 000 Francs aus dem Schubfach, dort legt sie eine Eisenbahn über die Güter des Grafen, alles staunt, alles schluchzt, »sie ist doch eine Lenève«, und als sie schließlich ihre Hand dem Grafen Tristan reicht, der seinerseits eine Art Putzgeschäft innerhalb der *Advokatur* zu treiben gedenkt, fällt der Vorhang und alles ist aus.

Vielleicht hatte Scribe selbst eine Vorstellung davon, daß das Ganze eigentlich ein *Märchenstoff* sei, und gab ihm deshalb den Titel »Feenhände«. Es ist Aschenputel, es ist die Kehrseite vom Kesselflicker, der sich als Prinz träumt. Märchenhaft aufgefaßt, als Königstochter, die die Schafe weidet und dann in ihres Vaters Schloß zurückkehrt, um dem Prinzen Kolibri ihre Hand zu reichen, könnte dies alles entzückend sein, als *Zeit-* und *Lebensbild* aber ist es, um das Mindeste zu sagen, *nicht* hinnehmbar.

Man mißverstehe uns nicht. Wir gehören nicht zu denen, die die Menschheit erst vom Baron an aufwärts zu rechnen beginnen, wir haben mitunter ein leises Vorgefühl davon, als würden wir unsere Tage *nicht* hier, sondern in Gegenden beschließen, wo es keine Herzöge und keine Grafen giebt, und wir glauben dabei des Einen sicher zu sein, daß die Feudalpyramide mit zu dem Letzten gehören dürfte, was wir da drüben *wirklich* entbehren würden. Ja, ein weiteres Geständniß mag hier eine Stelle finden: Wir haben auch »diesseits des großen Wassers« nichts dagegen, daß eine Gräfin ihre Feenhände dazu verwendet, den Confections-Geschäften und Modistinnen der Hauptstadt Concurrenz zu machen. Eine liebenswürdige Putzmacherin von altem Adel ist unzweifelhaft mehr werth, als eine pretentiöse Bettelgräfin, – es kommt nur darauf an, ob diese Dinge in einem Einzelfall, als einfache, nichts bedeuten-wollende Thatsache an uns herantreten, oder ob sie mit einem »geht hin und thut desgleichen«, will also sagen als ein neues Zeit-Evangelium, prinzipiell und gesinnungstüchtig, von der Bühne her zu uns sprechen. *Hier*, in der alten Welt, wie die Dinge nun mal liegen, ist dies alles einfach Umsturz; natürlich (denn dazu ist dies alles viel zu dünn) keine Pulvermine, die den ganzen Bau großartig über den Haufen wirft, sondern ein einzelner Spatenstich unter den hunderten und tausenden, die jeden Tag gemacht werden, die Fundamente zu untergraben.

Und das that ein Scribe! Daß er es that, das ist es ganz speziell, was unserem Unmuth immer neue Nahrung giebt. Die Thorheit, die Unconsequenz, vor allem die Kurzsichtigkeit, *sie* sind es, die uns verdrießen, – das gänzliche Vergessen des alten: heute Dir und morgen mir.

Die Welt liegt in Wehen; wer will sagen, was geboren wird! Der Sturz des Alten bereitet sich vor. Gut, die Dinge gehen ihren ewigen Gang; thut eure Maulwurfsarbeit, ihr, die ihr *unten* seid. Millionen leben, die an dem Fortbestand dessen, was da ist, kein besonderes Interesse haben *können*, die eine Art Recht haben, wie an der Glücksbude, die Chancen eines Wechsels der Dinge zu befragen. Mögen sie thun, was sie nicht lassen können, und mag es über uns hereinbrechen früher oder später. Aber Wahnsinn ist es und Verbrechen, wenn die »begünstigte Minorität«, der Scribe in einem eminenten Sinne angehörte, wenn die, die *nur* verlieren und *nie* gewinnen können, wenn diese, sag ich, aus Eitelkeit, aus Popularitätshascherei und Gewinnsucht von heut auf morgen (denn die Gefahr des Uebermorgen beschwören sie selbst herauf) sich selber das Brett unter den Füßen fortziehen. Das zu sehen ist unheimlich, widerwärtig und reizt zum Widerspruch.

Der alte Scribe, er wob diese fünf Akte nicht mit jenen leichten, graziösen »Feenhänden«, die er sonst wohl hatte; ein röthlich schimmerndes, wunderliches Gewebe ist dieses Stück, in das der alte Lustspielmeister noch hier und da gefällige Figuren einzuzeichnen verstand, das aber vor allem auch jenen dämonischen Einschlag hat, aus dem zu gegebener Stunde die Flamme schlägt. Th. F.

Alexandre Dumas (père)
Mademoiselle de Belle-Isle oder Die verhängnisvolle Wette

Aufführung vom 3. 12. 1873; Kritik vom 5. 12. 1873

Mittwoch den 3. Dezember neu einstudirt: Mademoiselle de Belle-Isle, oder: Die verhängnißvolle Wette, Drama in 5 Abtheilungen, nach dem Französischen des A. Dumas von F. v. Holbein.

Die alte Anziehungskraft dieser »verhängnißvollen Wette« – denn um eine solche handelt es sich in diesem vielleicht besten Dumas'schen Stücke – hatte sich neu bewährt und das Haus war in Parquet und Rängen gut besetzt. Ob die Erwartungen in Erfüllung gingen, mit denen das Publikum herbeigekommen war, möchten wir nach den Beifallsbezeugungen, die sich auf temperirter Stufe hielten, bezweifeln. Vor dreißig Jahren zählte Mademoiselle de Belle-Isle zu den Lieblingsstücken und erntete bei jeder Vorstellung reichlichsten Applaus; warum blieb er gestern aus? lag es einfach daran, daß der Zauber der Neuheit hin ist, oder aber lag es am Spiel? Alte Theater-Enthusiasten, die alle Herrlichkeit der Kunst immer nur in zurückliegenden Jahrzehnten erblicken, werden natürlich von den »Tagen der Crelinger« sprechen und damit rund und nett ihr Urtheil gegeben haben; wenn wir aber im Gedächtniß behalten, daß diese Tage der Crelinger auch die Tage Crüsemann's und Grua's waren, die mit ihr, auch in diesem Stück, nach dem

Preise rangen, so können wir nicht zugeben, seitdem Rückschritte gemacht zu haben. Im Gegentheil. Und doch müssen wir andererseits den nur geringen Erfolg, den Mademoiselle de Belle-Isle am Mittwoch Abend zu erringen wußte, einer gewissen Unausreichendheit des Spieles zuschreiben. Nicht daß es früher *besser* gewesen wäre, nur einfach, wie sich die Dinge gestern gaben, gaben sie sich nicht *gut*. Nicht gut, weil wir vielleicht größere Anforderungen stellen. Der Zauber dieses Stükkes beruht auf dem Umstand, daß alles an und in ihm *specifisch-französisch* ist und es *kann* heutzutage nur wirken, wenn die Darstellung dieser nationalen Seite gerecht wird. Hat man aber beständig die Empfindung, daß das Stück am Hofe des Markgrafen von Schwedt spiele, und daß die Wiege der Marquise von St. Prie an Pegnitz oder Regnitz, die Wiege des schönen Fräuleins von Belle Isle aber sogar an Ober- oder Unterspree gestanden habe, da wo sie die Grenze zwischen Teltow und Nieder-Barnim zieht, so ist all' diesen Gestalten ihr *chic* genommen, und wir haben nicht mehr Leben, sondern nur noch Komödie vor uns. An Fräulein *Stollberg's* (Marquise von St. Prie) Gehen oder Bleiben hätte eben nie und nimmer eine Ministerkrisis hängen können, und vor Fräulein *Keßler's* (Gabriele v. Belle-Isle) gemüthlich-weinerlichen Ton wären die Pforten der Bastille wie von selber aufgesprungen. Dann aber hätte das ganze Stück ein Ende gehabt. Aehnliches gilt von Herrn *Liedtke's* Herzog von Richelieu. Das Feuer *dieses* Herzogs würde nie und nimmer den Schlüssel zur geheimen Thür in 2 Stunden 40 Minuten von Paris nach Chantilly geschafft haben. Die gute Haltung war da, aber was wir vermißten, war: »*le diable au corps*«. Und das kann füglich im Hinblick auf die Darstellung von jeder einzelnen Rolle des Stückes gesagt werden. Alles spielt in Charlottenburg aber nicht in Chantilly. Es fehlt das Temperament. Herr *Ludwig* (Chevalier d'Aubigny) trachtete seiner Rolle jenes Maaß von Leidenschaft zu geben, das ihr zukommt, aber es war die Leidenschaft eines Ferdinand v. Walter, nicht die eines d'Aubigny. Keiner der Mitspielenden ließ es an Eifer und gutem Willen gebrechen, jeder indeß blieb in den

Fesseln seiner Nationalität. Man kann sagen, wie sich Fräulein *Horn*, eine übrigens sehr angenehme Erscheinung, in der kleinen Rolle der Mariette zu einer wirklichen *fille de chambre* verhielt, so verhielt sich die ganze Aufführung zu einer ächt-französischen. An dieser Aechtheit hängt aber alles. Champagner der nicht mehr schäumt, ist kein Champagner mehr. Th. F.

Victorien Sardou
Les vieux garçons

Aufführung vom 1. 1. 1874; Kritik vom 3. 1. 1874

Die Vorstellungen der französischen Schauspieler-Gesellschaft (unter Leitung des Herrn Luguet) begannen am Neujahrstage im Saaltheater des königlichen Schauspielhauses. Sardou's *Les vieux garçons* hatte man zur Eröffnung gewählt. Auf 6½ Uhr war der Beginn der Vorstellung festgesetzt. Um eben diese Stunde machte der Saal noch einen Eindruck, wie – vor 50 Jahren wenigstens – eine Karte von Inner-Afrika. Wir sagten freilich besser von Grönland, weil wir dadurch zugleich die Temperaturverhältnisse angedeutet haben würden. Durch das Fenster links kam eine eisige Luft, und wir begannen bereits den sicheren Einsatz an Gesundheit gegen einen unsicheren an Genuß zu berechnen. Aber es kam Alles anders. Der Saal füllte sich rasch, jedenfalls aber während der ersten Akte, mit Licht, Leben, *Wärme*, und gleichen Schritt mit dem Wachsen dieser letzteren hielt, von dem Aufgehen des Vorhangs an, auch die Herzenswärme, die vom Nullpunkt nicht gerade bis zur Siedehitze des Enthusiasmus, aber doch bis zur wohlthuenden Temperatur des »*satisfait*« sich steigerte. Wir möchten annehmen, daß Herr Luguet sich und die Seinen zu dem Resultate der Vorstellung beglückwünscht hat. Wenigstens *durfte* er es.

Bei dem Inhalt des Stückes verweilen wir nicht, denselben als bekannt voraussetzend. Der moderne Mensch *muß* Alles wissen und weiß deshalb »bekanntlich« auch Alles, am meisten Das, was er nicht weiß. Der Inhalt ist übrigens in Bezug auf Das, was ich noch zu sagen haben werde, gleichgiltig. Nur um *Gestalten* handelt es sich und um die Fähigkeit, dieselben wahr und lebensvoll darzustellen. Der Gang des Stückes, wie es endet, wie die Verwickelungen geschürzt und gelöst werden, alles Dies kommt für unsere heutige Besprechung wenig in Betracht.

»*Les vieux garçons*« besteht aus 14 Rollen. Es wäre unbillig zu verlangen, daß sie sammt und sonders in guten Händen sein sollten. Einzelnes war geradezu schwach. Wir bezeichnen Niemand, um nicht nutzlos die schon schwierige Situation noch schwieriger zu machen. Nur Diejenigen seien nahmhaft gemacht, die durch vortreffliches Spiel hervorragten. Es waren dies: Mr. Luguet in der Rolle des Mortemer, Mr. Lacombe in der des Veaucourtois, Mr. Gauthier in der des Chavenay, Mademoiselle Dany in der Rolle der Antoinette und Mademoiselle Britchel in der der Nina.

Mr. *Luguet* – bei seinem Auftreten vom Publikum begrüßt – ist ein vorzüglicher Darsteller. Er glänzt durch das Beste, was ein Künstler haben kann, durch Einfachheit und Natürlichkeit. Keine Spur von Uebertreibung, keine falschen Mittel, keine Versuche, den Beifall beschleunigen oder erzwingen zu wollen. Er *muß* kommen; in Ruhe wartet er seiner Zeit. Man charakterisirt Mr. Luguet's Spiel vielleicht am Besten, wenn man es als ein gutes *deutsches* Spiel bezeichnet.

Mr. *Lacombe* (Veaucourtois) ist von großer komischer Kraft. Diese Mischung von Frivolität, Bonhommie und Selbstpersiflage, diese heiter-zweifelvolle Stellung zu der ganzen Welt der Grundsätze und Prinzipien, mit Ausnahme des einzigen: möglichst angenehm zu leben, diese theils in Naturanlage, theils in Angewohnheit wurzelnde Begabung, auch das Verdrießliche leicht, das Schmerzliche lustig zu nehmen, dies ganze, den *französischen* »vieux garçon« so vollkommen und zugleich so liebenswürdig würdig charakterisirende Wesen kam in seinem Spiel vortrefflich zur Erscheinung.

Mr. Gauthier (Chavenay) gab mit gleicher Auszeichnung eine andere Type der französischen Gesellschaft: den eleganten, die ganze Welt der Formen mit vollkommenster Sicherheit beherrschenden Cavalier. Jene Modezeitungsbilder: schwarzes Haar und Schnurrbart, 6 Fuß hoch, gradlinig-aufrecht ohne Steifheit, Jagdrock und Gamaschen, Hühnerhund und Doppelflinte – jene Halbgötter, denen gegenüber ich so oft, kleinlaut und wehmüthig, die Frage an das Schicksal gerichtet habe: »giebt es solche Menschen?« hier *hatt'* ich einen. Ach, und es ist nutzlos, sich durch Scherze mit ihnen abfinden und sie das »geistige Uebergewicht« empfinden lassen zu wollen; sie siegen *doch*. Und es ist auch gut so. Das in seiner Fortdauer lediglich auf den Professor gestellte Menschengeschlecht, wo würd' es schließlich landen?!

Mademoiselle *Dany* (Antoinette) war eine höchst anmuthige Vertreterin jenes »*chic*«, der seine vollkommensten Blüthen nur in Frankreich treibt. An die Stelle der Natur tritt eine Berechnung, der gegenüber in jedem Augenblick das Wort Lady Milfort's citirt werden kann: »Ich lasse *alle* Minen springen.« Was der alte Fritz vom preußischen Staat verlangte, immer »*en vedette*« zu sein, das wird hier von jedem Organ des physischen Menschen verlangt. Von der Chevelure bis zur Chaussure, von dem rothblonden Haar an bis hinunter zum Fuß, der vorgestreckt wird, um ihn am Kaminfeuer zu wärmen – Alles befindet sich auf einem unausgesetzten *qui vive*. Nichts darf ruhen und rasten, denn der nächste Augenblick schon kann neue Bataillone nöthig machen. Jetzt blitzen die Zähne, jetzt starrt oder rollt das Auge, jetzt spitzt oder rundet sich der Mund zu geheimnißvollen Schönheitsformen, als gält' es eine *calla aethiopica* oder irgend eine andere tropische Blüthe plastisch nachzubilden, – vor allem aber wird jedes *Wort* gemodelt und die Sprache gehandhabt, als ob jede Sylbe nebenher noch eine Note sei. Das Ganze der Gegensatz zu einem bloßen, gefälligen sich Treiben-lassen; statt seiner ein beständiges vor dem Spiegelstehn, das uns in jedem Augenblick Auskunft geben soll über die Situation und über uns selbst. Diese Form des französischen Wesens kam in dem Spiel der Mademoiselle Dany zu vorzüglichstem Ausdruck.

Mademoiselle *Britchel* gab die Nina, ein volksliedersingendes, genial angeflogenes Dorfmädchen, das durch Veaucourtois an die Pariser Oper kommt und ihrem alten Verehrer, dessen Diner- und auch wohl Souperstunden sie eine zeitlang erheitert hat, mit der ganzen Treue einer Chanteuse dankt. Eine spezifisch französische Erscheinung auch *diese*; nicht der Sache nach, die sich wohl auch in den Sittlichkeitsländern findet, aber dem *Ton* nach, in dem sich die Sache giebt.

So viel über die besten Kräfte der Truppe, so weit sie bei der gestrigen Vorstellung betheiligt waren. Es war selbstverständlich nicht möglich ihrem Spiel zu folgen, ohne zugleich Parallelen zwischen ihnen und den schauspielerischen Kräften unserer königlichen Bühne zu ziehen. Diese letzteren verkleinern zu wollen, kann uns nicht einfallen. Vielmehr haben wir die Ueberzeugung gewonnen, daß sie diese Concurrenz ertragen und *mehr* als ertragen können. Weder im Leben noch in der Kunst vermögen wir Erscheinungsformen, wie sie uns in dem Spiel der Mademoiselle Dany entgegentreten, als die höchsten anzusehen. Es haftet diesen Dingen allerdings ein außerordentlicher Reiz an, dem der Tugendphilister meist am allerwenigsten widerstehen kann. Alles Kokette gleicht dem Fuchs, der in Hühner- und Taubenställen am furchtbarsten haust. Aber mag man sich, dieser ganzen Welt von Koketterie gegenüber, auch noch so sehr als armes Huhn fühlen, so bleibt es doch bestehen, daß der wahre Adel, in Haltung wie Erscheinung, immer wieder mit dem Schön-Natürlichen zusammenfällt und in der Herstellung von Mund-Tulpen und Aehnlichem nicht seine letzten Aufgaben finden kann. Vergleichen wir beispielsweise zwischen Frau Erhartt und Mademoiselle Dany, so ist jene dieser letztern vielleicht nicht an *chic* und Pikanterie, aber gewiß an Vornehmheit überlegen. Oder wenigstens doch an *dem*, was der germanischen Welt als solche erscheint. Denn diese Unterschiede in der *nationalen* Auffassung müssen freilich immer wieder und wieder hervorgehoben werden.

Aehnliche Parallelen könnten wir auch zwischen den männlichen Darstellern hüben und drüben ziehen – Vergleiche, die vielfach zu unsern Gunsten ausfallen würden.

Nichtsdestoweniger bleibt bestehen, daß auch unsere Besten, und wenn sie *ersten* Ranges wären, allerhand von diesen ihren französischen Collegen lernen können, trotzdem diese letzteren, in ihrer Heimath, sehr wahrscheinlich keine ersten Stellungen innerhalb der Bühnenwelt bekleiden. Und zwar können die Unsrigen *deshalb* von ihnen lernen, weil ein so erheblicher Bruchtheil alles dessen, was unsere Bühne bringt, nicht nur französischen Ursprungs ist, sondern auch, unverhohlen und unzweifelhaft, *französische Gestalten* vor uns hinstellen will. Das vermögen unsere Schauspieler aber nur voll und ganz zu leisten, wenn sie entweder lange Zeit in Frankreich selbst gelebt oder aber sich mit französischen Bühnen-Figuren und der Darstellung dieser durch *National-Franzosen* vertraut gemacht haben. Darin liegt nichts Choquantes. Man kann auch von Personen lernen, die kleiner sind als man selbst. Nehmen wir z. B. die oben näher charakterisirte Rolle des Veaucourtois und denken wir uns dieselbe durch unsre beste komische Kraft, also durch Herrn Döring dargestellt. Er würde unzweifelhaft einen vortrefflichen »alten Junggesellen«, aber nie und nimmer einen ächten *»vieux garçon«* zu geben wissen. Und doch handelt es sich um einen solchen.

Zu dem Allem nur noch das Eine, wie wir auf's Neue erkannt haben, daß die »Lehre vom Ensemble« kein leerer Wahn sei. Wie vollendet arrangirt war beispielsweise im 2. Akt der Salon Frau v. Chavenay's, wie natürlich saß und stand man, wie ungezwungen beschäftigte man sich, während man bei unsern »Gruppenbildern« nur allzu oft die Empfindung hat: was will er nur noch? warum geht er nicht ab? Unsere Verdrießlichkeit deckt sich dann jedesmal mit der Verlegenheit Derer, die im Geiste Fliegen fangend, an der einen oder andern Coulisse ausharren müssen.

Von einigen Seiten her ist das Auftreten einer französischen Schauspieler-Gesellschaft in Berlin gemißbilligt, mindestens als *verfrüht* bezeichnet worden. Verfrüht? Wollten wir warten, bis die Franzosen ihre innerliche Stellung zu uns änderten, uns als ebenbürtig oder wohl gar als überlegen ansähen, so würden wir lange warten müssen. Sie werden sich *nicht ändern*; dafür sind sie eben Franzosen, d. h. eine liebenswürdige, eminent-interessante, mit allen möglichen Vorzügen, aber auch mit allen möglichen Schwächen ausgerüstete Nation. Zu diesen letztern gehört, weltbekanntermaßen, daß sie sehr eitel sind und sich, nach wie vor, für die Ersten halten. Lassen wir ihnen das; wir sind in der glücklichen Lage es zu können. Es zu können, weil wir Ruhe und Besonnenheit genug haben, *wirkliche* Vorzüge als solche gelten zu lassen, und eingebildete oder *gleichgiltige* – zu denen doch zuletzt alle diese »Comedies« und ihre Vorstellungen gehören – zu belächeln. Th. F.

Philippe Dumanoir
Les femmes terribles

Aufführung vom 30. 3. 1878; Kritik vom 3. 4. 1878

Am Sonnabend, nachdem das schon in der Woche vorher gegebene 1aktige Lustspiel *»Les projets de ma tante«* wiederholt worden war, kamen die Dumanoir'schen *»Les femmes terribles«* zum ersten Male zur Aufführung. Ein 3aktiges allerliebstes Stück, das gute Rollen hat und zwei Stunden lang vorzüglich unterhält. Daß es im Grunde genommen immer wieder dasselbe ist, daß man die Figuren längst kennt und acht Tage nach der Aufführung keine rechte Vorstellung mehr davon hat, ob diese oder jene Scene zu *Nos Intimes* oder *Nos bons Villageois*, zu *Jean qui pleure* oder *Jean qui rit* gehört (von denen der *Jean* auch gelegentlich eine *Jeanne* sein kann) – an dieser Aehnlichkeit der Scenen und Figuren darf man keinen Anstoß nehmen. Sonst ist man freilich verloren. »Frankreich«, wie Cardinal Antonelli sagte, »ist das Land der Saucen.« Und an diesen hängt nicht blos die Kochkunst, sondern auch die Lustspielkunst.

Die *»femmes terribles«* zehren von einem ganz kleinen Kapital. Die Gräfin Daranda ist im Bois de Boulogne an der Seite eines fremden Herrn gesehen worden; ebenso Madame Pommerol. Beide Damen, was die komische Wirkung erhöht, treten übrigens gar nicht auf. Auf diesem Nichts von Thatsächlichem baut sich das Stück auf. Madame de Ris, die eigentliche »*femme terrible*«, die, voll Klatsch- und Skandalsucht, überall Reputationen ruinirt oder schädigt, macht sich aus dem Erscheinen der Gräfin im Bois de Boulogne einen Liebesroman zurecht, über den sie nun in den Salons ihrer Freundinnen Vorträge hält. Aber nicht ungestraft. Unter den Zuhörern ist auch der Graf Daranda, den sie zufällig nicht kennt. Er stellt sich ihr nunmehr vor, nennt seinen Namen, und fordert, als Recompense dafür, den Namen des angeblichen Liebhabers seiner Frau. Tödtliche Verlegenheit. Madame de Ris kennt den Namen nicht, kennt ihn *wirklich* nicht. Aber der Graf bleibt unerbittlich. Ueberall hin verfolgt er sie; ob sie zur großen Oper fahren, oder die Läden am Boulevard besuchen, oder in ein Ausstellungslokal eintreten will, immer steht der Graf an Thür oder Wagenschlag und fragt einfach: »*son nom, Madame?*« Endlich »glaubt sie fliehend zu entspringen«. Aber Graf Daranda hat seinen Schiller gelesen und »geflügelt ist er da, die Schlingen ihr werfend um den flüchtgen Fuß«. »*Son nom*« klingt es ihr wieder entgegen. An dieser Stelle des Stücks unterbricht sich die Haupthandlung und die zweite Affaire, die vorerwähnte »Affaire Pommerol«, tritt als Episode dazwischen. Sie füllt fast den ganzen 2. Akt. Monsieur Pommerol, ein Blumenzüchter und sentimentaler Zimpermeier, an dessen gastlichen Herd Frau von Ris geflohen ist, erfährt durch einen anonymen Brief von der Bois de Boulogne-Untreue seiner Gattin. Er weint einen halben Akt lang. Endlich erbarmt man sich seiner, und läßt ihn, indem man die Brief-Enveloppen vertauscht, in dem Wahne fortleben, der von ihm hastig erbrochene Brief sei gar nicht an *ihn*, sondern an den Grafen Daranda gerichtet gewesen. Nun doppeltes Glück, einmal weil er sich persönlich entlastet fühlt, und zweitens, weil er nunmehr von seinem wiedergewonnenen höheren Ehestandpunkte aus »den armen Grafen«

belächeln kann. Aber auch der »arme Graf« soll den Stachel nicht länger fühlen. Madame de Ris, die nicht blos medisant, sondern auch umsichtig und espritvoll ist, hat inzwischen in Erfahrung gebracht, daß ein Bruder der Gräfin in Paris lebt, und als das furchtbare *»son nom«* wieder an ihr Ohr klingt, nennt sie jetzt einfach den Namen dieses Bruders: *le marquis Ramon d'Oliveira.* Der Graf antwortet mit einem freudigen *»ah, son frère«* und Pommerol und Daranda, beide düpirt, haben beide ihren Frieden. Eine dritte Figur des Stückes, Gustave Chatelard, begleitet dieses Friedensglück mit einem: *»ah, ces deux pauvres diables«* setzt aber, indem er dem Blick seiner eignen jungen Frau begegnet, sofort ängstlich hinzu: *»Ou est-ce que nous sommes tous comme ça?«*

So das Stück, das in seiner Exposition vorzüglich, in der Gestalt des Blumenzüchters sehr drollig und in der Hauptscene, wo die bei Seit geworfene und bald darauf durch ein untergeschobenes Couvert ersetzte Brief-Enveloppe dem imbecilen Pommerol in die Hände gespielt wird, sehr effectvoll ist. In dem Aushecken solcher nach der komischen oder nach der sensationellen Seite hin höchst wirksamen Scenen, die, wenn auch nicht absolut neu, so doch wenigstens in *dieser* Gestalt noch nicht da waren, besteht zu bestem Theile die moderne französische Lustspielkunst. Womit nichts Geringschätziges gesagt sein soll. Im Gegentheil. Es ist eben alles schon dagewesen; man nimmt es also im Ganzen wie man's findet, und setzt alle Extra-Kraft nur an Ausarbeitung jenes Theilchens, von dem man das Gefühl hat: *das* ist neu.

Gespielt wurde vortrefflich. Am besten waren Herr *Demanne* als Chatelard und Herr *Léon Noël* als Pommerol. Auch Herr *Boursier* recht gut als Graf Daranda. Unter den Damen zeichnet sich Mlle. *Tessandier* als Madame de Ris (mit Rücksicht auf ihre Rolle in rother Coiffüre erscheinend) und neben ihr Mlle. *Hélène Emma* als Delphine Chatelard aus. Th. F.

Alexandre Dumas (fils)
L'étrangère

Aufführung vom 23. 3. 1879; Kritik vom 25. 3. 1879

Sonntag den 23. März: *L'Etrangère, Comédie en 5 actes par M. Alexandre Dumas fils.*

Das am Freitag zum ersten Male gegebene Stück wurde gestern (Sonntag) wiederholt. Es ist noch für fernere vier Abende: Dienstag, Donnerstag, Sonnabend und Sonntag festgesetzt, und ich schließe daraus, daß sich die Direction einen ganz besonderen Erfolg davon verspricht. Die vorzügliche Darstellung der beiden Hauptrollen: der Mistreß Clarkson (»die Fremde«) und der Herzogin von Septmonts berechtigt auch vollkommen zu dieser Erwartung. Wer ein ächt-französisches Stück ächt-französisch gespielt sehen will, der versäume nicht einer dieser Aufführungen beizuwohnen. Er lasse sich auch nicht abhalten, wenn er das Stück schon kennt. Es ergeben sich doch immer bemerkenswerthe Differenzen.

Das Stück ist ein Musterstück, das Wort »Muster« nicht in dem Sinne von Vorbild, sondern von Belag oder Probe genommen. Alle Tugenden und alle Vergehen der modernen französischen Schule lassen sich daran studiren. Von Composition oder künstlerischer Tendenz keine Rede, wenn nicht jedem Polizei-Bericht, der von der Aufhebung eines Spieler-Clubs oder von der Entlarvung einer Hochstaplerin handelt, in seiner Eigenschaft als »Sittenbild« eine künstlerische Tendenz zugesprochen werden soll. Aus dem großen Wandel-Fries des Daseins, der an unserem Auge jeden Tag vorüberzieht, wird ein beliebiges Stück herausgeschnitten, in fünf Theile zerlegt und als »Comédie« der Mit- und Nachwelt zur Bewunderung vorgeführt. Nein, der Nachwelt *nicht*. All das lebt kein Menschenalter, und am wenigsten dann, wenn wir immer tiefer in die Decadence des Sensationellen und jenes dreimal betonten Realismus hineingerathen, der zuletzt nicht einmal *das* ist, wofür er sich selber ausgiebt.

Wer ist diese »Fremde«, diese Heldin des Stückes? Sie erzählt es uns im 3. Akte selbst, und zwar mit bemerkenswerther Offenheit. Wie denn »Offenheit« zu den hervorstechenden Zügen all dieser Stücke gehört. Man sehnt sich ordentlich nach etwas Tartüfferie, nach etwas Gleißnerei zurück, eingedenk des Satzes »daß die Scheinheiligkeit ein Compliment gegen die Tugend sei.« *Mais revenons à notra* »*Etrangère!*« Sie stammt von Negern ab, und ihre »Ahnen«, wie sie sich spöttisch ausdrückt, wohnten an der Westküste Afrikas. Ihre Großmutter war noch Vollblut, ihre Mutter eine Mulattin. Letztere war Eigenthum eines südcarolinischen Pflanzers, gefiel ihm, und als das Resultat dieses Gefallens stellt sich uns »die Fremde« vor. Uns und der Herzogin von Septmonts. *»Voilà ma généalogie.«* Einige Jahre später findet sich der Pflanzer veranlaßt, Mutter und Tochter auf dem Markte von Charleston zu verkaufen; aber sie finden nicht ein und denselben Käufer, Mutter und Tochter werden getrennt, und die Mutter flüstert im Moment des Abschieds ihrer Tochter zu: »Vergiß nie den Namen des Mannes, der uns verkauft und von einander trennt. Wenn du ihn siehst, so räche uns. *Tous les moyens sont bons.*« Rache wird nun Lebensaufgabe der jungen Noémi, und setzt sich wie folgt in Scene. Noémi wächst heran, flieht und verdingt sich in ein Hotel zu Boston. Natürlich ist sie schön. Ein californischer Goldgräber, Mr. Clarkson, kommt in das Hotel, verliebt sich und heirathet sie. Noémi, nunmehr Mrs. Clarkson, gelangt durch ihre Heirath in Besitz von 20 000 Dollars. Und dies ist die Hauptsache. Um 12 war die Hochzeit, um 2 ist sie bereits auf dem Wege nach Charleston. Versteht sich mit Cassette. Was ist schließlich an dem verwundert nachsehenden Clarkson gelegen! *Ihr* sind höhere Ziele gesteckt. Sie hat ihre Mutter und sich selber zu rächen, und *»tous les moyens sont bons«.* Außerdem: Clarkson wird sich trösten; wer aus Californien kommt, ist nicht sentimental. In Charleston haben sich mittlerweile die Dinge geändert. Der Pflanzer, ihr Vater, ist leider schon todt; aber zwei Söhne leben noch, ihre Halbbrüder. An diesen vollzieht sich jetzt ihr Rachewerk. Beide weiß sie zu rasender Liebe hinzureißen, bis der ältere Bruder den jüngeren mit einem Bowie-Messer ersticht. Dieser jüngere hat nur gerade noch Zeit genug, ihr sein gesammtes Vermögen zu vermachen. Der ältere wird nebenher gehenkt, und die nunmehr eine halbe Million Francs repräsentirende Noémi geht nach Europa. Hier ist sie, binnen Kurzem, in allen Hauptstädten angestaunt. *»J'étonnai toutes les capitales. On étonne si facilement les capitales.«* Dieser letztere Satz ist der wahrste in ihrer ganzen Geschichte. Ihre Aufgaben in Europa entsprechen im Wesentlichen dem, was ihr in Amerika oblag, nur gehen sie mehr ins Allgemeine. In Amerika hatte sie sich mit einer Spezial-Rache begnügt, in Europa richtet sich ihre Rache gegen das männliche Geschlecht überhaupt. Die Inscenirung bleibt aber dieselbe. Sie füllt die Herzen der Männer mit glühender Leidenschaft und bringt ein Dutzend oder mehr in Gefängniß, in Wahnsinn, in Unehre, während andere bis zu Mord oder Selbstmord fortgerissen werden. Alles in Rache-Mission von der Mutter her. Dabei darf sich keiner jener Unglücklichen rühmen, »jemals *das* empfangen zu haben, was in der verschämten Sprache der Salons als ›kleinste Gunst‹ bezeichnet wird«. So wenigstens versichert sie. Von dem Enkelkinde einer Negerin hätt' ich es anders erwartet. Endlich, als sie bis hierher gediehen, hält sie mit ihren Confessions inne, worauf die Herzogin von Septmonts bemerkt: »Es erübrigt nur noch zu hören, was mir die Ehre dieser Mittheilungen verschafft.« Und hier hat mir die schöne Herzogin ganz aus der Seele gesprochen. Ich weiß auch nicht, was ich mit derartigen Bekenntnissen anfangen soll. Sie lassen mich nicht nur kalt, sie langweilen mich auch aufs höchste, *so sehr*, daß es mir gleichgültig ist, ob ich in all diesen Unsinnigkeiten ein wirklich Geschehenes oder ein blos fieberhaft Geträumtes, was sich für »Phantasie« ausgiebt, zu erblicken habe. Phantasie, holdes Himmelskind, was wird alles auf *Deinen* Namen hin gesündigt! Aber weit darüber weg schwebst Du im ewig lichten Blau und lächelst. Wenn ich aus Gottfried Keller's Geschichte »Von den drei gerechten Kammmachern« oder aus »Kleider machen Leute« auch nur zehn Seiten lese, so habe ich daraus mehr Erquickung gewonnen, als aus

dieser »Etrangère«, die wie als Person, so auch als Stück triumphirend über die Welt gezogen ist. An ihrem Wandel, an ihrem
Thun und Treiben nehm' ich aus moralischen Gründen nicht
den geringsten Anstoß; Adelheid von Walldorf (im Götz) ist
auch nicht für kleine Pensionsfräulein geschrieben worden und
doch find' ich es in der Ordnung, daß sich Goethe, während er
diese Gestalt schuf, in sein eignes Gebilde verliebte. Von diesem *Charme* hat aber die »Fremde« nichts. Eine Hautgoût-
Figur, die nur bewundert werden kann, wo der Geschmack bereits verdorben ist.

Das Stück hat indessen, von dem Effectvollen ganz abgesehen, das aus jeder seiner Scenen spricht, auch künstlerisch un-
übertreffliche Partien. So im 4. Akt die Scene zwischen dem
Herzog und Gérard, und im Anschluß daran die zwischen dem
Herzog und der Herzogin. Das Dunkel, das *»de haut en bas«*
vor allem die Leidenschaft eines um Jugend und Liebe betro-
genen und nun die Freiheit ihres Gefühls als ihr gutes Recht
einfordernden Weibes, ist nie schöner und ergreifender geschildert worden. Scharfe Beobachtung des Lebens, tiefe Kenntniß
des Frauenherzens und Energie des Ausdrucks wetteifern hier
und ringen um die Palme. Diesem Anstürmen ist nicht zu widerstehn und *soll* man nicht widerstehn. Aber auch hier wieder
schlägt die Stimmung um, und durch dieselbe Zeichnung, die
wir eben noch um ihrer Wahrheit und Accuratesse willen bewunderten, fährt der Künstler selbst mit einem dicken Strich
hindurch. Ein Duell findet statt (wundervoll eingeleitet; eine
Capitalscene) und der Duc, der sich einen Meister auf dem De-
gen wähnte, wird erstochen. Einen Augenblick später tritt der
Sieger in den Salon der Herzogin, in dem er diese, also die Gemahlin des Herzogs, ferner, einiger Hausfreunde zu geschweigen, eine Cousine und den Schwiegervater desselben vorfindet.
Der Herzog war nicht beliebt; *mais enfin* »Blut ist ein ganz be-
sondrer Saft«, und ich kann mich nicht entsinnen, eine ganze
Versammlung nächstbetheiligter Menschen bei dem Eintreffen einer Todesnachricht in *solchem* Sangfroid gesehen zu haben. Auch in unglücklichen Ehen ist es herkömmlich, in sol-

chen Momenten einigermaßen erschüttert zu sein und bei bürgerlichen Leuten wagt sich sogar die Lüge hervor: »man sei eigentlich glücklich gewesen«. Aber ein solches *»petit genre«* verlang' ich von einer Herzogin *nicht*, am wenigsten von einer Dumas'schen, die natürlich den Hauptzug aller Dumas'schen Gestalten »Offenheit« nicht verleugnet. Nur ein *bischen* Rücksicht darauf, daß ein Todter draußen im Garten liegt, ein Gemahl und ein Herzog, und ich wäre zufrieden! Statt dessen wendet sich Mrs. Clarkson, die Fremde, an die Herzogin und sagt: »Durch *mich* ward Eure Ehe geschlossen, und durch mich ist sie wieder gelöst. Ich habe verloren; ich zahle.« Der Zahlpfennig ist Gérard. Höher kann ich ihn nicht taxiren, trotzdem er den Vorzug hat von *beiden* Frauen schwärmerisch geliebt zu werden. Die Herzogin schweigt, aber acceptirt. Und draußen im Garten liegt immer noch der Duc! Wie zur Beruhigung tritt endlich ein Polizei-Commissar ein, und es entspinnt sich zwischen ihm und einem anwesenden alten Arzte folgendes echt Dumas'sches Zwiegespräch. *Commissar.* Sie sind Arzt? *Arzt.* Ja, mein Herr. *Commissar.* Bitte, begleiten Sie mich, um den Tod amtlich festzustellen. *Arzt. Mit Vergnügen!*

Mit dieser Wendung schließt das Stück. Witzig, aber brutal. Gerade so wie das *»oui, mon oncle«* in dem *»fils naturel«* desselben Verfassers.

In den Dumas'schen Stücken sind die Frauenrollen die Hauptrollen. Auch hier. Ganz ausgezeichnet, wie schon Eingangs hervorgehoben, ist Mlle. *Subra* als Herzogin, ihr Glanzpunkt der 4. Akt. Ebenbürtig neben ihr stand im 3. Akt Mad. *Claire Bel* als Mrs. Clarkson (*»Etrangère«*). Der Vortrag ihrer Lebensgeschichte, die wechselnden Stellungen, die sie dabei einnahm, die Mischung von vornehmer Haltung und Spieltisch-Sicherheit, – all Das gelang ihr vorzüglich, so daß sie der im Ganzen nicht allzu dankbaren Rolle vorübergehend zu großer Wirkung verhalf. – Neben den beiden Damen sind Mr. *Leclerc* als Herzog, Mr. *Esquier* als Gérard (sehr schwere Partie, weil ganz insipide), Mr. *Schaub* als Rémonin und Mr. *Léon Noël* als »Américain« zu nennen. Mr. Leclerc war recht gut, trotzdem der *Herzog*, ebenso Mr. Léon Noël, trotzdem der Amerikaner, der *Californier*, der Mann des Revolvers und des gemüthlichen dreifachen Todtschlags in fünf Minuten, nicht scharf genug hervortrat. Die gemüthlich-humoristische Seite der Rolle traf er vollkommen, und ganz ausgezeichnet war sein Mienenspiel, als die sich decouvrirenden »Malpropretés« des Herzogs anfangen ihm unbequem zu werden. Aber das Elementare, das infernal Naturburschenhafte des Goldgräbers, kam nicht zu vollem Ausdruck. Auch *so* jedoch war sein Spiel (und besonders in der großen Scene des 5. Aktes) von lebhaftem Beifall begleitet. Th. F.

Wo die Natur versagt: Das Spiel

William Shakespeare
Hamlet

Aufführung vom 31. 5. 1874; Kritik vom 2. 6. 1874

Sonntag den 31. Mai neu einstudirt: *Hamlet,* Prinz von Dänemark, Trauerspiel in 5 Abtheilungen von Shakespeare. Herr
Marx, vom Theater in Straßburg, König Claudius.

Nach heiteren, beinah wolkenlosen drei Wochen folgte gestern wieder ein stürmischer Tag. Der letzte Sturm war am
9. Mai (»Iphigenie«). Dann kamen beruhigend, gelegentlich auch
einschläfernd, am 11. Mai »der verwunschene Prinz«, am 15.
»der Vicomte von Létorières«, am 18. die »Bekenntnisse«, am
21. die von Scherz und guter Laune getragene Vorstellung zum
Besten der »Berliner Presse« und siehe da, ein süßes Gefühl,
ein Aufathmen überkam mich: »Es ist doch nicht so schlimm;
entschlage Dich der Verstimmung darüber, gelegentlich andere verstimmen zu müssen.« Aber freilich, diese glücklichen
Rückfälle in einen Zustand der Hoffnung und des Leichtneh-
mens, sie dauern nicht lange und mir ist heute zu Sinn, als
wäre die fragwürdige Gestalt des alten Hamlet nicht blos seinem Sohne dem Prinzen, sondern auch mir selber erschienen
und hätte mir zugerufen:

Du scheinst mir willig.

Auch wärst Du träger, als das feiste Kraut,

Das ruhig Wurzel treibt an Lethe's Bord,

Erwachtest du nicht *hier.*

Die gestrige Hamlet-Vorstellung entsprach der Iphigenien-
Vorstellung vom 9. Mai; bei jedem Scenenschluß (die Gardine
fällt etwa 20 mal) wurden die Mitspielenden, durch Parterre-

und Galerie-Enthusiasten, mehr noch vor-gefordert als gerufen. Ich persönlich konnte die Veranlassung zu diesen Zwangs-Citationen nicht entdecken, wurde vielmehr nur von der immer fester in mir werdenden Ueberzeugung begleitet, daß das Klassisch-Ideale und das Historisch-Romantische an unsrer Bühne gleichmäßig auf eine, berechtigten Ansprüchen entsprechende Darstellung verzichten muß. Mitunter, wie um das Urtheil zu wecken, erscheinen Ausnahmen von dem Herkömmlichen; so zu Beginn des Winters, die Aufführung von »König Oedipus«, und zwei, drei Monate später die von Grillparzers »Des Meeres und der Liebe Wellen«; aber diese Ausnahmen, die sich vielleicht noch erweitern ließen, ändern nichts an der Regel, die in einer nicht wegzustreitenden Unzulänglichkeit für alle großen Aufgaben der Kunst besteht. Lustspiel und Conversationsstück glücken bekanntermaßen. Iphigenie, Tasso (in den Frauenrollen) und die Braut von Messina einerseits, Tell, Wallenstein, die Jungfrau von Orleans andrerseits – wie leblos, wie unberührt vom Geiste der Dichtung, ziehen alle diese Gestalten an uns vorüber. Bei den klassischen Rollen gebricht es an Verständniß und großem Styl, bei den romantischen an Erfindung; Alles wird mechanisch zusammengeschoben, die Theile sind da – »fehlt leider nur das geistige Band.«

So war es auch gestern. Das Beste war immer noch Hamlet selbst. Ganz abgesehen davon, daß Herr Berndal, der ihn spielt, nie schlecht sein kann, gelang ihm Vieles vortrefflich, so beispielsweise im 2. Akt die Begegnung mit den Schauspielern, im 3. Akt die Scene bei Aufführung der »Mausefalle« und die Piquanterien mit Rosencrantz und Güldenstern; aber weder konnten diese gelungenen Stellen die schwächeren Partien seines eigenen Spiels – wohin wir die Scene mit dem Geist, den berühmten Monolog, das »Geh in ein Kloster«, das »Jetzt könnt' ich's thun, bequem, er ist im Beten« und die Scene mit seiner Mutter rechnen – balanciren, noch *wenn* sie's gekonnt hätten, würde diese Balancirung ausgereicht haben auch alles *das* in's Gleichgewicht zu bringen, was dem Spiele der Mitspielenden fehlte. Gut war nur Herr *Wünzer* (Geist). Einige wenige Töne anders, ein paar Stellen besser charakterisirt, will sagen: aus dem allgemeinen Grau des Vortrags schärfer hervorgehoben, und ich würde nicht Anstand nehmen, diesen Wünzer'schen »Geist« für den besten zu halten, den ich bisher auf deutschen und englischen Bühnen kennen gelernt habe. In dankbarer Erinnerung hab' ich noch den »Geist« des Herrn Franz. Er gab ihn männlicher, körniger, grausiger; aber auch diese Wünzer'sche Weise, die das Weiche, Wehevolle und Rührende betont, hat ihre Berechtigung und ihre Vorzüge.

»Der Rest ist Schweigen.« Wenn in dieser Redewendung, wie gerne zugestanden werden soll, ein bescheidenes Maß von Ungerechtigkeit gegen das eine oder andere Gelungene in den Rollen des Polonius oder Laertes, des Schauspielers oder Todtengräbers liegen mag, so bitt' ich die Mißgestimmten, gleichviel, ob sie sich auf der Bühne oder im Publikum befinden, gegenwärtig haben zu wollen, daß es, einer Vorstellung wie dieser gegenüber, nicht auf Scenen und Zeilen, sondern auf die Gesammt-Wirkung ankommt, vor Allem auf den Geist, der wie ein Lichtschein die Gestalt des Ganzen umstrahlt. Dieser Lichtschein, der in dieser Hamlet-Dichtung aufflammen und unser Herz mit Entzücken und Grausen wie ein blutiges hoch in den Himmel hineinwachsendes Nordlicht erfüllen muß, dieser Lichtschein sag' ich, leuchtete am Sonntag Abend nicht heller wie eine Laterne im Novembernebel. Ein Vergleich, der übrigens insoweit noch verbindlich ist, als dieser gelbgraue, Licht und Leben verschlingende Nebel – in dem, höchst charakteristisch, das Sinnbild moderner Prosa »der Omnibus« seinen Verkehr einstellt – ein bestimmtes Maaß phantastischer Poesie repräsentirt, von dem nun gerade in der Sonntag-Vorstellung des Hamlet, trotz Doppel-Kirchhof (zu Anfang und zu Ende), trotz Grab und Mondschein auch keine Spur zu finden war. Eine gefällige Erscheinung in weißer Gaze, die Mohn im Haar trägt, Blumen streut und einiges Unverständliche von St. Valentin sagt, ist noch keine Ophelia; eine blonde Stattlichkeit aber, in ihren Königsmantel drapirt, vermag wohl, an künftigen Banquier-Shakespeare-Abenden als *lebendes Bild* unter der Ueberschrift: »Hamlet und Königin Gertrud« aufzutreten, nie aber, sprechend und tragirend, innerhalb der Tragödie selbst. Allerdings, wie die ganze Aufführung eine Art »Meiningensches Ensemble« repräsentirte, so stimmte auch, um an ihrem Theile zu dieser vielgepriesenen Einheitlichkeit mitzuwirken, die Königin Gertrud des Frl. *Stollberg* vorzüglich zu dem König Claudius des Herrn *Marx*. Dieser Claudius, um die Worte der Schiller'schen Königin Elisabeth zu citiren, übte »die schwere Kunst der Verstellung« mit Meisterschaft. Freilich auf seine Weise. Ich würde mich, in Sachen des Vertrauens mit dem alten Eberhart im Bart, mindestens wetteifernd, zu jeder Zeit ruhig in den Schooß dieses Königs Claudius gebettet haben, und selbst jetzt, wo ich, mit Hilfe der Komödien-Aufführung im 3. Akt, auf das Bestimmteste weiß, daß er seinem Bruder, dem alten Hamlet, Gift ins Ohr geträufelt und das Faul-sein im Staate Dänemark allerpersönlichst verschuldet hat, selbst jetzt kann ich mich nicht entschließen, von diesem Manne zu lassen, der mir, trotz seines Uebel-Beleumdetseins, in all und jedem mehr ein Matthias Claudius als ein König Claudius zu sein schien. Wenn Herr Marx engagirt werden sollte, so bitten wir die Direktion, diesen, alles Ernstes, liebenswürdigen Künstler, um seinet- und meinetwillen mit unliebsamen Bösewichtern verschonen zu wollen.

Der Hamlet kann ohne *Apparat* nicht bestehen. Und dieser ist nun 'mal bei unserer k. Bühne der schwächste. Es ist, als ob mit Hilfe der ewigen Balletkunst sammt ihrem obligaten Zauber, der *wirkliche* Zauber, der auch diesen Dingen anhaften kann, total verloren gegangen wäre. Man hat sich daran gewöhnt, Alles schematisch und rein äußerlich zu betreiben und etwa Regula-de-Tri-Haft zu berechnen: wenn ein erstes Mond-Viertel, mit Trümmer-Kapelle und drei Grab-Kreuzen, ein bis zwei Grad Frösteln liefern, so liefert ein Vollmond mit sechs umgestürzten Leichensteinen die reglementsmäßige Gänsehaut. Ich versichere feierlich: nirgends in der Welt, wo immer auch ich derartigen Dingen begegnet bin, haben sie mich so kalt gelassen, so ernüchtert, wie grade bei uns. Ich habe anderer Orten den entsprechenden Apparat, nach der technischen Seite hin, viel schlechter, aber nie so wirkungslos, nie so total entzaubert gesehen. Wie man von Glückskindern sagt, daß unter ihren Händen Alles zu Gold werde, so wird hier alles zu Blei. Wie ein Fluch des Mißlingens lastet es bei uns auf diesen äußerlichen Dingen, was sich am eclatantesten da zeigt, wo man sich ersichtlich Mühe gegeben hat, ein Bestes zu thun. Wie öd und traurig beispielsweise wirkt der »Sommernachtstraum«; Brosamen, die von des Balletmeisters Tisch gefallen. Damit ist aber eine Dichtung nicht zufrieden. Sie erhebt *auch* ihre Ansprüche. Nach dieser Apparats-Seite hin könnten wir unbedingt viel von den Meiningern lernen, obschon auch bei ihnen nicht alles Gold ist, was glänzt. Um nur ein Beispiel zu geben, die Erscheinung des Julius Cäsar im Zelte des Brutus wirkt wie ein aufgeschreckter Gymnasial-Direktor, der, mit übergeworfenem Schlafrock, plötzlich an ein vollmondbeschienenes Fenster tritt und konnte, offen gestanden, mich ebenso wenig entzücken, wie das gestrige Geister-Costüm des alten Hamlet, der einen halben Truthahn auf dem Helm und (absichtlich oder nicht) einen mehr räthsel- als gespensterhaft hin und her pendelnden Behang hinten an seiner Grau-Blouse trug. Ich bemerke übrigens eigens noch, daß diese *Costüm*-Frage mit dem *Spiel* der letztgenannten Rolle, das vortrefflich war, nicht das Mindeste zu schaffen hat.

Alles, Alles, Aeußeres und Inneres, sollte anders sein und *könnte* es sein. Wenn man dies bestreitet, so bestreite ich hinwiederum das Recht dieser Bestreitung. Hätt' ich aber dennoch Unrecht, waren dies wirklich die Normen, über die im Wesentlichen nicht mehr hinauszukommen ist, so ist das Theater, trotz der gerade jetzt wieder herrschenden Theater-Epidemie, *doch* ein überwundener Standpunkt. In die »Komödie« gehen – unter der Voraussetzung, daß es durchaus bleiben soll, wie es ist – ist dann auf die Dauer doch nur ein Vergnügen für Kinder und für jene *oberen* Theater-Schichten, die *in aestheticis* ewig Kinder bleiben werden. Wenigstens hier zu Lande. Denn die slavisch-germanische Mischrace hat, nach Natur und Geschichte, Verfügung über alle möglichen Tugenden, nur nicht über die der *Form* und des Geschmacks. Th. F.

Friedrich Schiller
Kabale und Liebe

Aufführung vom 18. 3. 1879; Kritik vom 20. 3. 1879

Dienstag den 18. März: *Kabale und Liebe,* Trauerspiel in 5 Akten von Schiller. Frau *Olga Lewinsky* aus Wien Lady Milfort als letzte Gastrolle.

Frau Lewinsky spielte auch *diese* Rolle auf die haltungsvolle und zugleich edelgeartete Dame hin. Mehr Johanna Norfolk als Lady Milfort. Will sagen, mir fehlte der Maitressen-Stempel. »Ich bin nicht die Abenteurerin, Walter, für die Sie mich halten.« Nein. Aber doch immer Abenteurerin. Man wandelt nicht ungestraft unter Palmen, und am wenigsten unter denen kurfürstlicher Treibhäuser. Da wir das Kurfürstliche jetzt glücklich hinter uns haben, darf dergleichen gesagt werden. Lady Milfort war keine Rietz – wiewohl mir nach dem bekannten »wenn schon, denn schon« die Rietz eigentlich lieber ist – aber ihr halbes Stecken gebliebensein in Tugend und Brittenthum (die in diesem Stücke, wer lacht da, beinah als identisch auftreten) ist doch schließlich keine Restituirung ihrer Johanna Norfolk- und Keuschheits-Tage. Es bleibt vielmehr bestehen, daß sie, »manche verlorene Sache der Unschuld durch eine buhlerische Thräne gerettet hat.« So lauten der Lady selbsteigene Worte. Sachlich sehr verdienstlich, aber nicht persönlich. Von dieser »buhlerischen Thräne« nun entdeck' ich in der Lady Milfort der Frau Lewinsky zu wenig. Sie weiß eine schöne Frau darzustellen und den Ton der Vornehmheit und Würde *ganz*, den der Leidenschaft halb zu treffen; aber es fehlt ihr die Gabe, über ihr Naturell hinaus, oder richtiger noch im Gegensatz zu demselben eine Charakterfigur zu gestalten. In ihrer Pompadour nichts von der schnöden Selbstsucht, aus der das *»après nous le déluge«*, in ihrer Lady Milfort nichts von der Vergangenheit und dem Hazardir-Hang, aus dem die Fürsten-Geliebte resultirte. Sie spielte die Rolle wie aus der Legitimität und aus dem guten Gewissen heraus. Das ist nun freilich eine schöne Sache, aber nicht in jedem gegebenen Fall. Und der hier gegebene verlangte noch ein Weiteres. *Was* Frau Lewinsky bietet, ist gut, nur fehlen ihrem Diner ein paar Gänge. Namentlich die pikanten. An einem lebhaften und trotz dieser Mängel wohlverdienten Beifall ließ es das Haus nicht fehlen.

Das Stück selbst übte wieder seinen alten Zauber, vor allem die Schlußscene des 2. Akts. Es giebt Weniges, was von der Bühne her mächtiger wirkte. Ich hab es nun wohl zwanzig Mal gesehn, aber immer aufs Neue bin ich wie hingerissen davon. Alles was sich an mit Recht gefeiertsten Scenen in den späteren Schiller'schen Stücken (Jungfrau, Tell) findet, ist, verglichen mit *dieser* Scene, kunstvoll angekränkelt. Unterstützt wird die Wirkung des Stückes freilich durch das Spiel. Es ist eine Muster-Aufführung, in der auch sonst schwächere Kräfte, weil an den rechten Platz gestellt, nicht versagen. Herr *Klein* gab den alten Kammerdiener. Ich kam etwas zu spät und sah ihn nur in der zweiten Hälfte seiner Rolle. Von »Das weiß der Himmel« an. In allem trat mir eine große Verschiedenheit seiner Auffassung von der Dörings entgegen. Bei der nächsten sich bietenden Gelegenheit werd' ich diese Verschiedenheit zu präcisiren suchen. Th. F.

G. Conrad
Phädra

Aufführung vom 31. 5. 1879; Kritik vom 4. 6. 1879

Sonnabend den 31. Mai: *Phädra*, Trauerspiel in 5 Aufzügen. Musik von W. Taubert. Frau *Clara Ziegler,* vom k. Hoftheater in München, Phädra als Gastrolle.

Ein philosophischer Freund sagte mir einmal, nichts sei falscher als der Glaube, daß die Formen, in denen sich unser Leben bewege, sehr reich und mannigfaltig seien; er reise viel und könne mir auf das Bestimmteste versichern, daß z. B. eine Conversation zwischen Berlin und Leipzig höchstens ein Doppel-Geleise habe, gerade wie die Bahn selber. An diesen Satz werd' ich durch das Spiel der Frau *Clara Ziegler* beständig erinnert. Immer die gleichen oder doch sehr ähnliche Gerichte, die nicht in ihren Zuthaten, sondern nur in der *Reihenfolge* dieser Zuthaten verschieden sind, etwa wie das Eiweiß, je nachdem es etwas früher oder später, geschlagen oder ungeschlagen in die Form, resp. Pfanne kommt, ein paar kleine culinarische Variationen schafft. Die Frau Clara Zieglerschen Zuthaten sind bald aufgezählt: ruhige Stellung an einer dorischen Säule, königliches Herabschreiten von einer höheren oder niedrigeren Freitreppe, Stellung am Stuhl, Stellung am Altar, Griff in die Saiten einer Leier, Mantel-Drapirung, elegischer Hinschmelzungs-, ernstrollender Donner- und jäh-einschlagender Verzweiflungston. Was etwa noch dazwischen liegt, bedeutet nicht viel. Es ist das Aeußerlichste, zugleich auch das Stereotypste, was ich auf der Bühne kennen gelernt habe. Frau Clara Ziegler ist offenbar nicht an ihrem eigentlichsten Platz: im heroischen Ballet, an der Stelle, wo sich Klio und Terpsichore die Hand reichen, hätte sie Wunderdinge geleistet und Aufgaben gelöst, wie sie vorher auf dem entsprechenden Gebiete vielleicht niemals gelöst worden sind. Aber an den Scheideweg gestellt, entschied sie sich statt für die mimisch-plastische für die dramatische Kunst und inaugurirte dadurch eine »neue Aera der hohen Tragödie«, der nicht nur die Seele, sondern auch das Verständniß fehlt. Dies mag manchem übertrieben, oder gar gehässig erscheinen; es ist aber umgekehrt eher ein zu milder als ein zu harter Ausdruck. Wenn Oxenstierna sagen durfte: »Du glaubst gar nicht, mein Sohn, mit wie wenig Verstand die Welt regiert wird«, so läßt sich mit noch viel größerem Rechte sagen: »Du glaubst gar nicht, o Publikum, mit wie wenig Verstand die Gestalten des griechischen Trauerspiels (vor Allem aber die den Häusern Oedips und Agamemnons entstammenden Weiblichkeiten etc.) tragirt zu werden pflegen.« Phädra ihrerseits ist eine Tochter des Minos. Was *Der* erst sagen würde, wenn er zu Gericht zu sitzen hätte!

Es ist mir leid, einem berühmten Gast, einer liebenswürdigen Dame gegenüber, immer wieder und wieder diese Sprache führen zu müssen; aber ich halt' es andererseits für meine Pflicht, gegen den Ziegler-Enthusiasmus zu protestiren, und die Vorstellung, so weit es in meiner Kraft liegt, nicht aufkommen zu lassen, als habe man in unserer Mitte hundert Jahre nach Göthe, schöne plastische Stellungen von hoher dramatischer Kunst nicht zu unterscheiden gewußt. Die schönen Stellungen *hat* Frau Clara Ziegler, die hohe Kunst hat sie *nicht*. Fräulein Clara Meyer – »*unsre* Clara« wie die Banquiers sagen – ist auch nicht auf dem eigentlichsten Terrain zwischen dem Ilissos und Kephissos zu Hause, nichtsdestoweniger kommt sie dem griechischen Ideal in Haltung, Profil und Stimme um vieles näher, als die Königstochter aus Colchis. Fräulein Meyer sentimentalisirt; dies soll unbestritten bleiben. Aber inmitten ihrer Sentimentalitäten klingt dennoch von Zeit zu Zeit auch ein Ton echten Gefühls, den ich in dem Spiel ihrer gefeierten Namensschwester so ganz vermisse. Mit Medea beginnts, mit Medea schließts. Alles andere, wenn ich vom Conversationsstück absehe, ist vom Uebel.

Ein hervorstechender Zug des Stückes selbst ist, daß »Eros Pfeil« mit einer bemerkenswerthen und nach modernen Vorstellungen nicht immer ausreichend motivirten Schnelligkeit vom Bogen fliegt. Außerdem sind beinahe alle Hauptfiguren »mit den Göttern verwandt«, woran sie sich sonderbarer Weise gerade *dann* immer am liebsten erinnern, wenn sie auf dem Punkt stehen, etwas überaus Menschliches zu thun. Was fast von Scene zu Scene der Fall ist. Eine feine Kritik der griechischen Mythologie vom christlichen Sittenstandpunkt aus! In der Reihe der gelungenen Scenen sagte mir eine besonders zu: Die 1. Scene des 5. Akts, wo Phädra den Apoll um Tod und Verderben, der Oberpriester der Venus aber *seine* Gottheit um Glück und Segen für das neuzuvermählende Paar anruft. Dies

Gegenspiel ist schön und wirkungsvoll. Ein glücklicher dramatischer Gedanke. Durch die ziemlich prosaisch nebenherlau-
fende Vorstellung, daß Apollo zugleich der »Großvater« der
Phädra ist, darf man sich freilich nicht stören lassen. Unter den
Mitspielenden heb' ich noch Herrn *Kahle* als König Minos hervor. Solche Rollen, voll ernst getragener Declamation, liegen
ihm überaus glücklich. Fräulein *Hofmeister* gab die *letzte* der
Pallantiden. Es hat das ja etwas Tieftrauriges, und es war wohl
Niemand anwesend, der sich dem Eindruck davon entziehen
konnte.

Dem 1. und 5. Akt vermocht' ich nur mit äußerster Anstren-
gung zu folgen, weil draußen auf dem Corridor eine gemüth-
liche Logenschließer-Börse, wahrscheinlich unter Heranzie-
hung befreundeter »Garderobenmänner«, abgehalten wurde.
Wie viel ihrer waren, konnt' ich nicht feststellen, dem Lärmen
nach mindestens vier oder fünf. Und so verbracht ich qualvolle
Viertelstunden zwischen zwei neben einanderherlaufenden
Dialogen, von denen sich der offene mit »Eros Pfeil«, der ver-
deckte, so vermuth' ich, mit häuslichen »Tarif«-Fragen beschäftigte. Verzweifelt klopf' ich endlich mit dem Knöchel an die
Thüre; aber entweder gingen die Wogen draußen zu hoch,
oder man wußte sich innerhalb der Tradition und ihrer berechtigten Eigenthümlichkeiten. Und »nur keine neue Mode
nich« zählt ja zu den Grundsätzen unseres Volkscharakters.
Th. F.

Johann Wolfgang Goethe
Götz von Berlichingen

Aufführung vom 24. 4. 1880; Kritik vom 27. 4. 1880

Sonnabend, den 24. April: *Götz von Berlichingen* mit der eiser-
nen Hand, Schauspiel in 5 Akten von Goethe. Fräulein *Eppner*
vom Stadttheater in Freiburg (im Breisgau) Adelheid als erste
Gastrolle.

Ohne Fräulein *Eppner* kein Götz, so viel wird sich sagen lassen, und ich will es ihr in Rechnung stellen. Aber ihr Schuldbuch ist zu groß, und wie viele Seiten ich auch herausreißen möge, es bleibt immer noch eine Schuld. Am Dienstag früh werden diese Zeilen in der Zeitung stehen und am Dienstag Abend wird Fräulein *Eppner* die Eboli zu spielen haben. Ich beklage dies Zusammentreffen, denn unter dem Drucke tadelnder Kritiken (die meinige wird nicht die einzige sein) kann unmöglich jene Freiheit sich entfalten, deren der Künstler bedarf und der gastirende doppelt. Aber Kritiken und Gerichtshöfe sind nun mal nicht Freude halber da; sie sollen die Wahrheit sagen, und zu trösten und aufzurichten, zählt immer nur ausnahms- und bedingungsweise zu ihren Pflichten. Etwas davon will ich übrigens an dieser Stelle versuchen: es war ein falscher Liebesdienst, Fräulein Eppner auf unserem Hoftheater überhaupt auftreten zu lassen. Freiburg im Breisgau ist just ihr Platz. Wär' ich vier Wochen lang in der Schweiz gewesen (je höher die Alm hinauf desto besser) und beträte in Freiburg zum ersten Male wieder eine Stätte der Cultur, so würd' ich an einem sich bietenden Theater-Abend diese Adelheid v. Waldorf acceptabel gefunden und in mein Reise-Notizbuch etwa das Folgende niedergeschrieben haben: »Am Abend Goetz. Fräulein Eppner als Adelheid. Goethe soll sich während des Schreibens in diese Gestalt verliebt haben. Ist mir immer glaubhaft gewesen. Heute doppelt. Was Fräulein Eppner gab, war das Uebergewicht des Willens über den Intellekt. Aber desto besser. Sie kam dadurch dem historischen Ideal um ein Erhebliches näher. Denn es wird sich ohne Unbilligkeit sagen lassen, daß junge Wittwen an Bischofshöfen immer mehr Willen als Intellekt gehabt haben. Am Bamberger Hofe gewiß. Und nun gar in den Tagen der Renaissance, just als Ulrich von Hutten schrieb: ›es ist eine Lust zu leben jetzt!‹ Auch die heutige Freiburger Darstellerin der Adelheid schien mir von diesem Satze durchdrungen. Sie prünte den Mund und war *sehr* stattlich. Ich kann mir denken, daß sich sechs Knappen ihrethalben aus dem Fenster gestürzt haben. Und auch das mit der Vehme (erste Goethesche Version), ist mir durchaus begreiflich. Aber Gift? Nein. Wo so viel Wille des Lebens ist, kann nicht so viel Verneinung des Lebens sein. Auch nicht auf Kosten Anderer. Leben und leben lassen. *In hoc signo vinces.*«

So hätt' ich, alpenfrisch und kunstentwöhnt, in mein Tagebuch geschrieben. Aber unser Urtheil ist an Zeit und Ort gebunden, und die Liebhaber-Vorstellung, der wir aufrichtig Beifall geklatscht haben, muß eine Liebhaber-Vorstellung bleiben, wenn unser Beifall bleiben soll. In einem Banquier-Hause wird anders servirt, als in einer Dorfpfarre, und die Fayence-Terrine mit enthauptetem Deckel, die bei »Predigers« entzückend ist, ist bei »Commerzienraths« eine Beleidigung ... Fräulein Eppner hat etwas Imposantes in ihrer Erscheinung, und auch in den bewegtesten Momenten etwas Sicheres und Maßvolles in ihrer Haltung. Ich erkenne dies gern und unumwunden an, und ihr Spiel in der großen Scene des 5. Akts, wo ihr die Gestalt des »Rächers« erscheint, konnte genügen. Es war nicht ohne Wirkung und hielt in Vermeidung alles Uebertriebenen (wozu der Moment stark herausfordert) die Schönheitslinie. Hiermit ist aber auch alles Lob erschöpft. Selbst dieser vergleichsweise gelungenen Scene fehlte jede Spur von Dämonismus, ohne den diese grandiose Figur eben nicht sie selbst ist. Ihres infernalen Zaubers entkleidet, bleibt eine Alltags-Kokette übrig. Aber auch *dieser*, es muß leider gesagt werden, wurde nicht einmal ihr volles Recht. Es fehlte der *chic* in den Hüften und jenes zuckende Leben um Aug' und Mund, ohne das es keine Koketterie giebt. An die Stelle davon, trat ein aufgestelztes Prinzessinnenthum, das in dunklen Gegenden noch vorkommen mag, aber sich vor der Neuzeits-Sonne nicht halten kann. Sie lacht es weg.

Von der Gesammt-Aufführung ist eben so viel Rühmliches wie Unrühmliches zu sagen. Das Rühmliche war, daß Herr *Berndal* den Götz spielte. Vier Akte lang bedeutet er fast das Stück und sah sich in der Lage, die durch andere contrahirte Schuld aufs prompteste quitt machen zu können. Götz zählt unbedingt zu seinen besten Rollen. Einzelnes ist einfach unübertrefflich: das erste Zwiegespräch mit Weißlingen, die Scenen mit seiner Schwester und seinem Knaben, die Tischscene, vor Allem die Gerichtsscene vor den Heilbronner Rathsherren. Es heißt immer, die großen Künstler seien hin. Ich behaupte steif und fest: der Götz ist nie besser gespielt worden. Und ich weiß auch, warum nicht. Ueber 40 Jahre hin kann ich jetzt die Sache controliren. Und das ist beinah die halbe Zeit, daß er überhaupt da ist.

Gleich ausgezeichnet war Herr *Klein* als Selbitz. Es ist Schade, daß wir diesen Nummer-Eins-Mann verlieren müssen. Es wird sich nicht anders haben thun lassen, derartige Kräfte sind immer schwer traitable, von ihren Ansprüchen ganz abgesehen. Aber schade bleibt es doch.

Es bleiben noch Herr *Oberländer* als v. Wanzenau und Herr *Dehnicke* als Blinzkopf zu nennen; ganz kleine Rollen, aber vorzüglich (wenn auch etwas outrirt) gegeben.

Alles andere ließ sehr zu wünschen übrig, theils aus Mangel an Kraft, theils aus Mangel an Lust. Freilich, in »Rolf Berndt« oder »Frau ohne Geist« spielt sich's besser; aber etwas ist man dem alten Goethe doch auch schuldig … Und nach einer andern Seite hin: Herr *Klein* geht auch ab; aber es war seinem Selbitz nicht anzumerken.

Einen traurigen Eindruck machten die Costüme. Giebt es denn kein Benzin und kein Bügeleisen mehr in der Welt?! In Kritiken konnte man früher lesen »auf die Patina komme es an«. Danach hätten wir jetzt einen Idealzustand erreicht. Goetz hatte Röcke an, die nur noch Patina waren. Th. F.

Friedrich Schiller
Die Jungfrau von Orleans

Aufführung vom 21. 9. 1880; Kritik vom 23. 9. 1880

Dienstag, den 21. September: *Die Jungfrau von Orleans*, romantische Tragödie in 5 Akten von Schiller. Herr *Dettmer* vom königl. Hoftheater in Dresden, Dunois als dritte Gastrolle.

Das gestrige Gastspiel des Herrn *Dettmer* in der Rolle des Dunois war begleitet von einem ersten Auftreten des Fräulein *Barkany* in der Rolle der »Jungfrau«.

Ich spreche über dieses Debüt zuerst.

Es giebt keine »Jungfrauen« mehr, und auch Fräulein Barkany ist außer Stande, in die Vacanz einzurücken. Die letzte, die noch allenfalls als eine »Jungfrau« gelten konnte, verdarb es, in den Jahren ihrer Reife, durch eine mal auf mal ersichtlicher werdende Selbstbespiegelung und gab immer noch die Turandot nebenher. »Sieh her und bleibe Deiner Sinne Meister« drückte jede Miene, jede Bewegung aus. Und eine naive, sich selbst vergessende Prophetin wie die »Jungfrau«, mußte solchem Selbstgefühle nothwendig erliegen.

Es giebt keine »Jungfrauen« mehr, und dies im Auge behalten, ist dem Spiele jeder Einzelnen mit Nachsicht und Milde zu begegnen. Es macht in der That gar keinen Unterschied mehr, wer die Rolle spielt, und ohne die geringste Gefährdung könnte das Alternirungs-Prinzip unter den Thibaut d'Arc'schen Töchtern eingeführt werden. Reihum, wie noch jetzt auf dem Lande, könnte jede »die Woche haben.« Erst Margot: Fräulein *Hofmeister*, dann Louison: Fräulein *Golmick,* und zuletzt Johanna: Fräulein *Barkany.* Für Fräulein Golmick wollt' ich mich allen Ernstes verbürgen, und selbst Fräulein Hofmeister, wenn sie von der blau-schleirigen Einfachheit ihrer Auguste Demmler (in »Gräfin Lea«) auch nur ein ganz Weniges in die »Jungfrau« hinüberzuretten wüßte, würde den Dunois ebenso gut zu bezaubern und den Talbot ebenso gut zu besiegen wissen wie Fräulein Barkany.

Fräulein Barkany ist eine gewandte Schauspielerin, und was mit der Gewandtheit gezwungen werden kann, das zwingt sie. So gelang ihr z. B. der ganze 4. Akt. Die Deklamation der in den verschiedensten Versmaßen sich bewegenden Strophen (»Die Waffen ruhn« etc.) war ausreichend, wenn auch freilich nicht mehr, und ihre Haltung in den beiden Begegnungsscenen, erst mit den Schwestern und gleich darauf mit dem Vater, entbehrte nicht einer tieferen Wirkung. Auch ihr stummes

Spiel in den letzten Momenten des 4. Akts war effectvoll und sogar poetisch angeflogen. Füg' ich noch hinzu, daß sie die plötzliche Verwirrung beim Anblick des entwaffneten Lionel und ebenso das Erschüttertsein beim Anblick ihrer eigenen von La Hire vor ihr entrollten Fahne *sehr* gut darstellte, so hab' ich erschöpft, was in Anerkennung ihrer Johanna gesagt werden kann. Es ergiebt sich daraus, daß alles auf Spiel-Routine gestellte, wohin u. A. auch die virtuosen Aufschreie gehören, am besten glückte, der *seelisch-sprachliche* Zauber aber nirgends einen auch nur annäherungsweise gutzuheißenden Ausdruck fand. Alles in der Jeanne d'Arc ist auf die Begeisterung gestellt, und sie thront, wie die Himmelskönigin selbst, auf morgenrothem Gewölk. Aber dieser ihrer Darstellerin hätt' ich unablässig zurufen mögen: »Steh' auf Johanna, Dich ruft der Herr zu einem andern Geschäft.« Begeisterung ist einfach *nicht* ihr Aktionsfeld, und so kam es, daß all diese vom Dichterohr erlauschte Sphären-Melodie, bei der einem werden muß, als flöge man unmittelbar unter dem Blau des Himmels hin, wirkungslos verhallte. Nicht einmal mit meinem äußern Ohre konnt' ich folgen, entweder weil alles zu dünn und unbedeutend, oder aber in dem Ton, in dem sich's gab, so total unjeanned'archaft war, daß sich mein Ohr unwillkürlich dagegen schloß, in ganz ähnlicher Weise wie das Augenlid zuplinkt, wenn etwas Ungehöriges hineinwill. Fräulein Barkany hat nichts von dem hohen inneren Seelenleben, das nöthig ist, um dieser, wenn auch nicht vollendetsten, so doch erhabensten aller dichterischen Gestalten gerecht zu werden; sie hat aber auch nichts von dem äußern Material, namentlich nichts von dem äußern *Stimm*-Material, ohne das es nun vollends nicht geht. Sie kann nicht blos nicht schwimmen, sie hat auch nicht 'mal den Schwimmgürtel, der unerläßlich ist, um sich wenigstens über Wasser zu halten. Im 2. Akt, in der Scene mit Burgund, sagt sie von sich selbst »die Kunst der Rede ist dem Munde fremd«. *Ach, wie wahr!* Sie kann einfach nicht sprechen, sie kaut alle Wörter (ich kann ihr diesen Ausdruck nicht ersparen) und gewährt einem über und über die Gewißheit, sie stamme *nicht* »aus ihres Königs Flecken

Dom Remy, der in dem Kirchensprengel liegt von Toul«. Ihre Wiege stand weitab davon. Es versagt ihr die Natur äußerlich und innerlich jede Mitwirkung für die Darstellung einer Jeanne d'Arc, und wo, bei sonst gern zugestandenem Talent, alle natürlich gegebene Beanlagung für eine bestimmte Rolle fehlt, da liegt die Verpflichtung vor, von dieser Rolle fern zu bleiben. Ein Leibmohr kann allenfalls den Othello spielen, aber nie die Weiße Dame.

Herr *Dettmer* gab den Dunois. Ausgezeichnet. Ich hatte bei seinem Egmont den Eindruck empfangen, daß er des Poetischen und noch mehr des Romantischen entbehre. Darin aber war ich doch im Unrecht. Es liegt seine Poesie nur nach einer andern Seite hin. Ich habe keinen besseren Dunois gesehen, auch in alten Zeiten nicht, die noch mittelbar und mit ältester Mitglieder Hilfe bis in die Goethe-Schiller-Aera zurückreichten. In der zweiten Hälfte, wo sich dem Heldischen das Liebhaberische gesellt, war er minder bedeutend, aber im ersten und zweiten Akt, in seiner Kraft und seinem Unmuth, und vor Allem in den Aeußerungen »seiner allergetreuesten Opposition« erschien er mir unübertrefflich. Seine Persönlichkeit unterstützt ihn hier aufs Vortheilhafteste. So muß nicht blos Dunois, *so muß Schiller überhaupt gespielt werden*: aus dem Vollen heraus, sonor und rhetorisch, und mit Applomb. Es wird dann die Wirkung nicht leicht ausbleiben. Die beiden großen Stellen »Wie, Sire, ist das die Sprache eines Königs etc.« und gleich darauf: »Nun denn so kehre der Siegesgott auf ewig Dir den Rücken etc.« wurden unter rauschendem Applaus vom Publikum aufgenommen. Hätten wir ein halbes Dutzend Schauspieler von der Art des Herrn Dettmer, so ließe sich mit diesen rhetorischen Prachtstücken, die freilich bei dünnem und langweiligem Spiel oft mit ziemlich fatiguirten Gesichtern angesehen werden, wieder Staat und Kasse machen.

Unter den Mitspielenden zeichneten sich, wie herkömmlich, Herr *Kahle* als Talbot, Herr *Berndal* als Burgund und Herr *Hellmuth-Bräm* als Thibaut d'Arc aus. Auch Fräulein *Stollberg* als Königin Isabeau sei nicht vergessen. Herr *Müller* gab den

Dauphin und hatte sich, bei dem Krönungszuge, mit dem Beifall seines eigenen, loyalen Volks zu begnügen. Und blick' ich auf sein Spiel während der ersten Akte, so liegt in der That kein Grund vor, diesem vom Dichter vorgeschriebenen Applaus einen andern hinzuzufügen. Im 4. Akt aber sah er nicht blos wundervoll aus, sondern sprach auch seine wenigen, an die Jungfrau gerichteten Worte ganz vortrefflich.

Eins noch. Ist der blanke Helm im 1. Akt nicht doch vielleicht etwas *zu* blank? Er erinnert gar zu sehr an Schaufenster. Und schon allein der Umstand, daß ihn, eh' er nach Dom Remy kam, ein altes Weib stundenlang in Händen gehabt hatte, sollt' ihm füglich etwas von seiner Putzpulver-Blänke genommen haben.

Ein furchtbares Schicksal hat immer der Name *Salisbury*. Schiller selbst schreibt ihn Salsbury, wenigstens an einer Stelle, und wird er danach ausgesprochen, so kommt er der Wahrheit ziemlich nah. Unrichtig ist Sählsbury. Indessen es mag gehen; es hat eine Art von Theater-Tradition für sich. Unendlich komisch aber berührte mich das »Sählsbüry« des gestrigen englischen Herolds. Unbefriedigt durch eine falsche Anglisirung der ersten Hälfte, griff er noch zum »ü« und *französirte* dadurch den Rest. Th. F.

William Shakespeare
Amleto, Principe di Danimarca

Aufführung vom 9. 4. 1881; Kritik vom 12. 4. 1881

Sonnabend, den 9. April: *Amleto, Principe di Danimarca, Tragedia in 6 atti di W. Shakespeare, ridotta per le scene italiane da C. Rusconi.*

Der Hamlet *Ernesto Rossis* blieb hinter seinem Othello sehr erheblich zurück. Es ist nicht wohlgethan, daß die Romanen, ganz besonders durch die Größe Shakespeares dazu verführt, eine beständig wachsende Neigung zeigen, sich in Nordlands-Charaktere künstlerisch hineinzuleben. Sie werden immer damit scheitern und natürlich um so mehr, je mehr ein nationaler Unterschied zwischen dem Darsteller und dem speziell Darzustellenden zu Tage tritt. Ich bin bisher nur einer einzigen Ausnahme von dieser Regel begegnet: der Ristori in der Rolle der Königin Elisabeth. Im Allgemeinen bleibt jeder Künstler *lokal* gebunden; er leistet schon ein Ungeheures, wenn er sich persönlich los wird, sein Land aber mitsammt den Bildern und Anschauungen seiner Jugend wird er niemals los. Das zeigt sich im Großen und Kleinen. Ein englischer Zeichner, der einen deutschen Damenkaffee zeichnen soll, zeichnet lauter Engländerinnen, wobei wir, beiläufig, im Ganzen gut genug fortkommen, und ein französischer Schlachtenmaler ist außer Stande, dem Faltenwurf einer preußischen Militairhose gerecht zu werden. Er kennt nur den Faltenwurf einer französischen, und nur diese schafft ihm sein Ideal und führt seine Hand. Dem entsprechend ist Ernesto Rossi's Hamlet ein *Italiener*, der Helsingör und Wittenberg nur aus dem Coupé-Fenster kennen gelernt hat; am wenigsten aber hat er geträumt und gegrübelt und innerlich Einkehr bei sich gehalten. Er hat nicht sich seiner Rolle, sondern die Rolle seinen Begabungen angepaßt. Er gesticulirt und deklamirt, er läßt seine schöne Hand und seine schöne Stimme wirken, und bemächtigt sich siegreich und fortreißend der Sinne derer, die nichts weiter verlangen, als einen sinnlichen Eindruck. Sein Spiel, soweit sein Hamlet in Betracht kommt, erinnert an das der Ziegler und unterscheidet sich von diesem nur dadurch, daß er seine bedeutenden Mittel nicht blos willkürlich und rein äußerlich als solche, sondern im Ganzen genommen an jedesmal richtiger Stelle wirken läßt. Aber der hierdurch gewonnene Vorzug ist doch nicht allzu groß, wenigstens in dieser seiner Rolle nicht. Es bleibt alles umgehängtes Wesen, und wenn er sich in diesen Umhängseln auch nicht nach Art unserer deutschen Medea-Virtuosin vergreift und aus Requisiten und Garderobe beliebig wählt, als ob zwischen Königsmantel und Einsegnungstuch, zwischen Pantherfell und Fuchspelerine nicht der geringste Unterschied wäre, so hilft doch die relative Passendheit eines solchen Ueberwurfes nicht viel, weil es, passend oder nicht, nicht das aus der Natur der Dinge herausgeborene Kleid ist. In der Mehrzahl Shakespearescher Gestalten lebt ein germanischer Geist, zu dem der italische nicht harmonirt, weshalb ich denn auch den Rossischen Hamlet einem großen, aus einem an und für sich wichtigen Gedanken entwickelten Musikstück vergleichen möchte, das aber aus einer *falschen Tonart* gespielt und außerdem noch mit unstatthaften Schnörkeln vorgetragen wird.

Auch das Publikum empfand so, während ich selber, um es noch näher zu bezeichnen, von Anfang an unter dem Eindruck war, in einem Buche zu lesen, das an und für sich ganz gut ist und nur den einen Fehler hat, *daß nichts darin stimmt*. Sagen wir, es habe die Landschaft zwischen Kopenhagen und Helsingör als Schauplatz. Und nun führt uns der Erzähler in ein dänisches Landstädtchen und läßt uns Theil nehmen an Volksversammlungen und Casino-Gesellschaften und stellt uns eine Etatsräthin Uhlefeld, einen Major von Coewenoern und einen orthodox-lutherischen Geistlichen mit Namen Uptrup vor. Außerdem versteht sichs, daß die Räthin zwei Töchter hat, Astrid und Asta. Und nun lesen wir und folgen willig und finden es allerliebst, bis uns auf der dreißigsten Seite mit einem Male das Gefühl kommt: »aber, mein Gott, wo *sind* wir denn eigentlich?« Die Häuser sehen uns so dänisch-fremd und doch zugleich wieder so bekannt an, ich möchte wetten … ei wahrhaftig, das ist ja Rathenow und der Major v. Coewenoern ist ja der Major von Goerschen, der hatte auch immer denselben Fluch, und der Alt-Lutheraner Uptrup, Gott, da haben wir's, das ist ja der alte Colonie-Pastor Merrimé, der immer so stolz war auf sein Genferthum und mit der Prädestination aufstand und zu Bette ging. Und nun kommt auch noch Astrids alte Amme, die bei Lebzeiten vom seligen Etatsrath mit in Italien war und erinnert sich an die Solfatara, wo's immer so gebummst, wenn man den großen Stein auf die Erde geworfen, und spricht bei der Gelegenheit allerhand Gebildetes über Plutonismus und Neptunismus. Aber freilich während sie noch so spricht, entfällt uns das Buch, und wir lassen es liegen, wo es liegt. Warum? Nicht weil es dummes Zeug gewesen wäre, was wir gelesen haben. O nein, unser alter Major lebt und der alte Pastor auch, und was die Amme docirt und perorirt hat, ist alles ganz richtig und eigentlich gleich buch- und baedekkerfertig und man konnte sogar daraus lernen. Es war nur einfach alles deplacirt. Und mit einer ähnlichen Empfindung bin ich auch dem Spiele Rossi's von Anfang bis Ende gefolgt. Ich fand seinen Hamlet unhamletisch, undänisch, unshakespearisch. Die Romanen sind große Realisten und überall da, wo scharfe Beobachtung des Lebens ausreicht, um ein Kunstgebäude zu schaffen, erweisen sie sich uns überlegen; in andren Fällen aber, wo sich's darum handelt, aus dem Innern heraus zu gestalten, versagt ihnen ihr Können, nicht nothwendig aber oft, und nun greifen sie zu Künsteleien, zu Deklamationen und falschem Pathos, die viel verdrießlicher wirken als eine vielleicht unausreichende aber doch wenigstens natürlich gebliebene Kraft.

Ich habe bis hierher den allgemeinen Eindruck wiedergeben wollen, den ich von Rossi's Hamlet hatte; den Beweis dafür zu führen, daß es anders hätte sein müssen, ist schwer. In dem für 1 Franc und 50 Centimes, also etwas theuer zu erstehenden »Textbuche«, habe ich jede Scene mit Bemerkungen begleitet; aber nur wenige Stellen werden dem Leser genügend gegenwärtig sein, um an ihnen leicht und bequem demonstriren zu können. Ich nehme deshalb das allbekannte »Sein oder nicht sein«. In Beurtheilung solcher Paradestücke bin ich im Allgemeinen grundsätzlich so milde wie möglich und stecke die Grenzpfähle nach links und rechts hin weit hinaus, vielleicht selbst über das Zulässige hinaus. Aber es giebt doch schließlich eine Grenze, die respektirt werden muß und diese Grenze liegt hier innerhalb der grübelnd melancholischen Betrachtung. Innerhalb der grübelnd melancholischen Betrachtung, die, wie jedes, *an bestimmte Formen gebunden* ist. Es kann ein Mehr oder Minder gestattet, es kann so oder so gegrübelt werden; aber *er*, dem zu grübeln obliegt, muß immer ein Grübler bleiben. An Festtagen und in der Woche vor Ostern will ich ihm noch ein Extra bewilligen und mich als zufriedengestellt erklären, wenn er sich als ein *elegischer Deklamirer* giebt. Aber das ist auch das Aeußerste, was ich ihm zugestehen kann. Wird indessen aus dem elegischen Deklamirer ein vollkommener Deklamator, und treten ganze Stellen aus ihrem Brüte-Dunkel derartig hell und laut ans Licht der Sonne, daß mir ist, als ob François Coppet's »Strike der Schmiede« deklamirt würde, so scheint es mir mit »Sein oder nicht sein« vorbei. Bis zu der Stelle *»desiderato da ogni uomo«* ging es gut und gab sich alles als ein dem Charakter und der Situation angemessenes Sprechen; von dem Augenblick an aber, wo das *»Dormire? Sognare forse?«* gesprochen war, um dann sofort in das freilich verführerische *»ecco l'idea terribile«* überzugehen, war auch das »Terribile« wirklich da, und durch vier, fünf Zeilen hin hatten wir nun nur noch einen deklamatorischen Lärm an Stelle grüblerisch melancholischer Betrachtung. Und das ist nach unseren deutschen Vorstellungen absolut unzulässig, weil es absolut unwahr ist. Wär' es anders und wäre dies alles ins Belieben oder auch nur in Zweifel und Frage gestellt, so thäte mir das Leben leid, das ich an die Behandlung und Ergründung dieser Dinge gesetzt habe. Freilich, viele Wege führen nach Rom, aber doch nicht *alle*. Gewisse Gesetze müssen eben gehalten werden, und das beständige Herausfallen aus dem künstlerischen Gesetz, um sich außerhalb desselben desto virtuoser und effektvoller tummeln zu können, war es, was mich den ganzen Abend über verdroß.

Eine Ausnahme davon machte nur der 2. Akt, also die Scenenreihe mit Polonius, mit Rosencranz und Güldenstern, und mit den Schauspielern. Hier war jeder Zoll ein großer Künstler, am frappantesten vielleicht da, wo er sich auf die Tragödienstelle besinnt, die die Schauspieler ihm wieder citiren sollen. An solchen vollendeten Einzelnheiten war überhaupt kein Mangel, so zum Beispiel die Scene mit der Mutter im 4. Akt; aber eben so zahlreiche, mir völlig verfehlt erscheinende Details balancirten dies Credit wieder, und was übrig blieb, war nichts als das Gefühl, einen an Prinz Hamlet erinnernden Prinzen gesehen zu haben, *der aber doch kein Hamlet war.* Es war eben alles, um es zu wiederholen, aus einem falschen Ton gespielt, und dieser Ton war falsch, weil das Romanische das Germanische nicht begreift und umgekehrt. Es kommt hinzu, daß auch in den Vortragsformen eine große, durch Nationalität und Entwicklungsgang bedingte Verschiedenheit waltet. In modernen Stücken oder auch in solchen, in denen eine beinahe geheiligte Tradition, wie beispielsweise bei den französischen Klassikern, unsere Anschauungen mitbestimmt hat, werden wir uns dieser Verschiedenheit nicht voll bewußt, oder sind wenigstens in der Lage, darüber hinwegkommen zu können. Anders bei Shakespeare. *Den* kennen wir, *den* haben wir uns erobert, *der* ist unser, und nicht aus Dünkel und Eigensinn ist es, wenn wir nicht rechte Lust haben, uns etwas beliebig Virtuoses vorhamletten zu lassen.

Ernesto Rossi zählt unbestritten zu den bedeutendsten unter den lebenden Bühnenkünstlern, und seinen Othello, vor allem seinen Louis XI. (eine ganz grandiose Leistung) hab' ich seinerzeit aufrichtig bewundert. Auch sein *Amleto* hat Momente, von denen wir lernen können. Aber im Ganzen ist unser deutscher Hamlet dem italienischen sehr überlegen und der Kranz, der in unserem Schauspielhause den gegenwärtigen Darsteller dieser Rolle ziert, wird unter dem Einfluß dieses Gastspieles um keines seiner Blätter ärmer werden.

Auch noch ein Wort über die Mitspielenden. Ich gehöre nicht zu denen, die der begleitenden »Truppe« jedesmal *das* abziehen, was sie dem General *en chef* an übertriebener Bewunderung zulegen, und erseh' auch diesmal keine Veranlassung zu solchem Abzuge. Wenn die Mitspielenden nichtsdestoweniger wenig zur Geltung kamen, so glaub ich liegt es daran, daß es auf dem italienischen Theater nur *Typen* und im Shakespeare nur *Individuen* giebt. Nehmen wir z. B. den Polonius. Polonius ist eben Polonius; es giebt nur *einen*, und dies Individuum originaliter in all seinen feinen Zügen, vor Allem auch in seinem anscheinenden Widerspruche von Weisheit und Narrethei wirken zu lassen, ist in England und Deutschland von jeher Aufgabe der Polonius-Darsteller gewesen. Davon weiß man in Italien nichts. So wenigstens erschien es mir am Sonnabend. Das italienische Theater kennt nur den »komischen Alten« und in diese marionettenhafte Type wird nun der arme Polonius hineingepreßt, der uns in dieser seiner qualvollen Umgestaltung natürlich nicht genügen kann. Die Schuld davon trifft aber weniger den Einzel-Darsteller, als den Gesammt-Theaterzustand, unter dessen Anschauungen der Einzel-Darsteller heranwuchs. Ich habe dies absichtlich noch in einiger Ausführlichkeit hervorgehoben, weil ich daran die Bemerkung knüpfen möchte, daß auch der Rossische Hamlet in etwas italienisch Typischem mehr oder weniger stecken geblieben ist. Ueberall freilich wird das Bestreben sichtbar, die Type zu modeln, aber es bleibt ein Principe, der in einem Jesuiter-Collegium erzogen und später unzufrieden geworden ist.

Die Rolle der Königin wurde durch Signora *Elena Cassinis* und die der Ophelia durch Signora *Cesarina Ruta* gegeben. Im Ganzen ausreichend, den Trippelschritt der ersteren abgerechnet, der mir ihre Mitschuld an dem Tode des alten Hamlet zu sehr außer Zweifel stellte. Signora *Ruta* (Ophelia) versah es ihrerseits darin, daß sie den ausbleibenden musikalischen Theil ihrer Rolle durch eigenthümliche Tanzbewegungen im Irrsinnsstil ersetzen wollte. Dies ist aber ganz unzulässig. Ophelias Wesen ist in ihres Bruders Laertes Worten: »Schwermuth und Trauer, Leid, die Hölle selbst, macht sie zur *Anmuth* und zur Artigkeit« ein für allemal vorgezeichnet, und auf diese Worte hin muß sie gespielt werden. Am besten *ohne* Tanz. Soll aber durchaus getanzt werden, so muß sich dieser Tanz innerhalb der anmuthigsten Bewegungen halten und alle Wahnsinns-Allüren aufs sorgfältigste vermeiden. Unter solcher realistischen Ueberbürdung bricht die Poesie dieser Gestalt zusammen.

Am besten war der »Geist«. Signor Napoleone Mozzidolfi sprach ihn ganz vortrefflich, und namentlich das unterirdische »Giurate« (Schwört!) war von großer Wirkung. In seiner Erscheinung frappirte mich anfangs der rothe Königsmantel und der blankgeputzte Stahlhelm, da wir daran gewöhnt sind,

unseren »Geist« in einem Kostüm erscheinen zu sehn, als hab'
er sich eigens in die Spinnweben seiner Gruft gekleidet. Im
Grunde genommen ist aber der rothe Königsmantel richtiger;
erfahren wir doch aus Hamlets eignem Munde, daß erst wenige Wochen vorüber sind und daß »das Gebackne vom Lei-
chenschmaus noch kalte Hochzeitsschüsseln gab.« Und überhaupt, wenn erst das Unübernatürliche beginnt, wer will da
Grenzen ziehen! Ein natürlicher Helm rostet, ein übernatürli-
cher bleibt blank. Th. F.

Albert Emil Brachvogel
Narziß

Aufführung vom 9. 12. 1881; Kritik vom 11. 12. 1881

Freitag, den 9. Dezember: *Narziß*, Trauerspiel in 5 Akten von
A. E. Brachvogel.

Fräulein Olga *Lorenz* vom Stadttheater in Riga gab die Rolle
der Pompadour. Zu meinem lebhaften Bedauern mir *nicht* zu
Dank. Von der Pompadour auch nicht ein Strich, weder in Erscheinung, noch Stimme, noch Charakter. *Diese* Pompadour
hätte nicht zwanzig Jahre lang die Geschicke Frankreichs bestimmt, nicht Feldherren und Minister gestürzt, andere erhoben. Fräulein Olga Lorenz gab die Pompadour im Froufrou-
Stil. Dies ist nicht absolut falsch, eine gewisse Verwandtschaft
ist da, namentlich mit der Pompadour, die, nach Brachvogels
genialem Einfall (an Brachvogel ist alles »genial«) ihre schwin-
delnde Höhe nur deshalb erklommen zu haben scheint, um
sich plötzlich ihres ersten Mannes, eines »Bierfiedlers« wieder
zu erinnern und in die historisch und psychologisch gleich bedeutenden Worte auszubrechen »Und ich liebe ihn *noch*!« Also
zugegeben, es ist eine Verwandtschaft da. Warum auch nicht?
Alle Mohren haben eine Verwandtschaft und alle weißgeklei-
deten Maitressen auch; es ist aber doch ein Unterschied zwischen Dorchen Lakenreißer und Lady Milfort, und ebenso ein

Unterschied zwischen Froufrou und der Pompadour. An der Pompadour ist schließlich das Maitreßliche Nebensache, sie hat den großen *historischen* Stempel und wer sie spielen will, muß die Fähigkeit besitzen, ein historisches Charakterbild und nicht blos eine hüstelnde schöne Frau zu geben, die wegen Hüstelns auf dem Punkt steht, aus dem Spezialdienste des bekannten kleinen Gottes entlassen zu werden. Es war eine durchaus schwache Leistung, so zu sagen gar keine. Fräulein Lorenz hat eine schöne Figur und einen sympathisch berührenden Gesichtsausdruck; aber so viel das im Leben ist, so wenig ist es in der Kunst. Außerdem hat ihr ihr Spiel an kleineren Theatern etwas Theatralisches gegeben. Aller ihrer Stattlichkeit unerachtet, wirkt sie nur klein. Nicht ganz Schule Ziegler, aber daran erinnernd.

Das Stück selbst übte wieder seine bekannte große Wirkung, auch auf mich. Aber freilich, die »große Wirkung« unter die *mich* dieser Brachvogel'sche Narziß jedesmal bringt, ist die der Wüste: Sand und Sonnenbrand und Kameel-Rudeln wie Meilensteine. Was ich bei diesem Stück leide, spottet jeder Beschreibung. Ich habe, trotz meiner hohen Semester, immer noch die Schwäche, solche Geschichten ernsthaft zu nehmen und allgemeinere Betrachtungen daran zu knüpfen. Und da steigt es mir denn jedesmal heiß zu Kopf, wenn ich mir herausrechne, daß dieser Kolossal-Unsinn nun schon an die 30 Jahre die deutsche Bühne beherrscht. Auch giebt es nichts, wonach unsere Charakterspieler so begierig wären, als nach der Ehre den ersten Narziß-Spielern ihrer Zeit zugezählt zu werden. Der verstorbene Hiltl sagte mir 'mal: »Ach Gott, wer will einen Lear-Spieler controliren? Wer will die Formen der Verrücktheit feststellen?« Auch in der Literatur haben wir Seitenstücke; wer gar nichts mehr zu sagen weiß, erzählt einen Traum oder läßt einen Narren auftreten. *Diese* Flagge deckt alles. Es ist sprichwörtlich geworden, von Brachvogel's »Genialität« zu sprechen und wohl zugleich auch auf Schiller und seine Räuber zu verweisen. Aber welche Welt von Unterschied! Genialität, die tollt, ist herzerfrischend, Genialität, die quasselt, ist blos unangenehm. Und wovon quasselt sie hier mit Vorliebe? Von »Logik« und »Prämisse«. Welches Labsal daneben ist das einfache Hexen-Einmaleins: »Aus Eins mach' Zehn, Und Zwei laß gehn, Und Drei mach' gleich, So bist Du reich etc.« Und trotzdem, dreißig Jahre lang dieselbe Bewunderung! Es ist zum Weinen, und ich weiß wirklich nicht, woher Karl Vogt den Beweis genommen hat, »daß immer mehr Phosphor ins Hirn käme (dies mag übrigens sein) und daß die Menschen immer klüger würden.« Ich habe wohl gehört, daß Kotzebue's Stücke seinerzeit und seitens eines bestimmten Publikums denen von Schiller und Goethe vorgezogen worden sind. Etwas Derartiges darf nicht überraschen und ist kaum anders zu fordern. Das Gewöhnliche, das ganz Alltägliche wird immer das größte Publikum haben; es ist eben nicht möglich, Millionen auf eine ästhetische Kunsthöhe zu heben. Das kann keine Schule leisten. Ist auch nicht nöthig. Aber *eins* wäre von der Schule zu fordern: daß sie Sinn von Unsinn unterscheiden lehrt. Und nun frag' ich, lassen sich Fortschritte nach dieser Seite hin entdecken? Nein. Unter der Wissens-Nudelung, unter Drill und Examennoth geht aller Bonsens verloren und das Endresultat ist, daß der Wirrwarr angebetet und ein Stück wie »Narziß« unter die halbklassischen Tragödien eingereiht wird.

Es sollte lieber auf den Index kommen, nicht auf den, den der Papst, sondern auf den, den der gesunde Menschenverstand entwirft. Th. F.

William Shakespeare
Othello, der Mohr von Venedig

Aufführung vom 7. 2. 1882; Kritik vom 9. 2. 1882

Dienstag den 7. Februar: *Othello*, der Mohr von Venedig, Trauerspiel in 5 Akten von Shakespeare. Herr *Johannes,* vom Stadttheater in Leipzig, Othello als letzte Gastrolle.

Je mehr Schule wir bekommen, je seltener jemand *sich* giebt, sondern statt seiner irgend einen Meister, der ihm als Vorbild diente, desto schwerer wird es zu kritisiren; im Laufe der Zeit wird freilich echt und unecht offenbar, hundert kleine Dinge haben uns dann nach der Lob- oder Tadelseite hin vergewissert, aber ein paar Gastspielabende, wenn nicht die Begabung oder ihr Gegentheil eminent hervortritt, reichen selten aus, uns diese Gewißheit zu geben. Sind es nun gar uncontrollirbare Rollen, in denen ein wahnsinniger König oder ein revolutionärer Schreihals oder ein confuser, über alle Regeln der Logik und des Menschenverstandes erhabener Dichter und Bettelphilosoph sein Wesen treibt, so wird das Urtheilen immer schwerer. Und in die Reihe dieser mindestens *schwer* zu controlirenden Rollen gehört auch der Othello. Von der zweiten Hälfte des 2. Akts an, kommt er aus dem Affecte nicht mehr heraus; ein Stöhnen, Seufzen und Schreien löst sich zwar untereinander ab, bleibt jedoch in Permanenz und zieht in jedem passend erscheinenden Moment auch noch Augenrollen und convulsivisches sich Winden als Auxiliartruppe heran. Unter solcher sensationellen Douche ruhig zu bleiben oder gar das Kunstmaß dieses oder jenes Darstellers kritisch genau zu bestimmen, ist nicht Jedem gegeben, und ich für mein Theil lege gern das Geständniß ab, von allen seit über dreißig Jahren mir zu Gesicht gekommenen Othello's so ziemlich denselben Eindruck empfangen zu haben. Es liegt das einerseits an der mit Leidenschafts-Ausbrüchen überfüllten Dichtung, andererseits an einer Spiel- und Darstellungsweise, die traditionell und stabil geworden ist, weil sie's werden *mußte*. Denn wer der Dichtung nicht Zwang anthuen will, wird sich im Wesentlichen immer wieder genöthigt sehn, die Titelrolle so zu spielen, wie sie der Vorgänger und der Vorgänger des Vorgängers spielte. Kleine Nüancirungen, ob etwas weicher ob etwas wilder, bedeuten dabei nicht viel. Es bleibt eben, neben aller dichterischen Großartigkeit, ein großes Gelärm. Als Ausnahme können nur die Scenen des 1. Aktes und allenfalls die Wiedersehensscene zu Beginn des 2. Aktes gelten. Und hier will ich denn auch mit meiner Kritik des Gastes und seines Spieles einzusetzen versuchen. Die Wiedersehensscene gelang ihm nach der Seite des freudig und erregt Gefühlvollen hin; nur die Erregung als solche hätte sich vielleicht etwas weniger mohrenhaft geben können. Aber das stehe dahin. In der Hauptsache war es gut getroffen. Nicht ein Gleiches läßt sich von der berühmten Scene vor dem Dogen und den Senatoren sagen, was mich insoweit Wunder nahm, als der Gast über einen Ton Verfügung hat, der voraussichtlich gerade *hier* von Wirkung sein mußte. Das gänzliche Ausbleiben dieser Wirkung aber scheint mir darauf hinzudeuten, daß ihm an Kunst oder vielleicht auch an Innerlichkeit irgend etwas fehlt, das selbst der sympathisch und herzlich berührende Klang seiner Stimme wenigstens an *dieser* Stelle nicht ausgleichen konnte. Wobei noch hinzuzufügen bleibt, daß dieser sympathisch berührende Klang auch vielfach umschlug, und denselben starken Abweichungen unterworfen war, wie das Organ unseres derzeitigen Othello-Spielers, des Herrn Drach. Eine Zeitlang ging auch hier alles vortrefflich, um sich dann plötzlich in Prosaklängen und zum Ueberfluß auch noch in Ueberhasplungen und Undeutlichkeiten zu verlieren. Im 3. Akt, in jenen Scenen, wo sich die Eifersucht zu regen und alsbald über ihm zusammenzuschlagen beginnt, war er am besten, aber diese Scenen gehören schon jener Gruppe zu, die von mir Eingangs als »schwer zu controlirende« geschildert wurden. Der Gesammt-Eindruck seines Spiels war ein guter (an ein paar Stellen ein *sehr* guter), ohne daß mir das Gefühl von einer hervorragenden Kraft des Gastes gekommen wäre.

Herr *Kahle*, der den Jago gab, düftelt an dieser Rolle weiter, und das Wort des alten Mathias Claudius: »Wir spinnen Luftgespinnste, Und suchen viele Künste, Und kommen weiter von dem Ziel«, scheint eigens für ihn geschrieben zu sein. Es geht mir eigen mit Herrn Kahle; voller Respekt vor seinem künstlerischem Streben als solchem, bin ich mit seinen künstlerischen Einzelleistungen oft in Widerspruch, jedenfalls öfter als mir lieb ist. Er ist zu klug und zu gescheidt, und denkt zu viel über seine Rollen nach, auch über die, die seit zehn Jahren fertig sind. Ich bewundere das ganz aufrichtig und werde doch der Sache nicht froh. Er könnte mir freilich antworten: »es irrt der Mensch, so lang er strebt«, aber er macht von diesem Streben und Irren einen zu weitgehenden Gebrauch. Und Himmelwetter, muß denn immer weiter gestrebt werden?! Wäre *das* die Norm, so würde schließlich der »Streber« zum Normalmenschen erhoben. Streben ist gut, aber etwas Erreicht haben ist auch gut. Hr. Kahle hat ein gut Theil Rollen, auf deren gesicherten und umlorbeerten Fundamenten er ein für allemal ausruhen könnte; statt dessen verbleibt er in einem beständigen Wechsel seiner Anschauungen, ähnlich wie Meister Andreas Achenbach, der denn neuerdings auch glücklich bei der Spülwasserfarbe des Meeres angekommen ist. Herr Kahle hat sich Verwandtes in den Kopf gesetzt und spielt jetzt alles auf Vereinfachung, ja manches sogar auf künstlerisch gewollte Trivialität hin. Dann und wann gefällt er sich nebenher noch in Verbrecher-Gemüthlichkeit und hat sich einen ganz eigenthümlichen Zimper- und Weimerton dafür zurecht gemacht. All das trat mir auch gestern wieder in seinem Jago-Spiel entgegen. Herr Kahle sagt sich dabei: »Gott, wie sind denn eigentlich Verbrecher? Verbrecher sind auch Menschen. Ein Verbrecher mit einem ewig vorn eingeknöpften Verbrechen, ist gerade so unwahrscheinlich wie ein Bademantel mit einem Luisenorden. Auch das Verbrechen will mal ruhn und in den Kasten gelegt werden.« Und aus dieser an und für sich ganz richtigen Anschauung heraus, macht er sich nunmehr an die Verbesserung seines Jago. Leider nicht zum Vortheil der Rolle. Wenn man ihn hört, wie er dem Cassio »der seine Ehre verloren hat« biedermännisch zuspricht, so möchte man Shakespeare gram werden, daß er einen so gut angelegten Menschen später so tief sinken läßt, und wenn man dann wieder den übertriebenen, von einer allerschmerzlichsten Grimasse begleiteten Klageton vernimmt, in dem er dem Mohren das Gift der Eifersucht einträufelt, so begreift man noch viel weniger, daß Othello nicht auf der Stelle mit ihm abfährt. Denn um *diesen* Ton als ächt und zuverlässig hinzunehmen, ist selbst der Mohr nicht dumm genug. Und solche »Finessen« überall, Finessen, die versagen, weil sie noch feiner als fein sind. Herr Kahle müßte Jäger oder Schachspieler oder Mitglied des Segler-Clubs werden, alle Donnerstag ein Erbsen-Diner haben, und am Sonnabend flott darauf losspielen. Dann hätt' er's leichter, und wir auch. Th. F.

Charlotte Birch-Pfeiffer
Die Waise von Lowood

Aufführung vom 19. 5. 1885; Kritik vom 21. 5. 1885

Fräulein *Rübsam* vom Stadttheater in Aachen beendete vorgestern (Dienstag) Abend ihr Gastspiel, und zwar in der Rolle der Jane Eyre. Wenn die Laura in Laube's »Karlsschülern« etwas zu wenig Gelegenheit giebt, sich zu bethätigen, so die Jane Eyre fast zu viel. Die Rolle leidet an einem *embarras de richesse*, läßt einen nicht los, und ist von so großer Bühnenwirksamkeit, daß ein gutes, selbst sehr gutes Spiel nur mit Mühe von einem um mehrere Grade minder guten unterschieden werden kann. Alles in dieser Gestalt ist Nerv und Leidenschaft, und wenn wir uns im Banne derselben fühlen, erschwert es sich, sich in jedem Augenblicke Rechenschaft davon zu geben, wie viel von der auf uns ausgeübten Wirkung der Dichterin oder aber der Darstellerin zugute kommt.

Wenn ich von »Dichterin« spreche, so meine ich natürlich die Currer Bell, *nicht* die Birch-Pfeiffer. Nie habe ich zu den Gegnern dieser letzteren gehört, vielmehr immer hervorgehoben, wie viel Unterhaltliches und Bühnenwirksames wir dieser fruchtbaren Stückeschreiberin verdanken, aber die Rohheit der Arbeit, alles dessen was man Technik und Mache nennt, ist mir doch vorgestern wieder – und zwar sehr wahrscheinlich in Folge des wundervoll deutlichen Sprechens der gastirenden Künstlerin – in einem geradezu Schrecken erregenden Grade entgegengetreten. Dieser Birch-Pfeiffersche Dialog hat kaum Anspruch auf den Namen »Dialog«, und was sich allenfalls dafür ausgeben kann, ist entweder aus dem Currer Bell'schen Roman (einem der genialsten, den ich kenne) herübergenommen, oder beschränkt sich auf ein Hin und Her von Ausrufungen und Einzelworten. Wenn ich Einzelworte sage, so können es auch drei, vier sein. Wächst ihre Zahl aber, so begegnen wir einer Sprache, die nirgends gesprochen wird, weder auf der Bühne, noch im Leben. Um als Bühnensprache zu gelten, dazu fehlt ihr jeder Adel, und um als Gesellschaftssprache zu wirken, dazu fehlt ihr jede Natürlichkeit. Stöckrig, hochstelzig, ungeschickt, vor allem ohne Ton, ohne jede sich einschmeichelnde Leichtflüssigkeit der Rede, zieht dieser Birch-Pfeiffer'sche Dialog an uns vorüber und pufft und stößt uns, als führen wir auf einem Knüppeldamm. Ich würde bei diesem Punkte nicht so lange verweilen, wenn mir nicht vorgestern, in einem bis dahin ungewohnten Grade, fühlbar geworden wäre, welchen Einfluß solch Dialog auf das Spiel selbst hat. Wie verläuft es? Es soll etwas gesagt, einer starken, richtigen Empfindung zum Ausdruck verholfen werden. Gut. Und nun tritt Charlotte Birch-Pfeiffer an ihren Sprach- und Wörter-Schrank heran, nimmt das Nöthige heraus und beginnt ihr Gefühl einzukleiden. Und weil es ein »Gefühl« ist, wirkt es auch. Aber das Kleid, das diesem Gefühle dienen und seine Macht steigern soll, schwächt es nur. Nichts sitzt; hier ist es zu eng und da zu weit und schlenkert um die Knöchel herum. Und mit solcher Truppe mißgestalteter Sätze, die manövrir-unfähig sind, soll eine Künstlerin ihre Siegesschlachten schlagen! Je mehr Talent sie hat, je tiefer sie die Warze-, Schimmlig- und Bullenkalbschaft der ihr unterstellten Jammertruppe fühlt, desto mehr wird sie leiden, desto unsicherer wird sie sich fühlen. Eine gestelzte, jeder Bildung und Natürlichkeit entrathende Schauspielerin kann auch allenfalls einen gestelzten Dialog sprechen, – sie merkt es nicht und kommt relativ glatt und glücklich drüber hin. Zwischen der klaren Natur Fräulein Rübsam's aber und der hohlen Sprache der Birch-Pfeiffer ist ein solcher Cardinalunterschied, daß er von der Künstlerin instinktiv als eine Störung empfunden werden muß.

Gleich die Scene vor dem Bilde des Onkel Reed, womit das Stück beginnt, gelang dem Fräulein Rübsam trefflich, und nur die Schlußscene des 3. Aktes, wo die Liebe des eben durch die

Geistesgegenwart der Gouvernante geretteten Lords zum ersten Mal aufloht, kam jener Einleitungs-Scene gleich. Aber so gut diese Momente waren, so waren sie doch keineswegs die wirkungsvollsten. Die größte Wirkung äußerte wieder die Schlußscene des 1. Akts, wo Jane die Vorwürfe der Undankbarkeit energisch zurückweist und die hartherzige Tante vor Zeugen brandmarkt und demüthigt. Diese Scene wirkt aber *immer*, und trotz fünfmaligen Hervorrufs, der der Darstellerin dafür zu Theil wurde, konnt' ich mich nicht überzeugen, daß hier etwas besonders Gelungenes vorläge.

Sehr charakteristisch für die Vorzüge wie Schwächen ihrer Spielweise verlief im 2. Akt die Scene zwischen ihr und Lord Rochester, wo sie diesem erst den Thee präsentirt und dann ihre Zeichenmappe vorlegt. Was sie hier bot, war einfach und natürlich, und nichts trat hervor, was nicht sympathisch berührt hätte. Dies genügt aber nicht. Es genügt nicht eine kasche, muthige, charaktervolle kleine Gouvernante zu geben, wir müssen vielmehr in jedem Augenblick ihre *Superiorität* empfinden, ihre Superiorität selbst über einen Lord Rochester. Jane Eyre hat die Natur jener Zitterfische, die bei der geringsten Berührung einen elektrischen Schlag geben; im höchsten Maße nervös, eine Feuerseele, kann sie kaum aufblicken, ohne daß es sprüht und funkt, und die »Pointe« bildet so recht eigentlich das Wesen ihrer Ausdrucks- und Redeweise. Nach *dieser* Seite hin aber ließ Fräulein Rübsam's Spiel beinah alles vermissen. Es scheint nicht, daß ihr der Sinn für derlei Dinge zu Theil geworden. Ihre Seele, so mich nicht alles täuscht, ist auf Schlichtheit, Innigkeit und Leidenschaft gestellt, und im Besitze dieser Vorzüge, wächst ihr Spiel mit der Vornehmheit und Größe der Aufgabe. Sie hat einen herzbeweglichen Ton und weiß gerade da, wo routinirte Durchschnitts-Schauspielerinnen uns kalt lassen, uns zu rühren und hinzureißen. Es ist ein schönes Talent und durchaus von der höheren und selteneren Ordnung. Aber sie hat in eminentem Grade die »Fehler ihrer Tugenden«, ist im Bann ihrer Natur und hat noch nicht die Mittel und Wege gefunden, sich da, wo der Gegenstand es fordert, aus diesem Bann zu befreien. In kleineren und mittleren Rollen wird sie deshalb oft von kleinen und mittleren Talenten übertroffen werden, auf ihrem eigensten Gebiet aber die Mitbewerberschaft nur sehr Weniger zu fürchten haben.

An der Aufführung selbst fiel mir das unglaublich *unenglische* Gepräge des Ganzen wie des Einzelnen unvortheilhaft auf. Th. F.

Heinrich von Kleist
Prinz Friedrich von Homburg

Aufführung vom 22. 10. 1889; Kritik vom 23. 10. 1889

Der gestrige Abend brachte, neu einstudirt und in Szene gesetzt vom Direktor Dr. Devrient, Heinrich v. Kleist's *»Prinzen von Homburg«*. In Erinnerung sind mir noch Berndal als Kurfürst, Klein als Derfflinger, Döring als Kottwitz, Ludwig als Prinz von Hessen-Homburg und Frl. Clara Meyer als Natalie. Gestern waren, in derselben Reihenfolge der Rollen, Herr Nesper, Herr Grube, Herr Reicher, Herr Matkowsky, Fräulein Poppe die Darsteller. In den maßvollen und schon dadurch ganz unprovozirenden Beifall mischte sich von Zeit zu Zeit ein ziemlich starkes Zischen, das recht verdrießlich wirkte, weil sich keine zu respektirende Meinung, sondern nur ein gegen bestimmte Persönlichkeiten gerichteter Parteistandpunkt darin aussprach. Herrn *Matkowsky's* Prinz von Hessen-Homburg ist nicht sonderlich nach meinem Geschmack, aber sein Spiel gab trotzdem keine Veranlassung, den Applaus, der ihm zu Theil wurde, mit Zeichen entschiednen Mißfallens zu begleiten. Er spielte den Prinzen nicht schlechter und nicht besser, als er alle derartigen Rollen spielt. Seine Beziehungen zu Kunst (dem Schauspieler, gest. 1859) sind intimer als zur Kunst, aber daß er, als »Heldenspieler« älteren Datums, mit Mitteln wirkt, die heute nicht mehr recht gelten, darin müssen wir uns ergeben und haben nur an Abenden, wo's zu toll kommt, ein Recht zur Auflehnung. Von einem solchen Zuviel konnte aber gestern keine Rede sein. Es war die herkömmliche degagirte Haltung, der schöne Mann, das Kopfwerfen, die rollenden Molltöne (die mich, wenn ich sie jeden Tag hören müßte, freilich nervös machen würden), der bekannte Gegensatz von wild und weich, von Sturm und Ruhe, – kurzum Matkowsky. Am meisten aber war er es selbst in dem Moment, wo er sich vor der Kurfürstin niederwirft, nicht blos um rettungsuchend seinen Kopf in dem Schooß der Fürstin zu bergen, sondern um Rollbewegungen, ja, man verzeihe den Berolinismus, Einmuschelungen darin vorzunehmen. Natürlich läßt sich auch *das* psychologisch rechtfertigen; bei gutem Willen geht Alles. Die ganze Haltung des Prinzen, als er den Tod vor Augen sieht, ist nur aus einem überaus exzentrischen Wesen zu erklären, und ist diese Exzentrizität erst einmal zugegeben, so ist es schwer, ihr Grenzen anzuweisen. Indessen wenn der Charakter der darzustellenden Figur auch jedes Maß von Exzentricität zuläßt, so muß doch zuletzt nicht blos der Charakter, sondern auch das Schönheitsgesetz befragt werden. Selbstverständlich hatte das Spiel des Herrn Matkowsky auch wieder große Momente, so namentlich die Szene, wo die Prinzessin ihm den Brief und in eben diesem Briefe, freilich an Bedingungen geknüpft, die Begnadigung seitens des Kurfürsten bringt. Hier war alles schön, würdig, edel. Herrn M.'s Spiel ist eben eine merkwürdige Mischung von kritikloser Entfaltung rein äußerlicher Mittel und Gaben, mit Genieblitzen und instinktiver Trefffähigkeit. Er steht neben Clara Ziegler, ist ihr aber freilich sehr überlegen. Seine Kunst ist ein Zurückgreifen auf eine Schule, die längst vom Schauplatz abgetreten, und deren Erloschensein man nicht beklagen kann.

Fräulein *Poppe's* Natalie konnte nach der Erscheinungseite hin genügen, aber es fehlte das scharfe Charakterprofil und mehr als die Hälfte blieb außerdem unverstanden. Dies nicht mehr folgen können, einfach weil man wohl Töne, nicht aber Worte hört, wird immer mehr ein Leidwesen. Ich würde gern die halbe Schuld davon auf mich nehmen, wenn nur nicht die mit schärfstem Ohr ausgestattete Jugend dasselbe Klagelied sänge. Daß es so ist, das liegt an vielerlei, darunter an manchem, was sich nicht ändern läßt, aber Eines ist zu ändern, wenn man will. Der unglückselige Hang, immer ein volles, echtes Lebensbild zu geben, hat nachgerade dahin geführt, daß man die Schauspieler viel, viel mehr von ihrer Rücken- als ihrer Frontseite kennen lernt; sie sprechen in die Bühne hinein, statt aus ihr heraus, und überlassen es dem Publikum, sich aus den mühevoll erhaschten Brocken die Sache zurecht zu legen.

Am gelungensten erschien mir im Rahmen der gestrigen Aufführung der alte Kottwitz des Herrn *Reicher*. Ich glaube nicht, daß alte brandenburgische Haudegen zu seinen eigentlichsten Gestalten gehören, er hatte sich aber, mit vieler und glücklicher Kunst, dies Feld erobert. Die wundervolle Szene im 4. Akt, in der er dem Kurfürsten seine große Rede hält und ihm auseinandersetzt, was er unter Dienst und Treue versteht, erntete denn auch den lautesten Beifall des Abends. Schade, daß der dick aufgesetzte weiße Schnurrbart die Deutlichkeit des Vortrages behinderte.

Der ganze Abend litt an einer gewissen Fläue. Was schuld ist, ich kann es nicht mit Sicherheit sagen. Fehlte dem Spiel die rechte Lust und Freudigkeit, oder muthet uns das Stück – namentlich wenn man dem durch Motivirung der Geschehnisse so nöthigen Dialog nicht überall hin folgen kann – doch Dinge zu, die sich mit den Anschauungen in unserer Seele nicht recht vertragen wollen? Ich fürchte, trotz aufrichtiger Kleistbewunderung, das letztere. Th. F.

»Ich danke für Obst!« – Kuddelmuddel und Grundkonfuses

Bernhard Scholz
Eine moderne Million

Aufführung vom 25. 3. 1871; Kritik vom 28. 3. 1871

Sonnabend den 25. März zum ersten Male: »*Eine moderne Million*«, Schauspiel in 5 Aufzügen von Bernhard Scholz.

Der Verf. dieses neuen fünfaktigen Schauspiels ist unverkennbar durch Berthold Auerbach's »Landhaus am Rhein« zu seiner Arbeit angeregt worden. Dennoch sind der Abweichungen so viele, daß wir darauf verzichten, eine Parallele zwischen dem Stück und dem Roman zu ziehen. Wir nehmen das Schauspiel wie es da liegt, ohne nach seinem Ursprung zu fragen.

Der Inhalt ist kurz der, daß ein moderner Millionair für seinen etwa 13- oder 14jährigen Sohn einen Erzieher ins Haus nimmt, daß sich dieser Erzieher in die schöne Schwester seines Zöglings und diese schöne Schwester wiederum in den Erzieher ihres Bruders verliebt, so daß schließlich nach einer Menge von Zwischenfällen, nach Kämpfen, Geständnissen, Triumphen, Niederlagen, Rettungen und Entsagungen – Erzieher und Millionairstochter zu einem glücklichen Paare werden. »Und wenn sie nicht gestorben sind (was sehr unwahrscheinlich ist), so leben sie heutigen Tages noch.« Der Bund ihrer Herzen erfolgte unter Akklamation des Publikums und im Hinausdrängen aus dem Parquet rief ein anscheinender Halbmillionair einem seiner Collegen zu: »Wirklich *sehr* nett.«

»Wirklich *sehr* nett.« Warum nicht? Es kommt nur darauf an, welche Stellung man zu diesen Dingen einnimmt, was man von einem Theaterabend verlangt und was nicht. Wenn es einem genügt, eine Anzahl Bilder auf die Netzhaut fallen zu lassen, die »kleine Buska« (wie die Vertrauten sagen) in rosa, in blau, in grün und weiß gestreift, in Pfirsichblüth' und in schwarz abwechselnd erscheinen zu sehen, wenn es einem genügt, in einem Spukschloß den bekannten Holzpantinen-Tritt auf Treppe und Corridor und eine Viertelstunde später auf dem vorüberfließenden Rhein den Chorgesang von »Ich weiß nicht, was soll es bedeuten« zu hören, wenn es endlich einem genügt, ein ziemlich unmotivirtes Feuer ausbrechen, eine Millionairstochter sich mit dem Vaterunser abmühen und den Helden des Stücks »den Knaben wohl in dem Arm« auf die Bühne stürzen zu sehen, so ist dies neue fünfaktige Schauspiel »wirklich *sehr* nett.« Wenn man aber nicht blos Buntheit der Bilder, nicht blos eine geschickte Aneinanderreihung altbewährter Theatermittel fordert, wenn man statt einer Mischung von Sentimentalität, Modernität und Sensations-Romantik vor allem *Wahrheit* des Ganzen, Wahrheit der Charaktere und Situationen verlangt, so läßt das neue Stück Vieles zu wünschen übrig und ist, bei allem Arrangirtalent und aller Unterhaltlichkeit doch schließlich »wirklich *nicht* sehr nett.« Bei aller Unterhaltlichkeit! Ja, es ist unterhaltlich, und es ist auch noch *mehr* als das. Alles in zweiter Linie Stehende, alles in einem gewissen Sinne Episodenhafte ist mehr oder weniger geglückt und der aristokratische Freiherr v. Alvenberg (Herr *Friedmann*), der plutokratische Herr v. Stiwwel (Herr *Hiltl*), vor allem die durch einen wirklich poetischen Hauch belebte Rose Winter (Fräulein *Kühle*) sind gut gezeichnete Gestalten. Aber all das ist verhältnißmäßig Nebenwerk. Das Stück steht und fällt mit dem Liebespaar, mit der Millionärstochter, Fräulein Octavie (Frl. *Buska*) und dem Erzieher *Dr.* Forster (Hr. *Berndal*). Hier heißt es: zeige, weß Geistes Kind Du bist, hier liegen die Leidenschaften und Conflikte, und hier muß es sich zeigen, ob der Dichter richtig denkt und richtig empfindet, oder nicht. *Da* liegt's. Auch hier wieder ist keineswegs Alles verunglückt; die Gestalt der Octavie ist im Ganzen sehr wohl hinnehmbar, und wenn man von dem einen, übrigens verzeihlichen Uebelstande absieht, daß der Gegenstand ihrer Liebe dieser Anfangs bekämpften dann aber um so enthusiastischer hervorbrechenden Verehrung im Grunde wenig würdig ist, so vermag man sich auch mit dieser zweiten Hauptrolle des Stückes auszusöhnen.

Aber wie steht es mit der *ersten* Rolle, mit der eigentlichen Hauptpartie? Wir müssen leider sagen, schwach, sehr schwach. Dieser Erzieher gehört einer Gruppe von Personen an, deren Existenz wir leider nicht in Abrede stellen können, die man auch, sei es im Roman, sei es im Drama, darstellen mag, die man aber nie und nimmer zum *Helden* stempeln darf. Sie sind *au fond* Karrikaturen, sind auf die ernsthafte Seite gefallene Doktor Wespe's, Rodomontaden-macher, dabei in Feindschaft gegen *jede* Machtstellung, so lange sie diese Machtstellung nicht selber erreicht haben, immer bereit um jede Quisquilie eine Marquis-Posa-Rede zu halten, immer bereit, wo es auch sei, jedem Menschen seinen Standpunkt klar zu machen, dabei eitel, dünkelvoll, vor allem *confus*. Confus, weil ihnen die Harmonie der Seele fehlt. Solche Figuren, wir wiederholen es, kann man zeichnen, aber man muß sie im Lustspiel der Lächerlichkeit, im bürgerlichen Trauerspiel ihrer Schuld unterliegen sehen, – das Zeug zu einem *Helden* haben sie nie und nimmer. Und das ist der Fehler an diesem Stück, daß uns ein unklarer Durchschnittsmensch allerneusten Schlages lieb und werth gemacht werden soll, daß wir unsere Sympathieen an öde Redensarten, ja, wenn es sein kann, unsere Thränen an allerhand moralische Großthaten, an Opfermuth und Entsagung, setzen sollen, an Großthaten, die bei Lichte besehen lauter phrasenhafte, unwahre, unter einander in Widerspruch stehende Dinge sind. Die »Streber« unsrer modernen Gesellschaft sind alles nur nicht wohlthuend, nur nicht selbstsuchtslos (wofür sie sich so gerne ausgeben), nur keine Gentlemen. Und dieser Gruppe unbequemer, ihrem innersten Kerne nach hochmüthiger Carrièremacher gehört auch *Dr.* Förster, die Hauptfigur dieses Stückes an. Er hält, um mitternächtige Stunde, einer Millionairstochter, der Tochter des Hauses, eine ziemlich abrupte Rede über alle Schrecklichkeiten des Reichthums, – das *thut* man nicht; er ruft ihr zu »Sie täuschen sich, das ist nicht wahr«, – das *thut* man nicht; er versichert ihr triumphirend, daß sie ihn *doch* liebe, – das *thut* man nicht; er fordert einen Freiherrn zum Duell und verweigert zehn Minuten später den Zweikampf, weil ihm seine »alte Mutter« inzwischen eingefallen ist, – das *thut* man nicht; er springt, eben noch mit den Rücksichten beschäftigt, die man alten Müttern schuldet, nichtsdestoweniger ins Feuer um seinen Zögling zu retten, – das *thut* man nicht, wenigstens dann nicht, wenn man seine »Mama« *so* lieb hat; am allerwenigsten aber wirft man, wenn man um der Finanzlage der »alten Mutter« willen ein selbstprovocirtes Duell ausgeschlagen und dadurch die eigene Ehre an den Pranger gestellt hat, am allerwenigsten, sagen wir, wirft man dann schließlich ein Papier ins Feuer, das einen zum Erben einer halben Million einsetzt, einer halben Million, an der die »alte Mutter« nun am Ende doch auch noch hätte participiren können. Alles Phrase. Wer richtig empfindet, dem ist seine Ehre eben so lieb wie sein Zögling, oder seine alte Mutter; setzt er dieses letztere aber über alles andere, so hat er kein Recht einer bloßen Großmuthskomödie zu Liebe all die Rücksichten außer Acht zu lassen, um derentwillen er doch kurz vorher noch keinen Anstand nahm, seine Ehre preiszugeben. Aber diese Widersprüche finden in dem Einen leicht ihre Erklärung: alles ist auf den *momentanen* Effekt berechnet; ob die Einzelnheiten untereinander stimmen und passen, das steht erst in zweiter Reihe. Es ist darauf gerechnet, daß das Gedächtniß des Zuschauers nicht von einer Scene bis zur andern reicht. In der That ist dem modernen Auge der Sinn für das *Ganze* bis zu einem erschrecklichen Grade verloren gegangen.

Die meisten Fehler des Stückes liegen in dem, was der Held thut und sagt, aber der *Hauptfehler* steckt doch da, wo *Dr.* Foerster *ausnahmsweise* nichts sagt. Dies ist höchst charakteristisch. Unter den bedenklichsten Verhältnissen, in Situationen, wo Schweigen Gold wäre, spricht er so viel wie Menschen überhaupt nur sprechen können; an der einzigen Stelle aber, wo er durchaus sprechen muß, *schweigt* er. Er ist unter dem Verdacht der Untreue; ein einziges kleines Wort und das Wölkchen würde verfliegen; aber wir sind erst am Schluß des 3. Aktes und so *muß* er denn aller und speziell seiner Natur zuwider, schweigen. Ein anderer Grund ist nicht ersichtlich. Der Fehler, an dem das Stück krankt, tritt hier am deutlichsten hervor. Gespielt wurde ganz vortrefflich. Um unsere Besprechung nicht ungewöhnlich auszudehnen, nur ein paar Worte über die Damen. Fräulein Buska gab die Octavie sehr gut, namentlich im 2. und 5. Akt. Wir glauben jetzt deutlich erkennen zu können, wie weit die künstlerische Begabung dieser Dame reicht und wie weit nicht. Ihr Talent beschränkt sich nicht blos auf das Naive, sie ist nicht blos der »Backfisch« *quand même*, sie beherrscht das *Moderne* überhaupt. Aber schon an der Grenze des Idealen, überall da, wo der historische Stil beginnt, versagen ihr die Kräfte. – Reizend war Fräulein *Kühle* als Rose Winter. Diese kleine Rolle ist das Beste, was wir von ihr gesehen. Ansprechend, sinnig, im besten Sinne gefühlvoll. Diese erste Liebe, die wie ein Aprilregen heraufzieht, hinter dem schon wieder die Sonne blitzt, berührte sympathisch unser Herz.

Für Frl. *Hartmann* (Karl) die kurze Notiz, daß das Marschtempo der Millionairssöhne, wohl in den seltensten Fällen ein Trippel-Trab ist; bei wirklicher Eile (die hier glücklicherweise nicht vorliegt) erscheinen sie meist zu Pony. Th. F.

Leonhard Kohl von Kohlenegg
Macchiavella

Aufführung vom 11. 6. 1872; Kritik vom 13. 6. 1872

Dienstag den 11. Juni zum ersten Male: *Macchiavella*, historisches Genrebild in 2 Akten von L. K. v. Kohlenegg. Frl. *Ziegler*: Armand, Herzog von Fronsac.

Armand, Herzog von Fronsac, der Sohn des Herzogs von Richelieu (ein »echter Richelieu« wie er sich beständig nennt, ohne weitere Beweise dafür beizubringen) verliebt sich auf einem Ballfeste in Versailles so decidirt in eine schöne Maske, daß er dem gleichzeitig an ihn ergehenden Befehle des Königs »die schöne und reiche Louise v. Hautefort zu heirathen« zwar nachkommt, aber nur um sich sofort wieder, innerhalb der Grenzen, die die Kirche zuläßt, von ihr zu trennen. Zur Strafe dafür, übrigens unter Einkleidung in einen wunderbar schönen Schlafrock (ein »ächter Richelieu«) wandert er in die Bastille, wo ihn schließlich seine junge Gemahlin besucht und – das Stück, unter Auspustung sämmtlicher Lichter, in jedem Sinne deutungsreich endigt. Der Herr Verfasser dieses historischen Genrebildes hat wahrscheinlich zwischen der Madeleine und dem Boulevard de Sebastopol flanirt, soupirt, kokettirt und schließlich die Vorstellung ausgebildet, daß er, seinem Esprit nach, ein geborener Franzose sei. Darauf hin entstand das Stück, das keine Zeile hat, aus der es trotzdem nicht herausklänge: »o Kyritz, mein Vaterland«. Kyritz kann natürlich auch in Bayern liegen.

Es ist ein Stück, das zu gar keiner Jahreszeit gegeben werden sollte, am allerwenigsten aber im Sommer. Den ganzen ersten Akt hindurch brennen auf der Bühne etwa 70 Maskenball-Lichter und erzeugen eine Hitze, die beinahe ebenso hoch über Null steht, wie das Stück selbst unter Null. Ein lebhafteres Interesse flößte uns nur eine Rose ein, die der junge Herzog von Fronsac auf dem Maskenballe erhalten und drei Bastille-Wochen lang auf der Brust getragen hat. Sie ist völlig frisch und unverblüht, eine Wunderrose, wie die Rose von Jericho; für einen ächten Richelieu läßt sichs die Natur schon etwas kosten und durchbricht das langweilige Gesetz, wonach auch Rosenblätter welken, fallen und verwehen. Neben diesem bloßen Requisit glänzt, als beste Rolle des Stückes, der Gefangenwärter Gontard, der schon auf dem Zettel – man würde ihn sonst einfach für einen Statisten halten – die Bezeichnung trägt: *stumm*. Herr Pohl spielt ihn mit vieler Bravour. Es ist die einzige Figur des Stückes, die nichts Dummes sagt.

Der Herr Verfasser hat übrigens auch auf »dramatische Spannung« nicht ganz verzichtet, hat dieselbe aber in den beinah letzten Moment verlegt. Nachdem wir mehrere Minuten

84

lang geschwankt haben, ob der ächte Richelieu, mit Rücksicht auf die Offenheit der Scene, mehr als Liebhaber oder als Ehemann zu Besorgnissen Veranlassung gebe, scheint plötzlich in dem Zusammenfall beider Eigenschaften, eine Verdopplung der Gefahr eintreten zu sollen; mit einer gewissen Dringlichkeit, wie bereits Eingangs hervorgehoben, wird Licht auf Licht gelöscht und das Herz des Zuschauers pendelt rathlos hin und her, ob er das Schwinden des Kronleuchters, das jeden Augenblick eintreten kann, mehr fürchten oder – wünschen soll. »Nacht muß es sein, wo Friedlands Sterne scheinen.«

Was den Dialog des historischen Genrebildes angeht, so erhellt er sich in der vorletzten Scene bis zu der Wendung: »Darf ich Sie um etwas Compott bitten?« eine Wendung, die einem armen Kritiker allenfalls das Recht giebt, seine Besprechung mit dem alten Weisheitsspruch zu schließen: »ich danke für Obst!« Th. F.

Salomon Hermann von Mosenthal
Die Sirene

Aufführung vom 12. 12. 1874; Kritik vom 15. 12. 1874

Sonnabend den 12. Dezember zum ersten Male: *Die Sirene* Komödie in 4 Aufzügen von Mosenthal.

Wir haben wenige Theaterabende erlebt, an denen uns ein dünnerer Thee präsentirt worden wäre. Es ist günstigen Falls ein dritter Aufguß. Solch Extrakt aus Blättern die längst, längst ausgezogen sind, ist natürlich höchst unschädlich; keine Ruhe wird dadurch gestört, keine Tugend gefährdet, aber es ist die Ungefährlichkeit des lauen Wassers, dem ein einziger Tropfen Rum hinzugesetzt wurde: der Name *Sirene*. Sehen wir von diesem Namen ab, so wird im Uebrigen vier Akte lang ein Sirenenlied gesungen, dem gegenüber die Kritik nicht nöthig hat, zu den bekannten Odysseischen Sicherheitsmaßregeln ihre Zuflucht zu nehmen. Es ist eben keine neue Zaubermelodie die

gesungen wird, und statt berückender Lohengrin-Weisen treffen nur Klänge unser Ohr, wie »Schlaf Herzenssöhnchen«, oder
gar »Mein Schiff streicht durch die Wellen, Fridolin.« In dem
ganzen Stücke, wenn wir von der liebenswürdigen, aber unbedeutenden Episode mit dem Schauspieler Lothar absehen, existirt nichts Originales weder an Figuren noch Situationen. Der
dumme Pantoffel-Präsident, die szepterführende Präsidentin,
die insipide Tochter, die kokette Generalin (selbstverständlich
»Mitglied des Marienvereins«), der nichtssagende Lückenbüßer-Freund, endlich der hochherzige Liebhaber selbst, der, auf
den Höhen der Menschheit wandelnd, ein Ministerportefeuille
ausschlägt, um die freie Luft Amerika's zu athmen, – alle diese
Gestalten sind eben so verbraucht, wie es die Situationen sind,
in die sie der Dichter eintreten läßt. Oelfarbendruck nach bekannten Galerie-Originalen dritten Ranges.

»Aber die Sirene?« so fragt der Leser in erwartungsvollem
Bangen. Nun sie ist vor allem kein Gegenstand der Furcht und
des Schreckens. Sie gleicht vielmehr dem Dolch, der auf dem
Schreibzeug eleganter Damen liegt, und ein Genüge darin findet, als Papiermesser seine Tage zu beginnen und zu beschließen. Diese Sirene ist natürlich keine Sirene; sie ist nur blond
und schwatzhaft, eine übermüthige kleine Kicherkatze, und
begnügt sich damit, die lange Reihe jener weiblichen Bühnen-
Gestalten, die alle die Aufschrift tragen: »Ihr irrt euch; wir sind
nicht so schlimm«, um eine zu vermehren. Jedem schweben sie
vor, jeder kennt sie. Oder wer kennte sie nicht, diese »tanzen-
den Wittwen,« die, vom Balle heimkehrend, den Verloren ge-
glaubten (denn er kehrt schließlich immer wieder) beweinen?
Diese »Rendez-vous gebenden Primadonnen«, die in ihrem
Boudoir wie in einem Vesta-Tempel leben? diese »Reitgerten-
Ladies« die weich sind wie Wachs? diese »medisanten Blaustrümpfe« die heimlich Krankensuppen kochen?! In ihren Rei-
gen tritt auch die »Sirene« ein. Sie führt ein fahrendes Leben,
kann den Mund nicht halten und leidet an Lach-Eruptionen,
ist aber eigentlich höchst gefühlvoll, hat nicht Vater, nicht
Mutter, sehnt sich nach einem guten Menschen, und be-

herrscht in ihren stillen Stunden das Gebiet der unterdrückten Thräne mit derselben Meisterschaft, wie vor den Leuten das des herzlichen Lachens. Natürlich entdeckt Friedrich von Eggenburg, derselbe, dem die Ministerportefeuilles in völlig räthselhafter Weise nachlaufen, diese tiefer liegenden Gefühlsqualitäten der Sirene, und nachdem er seine eigentliche Braut, die selbstverständlich Herrn Goritz in der vorerwähnten Rolle des »Lückenbüßer-Freundes« zufällt, glücklich weiterverlobt hat, schließt er mit seiner Lachtaube, die aber auch zu weinen versteht, den Bund der Herzen. Es verläuft alles so herkömmlich und so beruhigend wie möglich. Nur der Schauspieler Lothar, der durch Connexionen Theaterdirektor wird, (man blickt überhaupt in eine Welt von Connexionen) giebt zu begründeten Befürchtungen Veranlassung. Er ist nämlich confus, ersichtlich administrativ-unfähig, und wird es nicht lange machen, namentlich wenn er aus Dankbarkeit die »Sirene« aufführt.

Die Titelrolle wurde von Frau Niemann-Rabe mit der an ihr so oft bewunderten Virtuosität gegeben. Auch mit demselben Erfolge, der ihr immer zur Seite steht. Die Rolle liegt ihr außerordentlich günstig und zwar deshalb, weil das Neckische und Koboldische darin, gegen das Gefühlvolle zurücktritt. In diesem Letztern aber liegt weitaus die eigentliche Force der Künstlerin. Die Töne, die sie hier anschlägt, rühren immer wieder, während, offen gestanden, alle Scenen, in denen sie die schelmischen Register zieht, nicht mehr zu rechter Wirkung kommen. Es ist immer dasselbe, und als wir, an einer Stelle des 3. oder 4. Aktes, Hrn. Berndal (Friedrich von Eggenburg) die Worte an seine Sirene richten hörten: »Alles ist gut, wenn Sie *mit dem Herzen lachen*, aber nicht, wenn Sie's in einer Rolle auswendig lernen,« wollten uns diese Worte noch zutreffender und weitergehender erscheinen, als sie gemeint waren. In der That, dies von Frau Niemann-Rabe so meisterhaft gehandhabte Lachen hat nicht mehr die rechte Seele. Wenn hier eine näher oder ferner drohende Gefahr – über die eine Gastspiel-Laufbahn und der Beifall eines rasch wechselnden Publikums hinwegtäuschen kann – vermieden werden soll, so kann es nur dadurch geschehen, daß wenigstens an *neue* Aufgaben seitens der Künstlerin mit dem festen Entschluß herangetreten wird, bei Lösung dieser Aufgaben von den alt-bewährten, verlockend-sicheren Mitteln nicht *mehr* herüber zu nehmen, als unerläßlich ist. Solchen Entschluß zu fassen, ist schwer; aber es verlohnt sich. Was momentan eingebüßt wird, wird durch Dauerbarkeit des Erfolges reichlich aufgewogen.

Die anderen Rollen des Stückes sind so unbedeutend und so ganz und gar aus dem Dutzend genommen, daß über die Darstellung derselben nichts Besonderes gesagt werden kann. In den Willbrandt-Wichertschen, wie in den Moser-Lindauschen Lustspielen der letzten vier, fünf Jahre begegnen wir denselben Gestalten, nur im Großen und Ganzen viel besser und schärfer, und namentlich viel *espritvoller* gezeichnet.

Es führt uns dies noch einmal auf das Stück selbst zurück. Es ist von Mosenthal; so steht ihm denn ein guter Name zur Seite. Aber der Respekt vor diesem Namen durfte uns um so weniger abhalten unsere Meinung hier auszusprechen, als der Herr Verfasser selbst es so arg versäumt hat, vor sich und seiner Reputation die schuldige Referenz zu machen. Wer einen Ruf zu wahren hat, muß doppelt vorsichtig sein. Das Stück ist nicht schlecht, es füllt seinen Abend, aber es ist schlimmer als schlecht – es ist *trivial*. Trivial in der Idee, trivial in den Charakteren, trivial in der Sprache. Ich möchte noch hinzusetzen: trivial auch in der Gesinnung. Dazu auch hier wieder die Wahrnehmung, daß die Gestalten, die uns das Leben schildern sollen, nicht aus dem Leben selber, sondern aus dritter, respektive siebenter Hand gewonnen sind, aus dem alten, elenden Bestände herkömmlicher, vielleicht *nie* wahr gewesener Bühnenfiguren. Solche Präsidenten, wie dieser v. Waltersdorf, giebt es nicht und solche Redakteure, wie dieser Saftgrün, wenn sie überhaupt vorkommen gehören mindestens in ein Raritätencabinet. Der allerunwahrscheinlichste ist der so einfach und so biedermännisch auftretende Friedrich v. Eggenburg. Noch ist uns kein Mensch vorgekommen, der, im Momente seiner Ministerwerdung, erklärt hätte, eine unbezwingbare Sehnsucht nach der freien Luft Amerikas zu haben.

In solchen Momenten lernt man umgekehrt wieder an ein Vaterland glauben und begrüßt die Ernennung als ein unverkennbares Zeichen staatlicher Wiedergeburt.

Mit Folgendem aber möchten wir schließen. Besagter von Eggenburg ruft in einer der letzten Scenen dem Redakteur Saftgrün zu: »Machen Sie aus Ihrem Blatt eine Biene, die nicht nur einen Stachel, sondern auch einen *Rüssel* hat, mit dem sie nützlichen Honig für die Menschheit saugt.« So, oder doch *sehr* ähnlich, lautet eine der höherfliegenden Kraftstellen des Stückes, eine Stelle, die wir hier aus dem Gedächtniß citiren, und die, nach Form wie Inhalt, das Maaß abgiebt, nach dem das Ganze zu messen ist. Th. F.

Johann Wolfgang Goethe
Die Geschwister

und

Anton Günther
Comtesse Dornröschen

Aufführung vom 16. 12. 1875; Kritik vom 18. 12. 1875

Donnerstag, den 16. Dezember, neu einstudirt: *Die Geschwister*, Schauspiel in 1 Akt von Goethe. Hierauf zum ersten Male: *Comtesse Dornröschen*, Genrebild in 1 Aufzug von A. Günther. Frau *Niemann* im ersten Stück Marianne, im zweiten Comtesse Regina als Gast.

Dem Gastspiele der Frau Niemann, neben so manchem anderen Anregenden und Erfrischenden, haben wir auch wohl das Wiedererscheinen der Goetheschen »Geschwister« zu verdanken. Die Rolle der Marianne liegt überaus glücklich für ihr Talent und kam deshalb zu großer Wirkung. Aber hierin erschöpft sich nicht das Gute, das wir dieser ihrer Darstellung nachzusagen haben. Die Dinge liegen nicht so einfach, daß hier eine Rolle und dort ein Talent steht, daß Rolle und Talent zu einander passen, und die vollendete Kunstleistung nunmehr wie eine natürliche Folge ins Dasein springt. Gewiß bedeutet die Wahlverwandtschaft zwischen dem Darzustellenden und dem Darsteller sehr viel, ja, wo sie vorhanden ist, wird immer ein bestimmter Erfolg gesichert, das Wesentliche getroffen sein; aber wie ein Unterschied ist zwischen zwei Bildniß-Malern, von denen der eine nur ganz oben hin den großen charakteristischen Zug, der andere *alle* Züge eines feinen Kopfes zu treffen weiß, so ist auch ein Unterschied zwischen künstlerischen Darstellungen, von denen sich die eine mit der zufällig passenden Geltendmachung der eigenen Natur begnügt, während die andere beflissen ist, über das vorweg gesicherte Allgemeine hinaus, dem Besonderen, den erst das eigentliche Leben gebenden Einzelzügen liebevoll nachzugehen. Was das Spiel der Frau Niemann in der Rolle der Marianne so werthvoll machte, war, daß es reich war an solchem feinen Detail, und daß jedes kleinste Strichelchen dazu beitrug, das Bild wahrer und lebendiger wirken zu lassen. Ein überaus sauber durchgeführtes, bei aller Betonung des Kleinen doch nie ins Kleinliche verfallendes Cabinetstück. Nur *ein* Zug war verfehlt und trug momentan etwas Zerrbildliches in die sonst so rein getroffene Gestaltung dieser Rolle hinein. Dies war das Kichern, womit sie, dem Bruder gegenüber, das Geständniß begleitet, bei der Lektüre von Liebesgeschichten sich mit der hübschesten und am meisten verliebten Dame jedesmal identificirt zu haben. Im Götheschen Text heißt es: »sie *lacht* für sich.« Das ist etwas anderes. Aber wenn auch dastände »sie *kichert*«, so müßte Frau Niemann doch versuchen, für diese Marianne einen *andern* Kicherton zu produciren, als den, der ihr herkömmlich-virtuos zur Verfügung steht. In *diesem* Kicherton liegt eine Welt, die mit der Welt Mariannens nichts zu schaffen hat. – Das Zusammenspiel war vortrefflich; Herr *Ludwig* gab den Wilhelm, Herr *Dehnicke* den Fabrice. Was Herrn Ludwig angeht, so war er erfolgreich bestrebt, seine Rolle, in ähnlicher Weise wie Frau Niemann die ihrige, reich und lebensvoll zu nüanciren. Für unser Gefühl ging er aber im Beginn des Stücks darin zu weit. Der Schmerz über den Verlust Charlottens, den so viele zwischenliegende Jahre nicht auslöschen konnten, darf nicht in einer Lebendigkeit sich äußern, als handle es sich um etwas frisch Verlorenes. Umgekehrt, er hat sich mit diesem Schmerze eingelebt, er ist ihm lieb und theuer geworden, und der Ausdruck davon muß den Stempel ruhiger Wehmuth, nicht den der Erregung tragen. Abgesehen davon, daß dies eine psychologisch unabweisbare Forderung ist, ist es aber auch dramatisch geboten; diese erste Scene mit Fabrice, in der er der verstorbenen Geliebten gedenkt, muß in einem Gegensatz zu der späteren Scene stehn, in der seine leidenschaftliche Liebe zu Marianne ihren Ausdruck findet. Eine zu stark hervortretende Verwandtschaft beider Scenen, schwächt nicht nur die Wirkung ab, sondern stört insoweit, als sie unsre Theilnahme für die Herzensvorgänge Wilhelms, und dadurch für die Gestalt überhaupt, herabstimmt.

Den Goetheschen »Geschwistern« folgte »*Comtesse Dornröschen*« von A. *Günther*. Dies kleine Stück hat den Charakter einer Polterabend-Scene, eines lebenden Bildes mit improvisirtem Text, einer Vormittags geschriebenen und am Abend bereits zur Aufführung gebrachten, aller Kritik sich entziehenden Causerie. Es ließe sich auch als Farbenstudie auffassen, wenn nicht in dem Wort »Studie« ein Etwas läge, das mit dieser kleinen Arbeit durchaus nicht in Verbindung gebracht werden darf. Aber da machen wir schon wieder einen neuen Fehler; eben so wenig wie dies Stück eine Studie ist, eben so wenig ist es eine Arbeit. Es ist eigentlich nur es selbst. Ein Unicum. Seine coloristische Seite, auf die wir schon hinwiesen, besteht im Wesentlichen darin, daß sich unter grünen Waldbäumen eine mousselin-weiße Comtesse, ein sommergrauer Lieutenant und ein nanking-gelber Maler auf und ab bewegen. Die Comtesse, etwa 14 Jahre alt, liest französische Romane und raucht; der Lieutenant, trotz seines Schnurrbarts und seiner Wunden höchstens eben so alt, liest Uhland, ein Jammerzustand, von dem er sich jedoch vor Schluß des Stückes völlig erholt: der Maler heißt Frosch, nennt sich Odoardo und schwärmt für Rom und Gruppenbildung. Die Hauptfigur des Stückes ist jedoch ein zum Zusammenklappen eingerichteter, zugleich als Staffelei dienender Feldstuhl, dessen dramatische Vorzüge über manches andere leicht hinweghelfen konnten. In der Tendenz vorzüglich, im künstlerischen Aufbau tadellos, sahen wir in ihm eine glückliche Vereinigung von Grazie und Kraft, eine wohlgelungene Dreibein-Figur, deren kleine Hilfsconstructionen selbst, wie beispielsweise das Scharnier am Standholz, die Hand eines Meisters verriethen. An diese Extra-Gestalt des Stückes knüpfte sich, von Anfang an, das Hauptinteresse, das – wie dankbar bemerkt werden muß – überhaupt nicht Zeit hatte zu erkalten. Alles ging rasch, und der Vorhang, so schien es, war ängstlich-taktvoll auf alle Fälle gefaßt. Dem Frühlingsliede Uhland's aber, dem, durch beständiges Citirtwerden, hart mitgespielt wurde, soll, wie wir vernehmen, über Nacht eine neue Strophe angewachsen sein:

> Die Welt wird günther mit jedem Tag,
> Man weiß nicht, was noch werden mag,
> Das Blühen will nicht enden;
> Es blüht der Unsinn allzumal,
> Doch, armes Herz, vergiß der Qual,
> Es muß sich alles, alles wenden.

Hoffen wir es! Ob der Klappstuhl gerufen wurde, haben wir nicht abgewartet. Th. F.

Gustav von Moser
Reflexe

und

Eugen Staegemann
Die Namensvettern

Aufführung vom 31. 12. 1877; Kritik vom 3. 1. 1878

Montag den 31. Dezember zum ersten Male: *Reflexe*, Lustspiel in 1 Akt von G. v. Moser. Hierauf: *Die Namensvettern*, Schwank in 3 Aufzügen von Eugen Stägemann.

Der Sylvesterabend, wie herkömmlich, brachte ein paar Novitäten, die, gleichfalls wie herkömmlich, den nächsten Sylvestertag nicht erleben werden. Auch Gustav v. Moser, auf dessen Namen eines dieser Stücke geht, wird mit seiner Reputation die Daseinsfristung nicht durchsetzen können. Glückt es doch, so haben wir ein Wunder mehr.

Mit den »*Reflexen*« hat es folgenden Zusammenhang. Ein junges Ehepaar, Max und Erna, sitzt beim Frühstück; sie plaudern, und es fallen als gegenseitige Zärtlichkeitsbezeugungen die Worte »lieber Fratz« und »lieber Affe«. Um diese beiden Ausdrücke dreht sich nun das Stück, denn beide werfen ihre *Reflexe*. Erna, voll feinen weiblichen Instinctes, erkennt auf der Stelle, daß es mit dem »lieben Fratz« eine eigene Bewandtniß haben müsse, während Max seinerseits erst im weiteren Verlauf des Stückes wahrnimmt, daß es mit dem seiner Frau so geläufigen »lieben Affen« auch wohl eine mehr oder minder bedenkliche Sache sei. Schließlich ergiebt sich, daß der »liebe Affe« nur künstlich als eifersuchterzeugendes Corrigens in Scene gesetzt wurde; der »liebe Fratz« aber bleibt in furchtbarer Wirklichkeit bestehn und durfte deshalb auch seinen Reflex in Erna's reine Seele werfen. Max bekennt sich schuldig und verspricht eine Besserung, an die Niemand glaubt. Und damit ist es aus. Ein Stück, das eine halbe Stunde spielt und um grade so viel zu lang ist. Wie kann man dergleichen schreiben, vor allem wie kann man dergleichen aufführen! Welche Reflexe werfen diese Reflexe. G. v. Moser, wer wollt' es ihm absprechen, versteht wie man den Kuchen backt. »Butter und Mehl, Saffran macht den Kuchen geel.« Den Saffran hat er. Aber das andere! Wohin sind wir gekommen? Und wir glauben, uns über französische Ehebruchsstücke moquiren zu dürfen. Dieses ist ja alles viel bedenklicher. Und dabei hohl, hohl. Ein bischen Seife (und nicht von der besten) mit Wasser gequirlt und aufgeblasen. Da fliegt sie hin die Seifenblase, und schillert und zerplatzt. Das königliche Schauspielhaus, das den Pegasus auf einem seiner Giebel trägt, ist keine Stätte für »lieber Fratz« und »lieber Affe«. Solche Walkyren müssen nach Walhalla reiten. Warum sie dreißig

Häuser vorher in der Charlottenstraße angehalten wurden, ist unerfindlich.

Den »Reflexen« folgten die »Namensvettern«. Es war in drei Akten ungefähr dasselbe. Und drei Akte sind schlimmer als einer; die Länge hat die Last. In allem Uebrigen konnt' ich keinen Grund entdecken, warum die Reflexe beklatscht und die »Namensvettern« bezischt werden sollten. Und doch geschah es. Aber unser gutes Publikum geht eben nach der Firma und läßt sich die schlechtesten Semmeln gefallen, wenn sie nur von X. oder Z. sind. Auch in Geschmacksfragen heißt es: »Die Flagge deckt das Gut«. Von den »Namensvettern« ausführlich zu erzählen, wäre gleich tödlich für den, der es schreiben, wie für den, der es lesen sollte. Der übliche kleinstädtische Fabrikbesitzer, angehender Schwiegervater, kommt nach der Residenz, mit ihm die zuvielsagende Frau und die nichtssagende Tochter. Sie spricht nur von ihrem »süßen Fritz«. Ein verrätherischer, von einer Kunstreiterin Helene an eben diesen »süßen Fritz« gerichteter und seitens des alten Fabrikbesitzers mit unglaublich viel Geld erstandener Brief beginnt nun Unheil zu stiften. Er verdächtigt nicht nur den Schwiegersohn, Fritz I., sondern auch dessen Freund und Namensvetter, Fritz II., so daß sich jener von seiner Braut, dieser (schon verheirathet) von seiner eifersüchtigen Frau so gut wie geschieden sieht. Natürlich klärt sich alles auf, und Fritz I. führt seine Braut, Fritz II. seine wiederversöhnte Gattin heim. Dies Alles ist an und für sich nicht übel, ja mehr als das, es ist ihm Witz und Wirksamkeit in mehreren seiner Scenen, namentlich im 3. Akt, nicht abzusprechen. Dennoch berührt das ganze Stück wie ein »Bonmot von vorgestern, wie die Mode vom vorigen Jahre«. Figuren, Situationen, Verwicklungen – Alles ist aus dem alten Possen- und Lustspielkasten genommen. Und zwar ausschließlich. Man wende nicht dagegen ein, daß es ohne diesen alten Apparat nicht ginge. Diesen Satz bestreit' ich nicht. Aber es darf nicht *blos* bei dem hundertmal Dagewesenen sein Bewenden haben; es muß etwas aus eigenem Geiste hinzukommen, wenn das Alte ein neues Leben empfangen soll. Und an diesem Zusatz aus eigenen Mitteln fehlt es. Die Scene mit dem Flaschenkind (im 2. Akt) könnte als ein solcher Zusatz gelten, aber es ist einerseits zu wenig, andererseits ein bloßes *hors d'oeuvre*, das in keine Beziehung zu dem eigentlichen Gang des Stückes tritt. Und so wird man ungeduldig, und empfindet selbst an den relativ gelungenen Stellen einen kleinen Aerger darüber, Jemanden mit fremdem Kalbe so tapfer pflügen zu sehn. Es ist, wie wenn man in einer Gesellschaft ein Wortspiel als Impromptu hinnehmen soll, das man am Tage vorher in einem Witzblatt gelesen hat. Es wirkt nicht blos nicht mehr, es verdrießt einen auch die Täuschung. Seitens des Publikums wurde dies am stärksten empfunden. Wer vom Fach ist, entdeckt immer noch einige Niedlichkeiten, die wieder versöhnen oder zur Milde stimmen. Im Uebrigen muß freilich von dem ganzen Abend gesagt werden, daß die »Reflexe« und die »Namensvettern« auch unter einander wieder in einem intimen Vetterschaftsverhältniß standen.

> Vettern sind sie, lieber Schatz:
> Nimm ein a so hast Du Fratz,
> Nimm ein i so hast Du Fritz,
> Dieses war der ganze Witz.

Von dem Spiel ist nichts zu sagen; dergleichen wird immer gefällig-unbedeutend heruntergespielt. Einigen aber war doch anzumerken, daß sie litten. Ehre ihrem Andenken! Th. F.

A. Hackenthal
Eine Ehe von heut

Aufführung vom 4. 11. 1879; Kritik vom 6. 11. 1879

Dienstag den 4. November, zum ersten Male: *Eine Ehe von heut*, Schauspiel in 5 Akten von A. Hackenthal. In Scene gesetzt vom Regisseur Deetz.

Die Realisten, die vorgestern scheinbar eine Niederlage davongetragen haben, haben in Wahrheit einen Triumph gefeiert. Was wirft man den Realisten vor? Daß sie mit einer Riesen-papierscheere an das sich wandelbildartig vorbeibewegende Leben herantreten, ein beliebiges Stück herausschneiden und uns präsentiren. Sie dürfen, auf den vorgestrigen Abend gestützt, diesen Vorwurf mit Recht dahin beantworten, daß ein solches willkürliches Herausschneiden nicht genüge, daß es vielmehr, was den »Schnitt« angeht, auf eine glückliche Stellenwahl, hinterher aber auf eine geschickte Retouchirung ankomme. Und sie werden hinzusetzen dürfen: in dieser *Wahl* und dieser *Retouchirung* steckt eben die Kunst. Vielleicht *alle* Kunst! »*Le choix c'est le genie*« zählt seit lange zu den geflügelten Worten, und die Retouche setzt den Meister voraus, *den*, der das Werk der Natur fortzuführen und zu vollenden versteht. Die Verfasserin der »*Ehe von heut*« war in der Wahl des Stoffes weder besonders glücklich noch unglücklich – ich *persönlich* mache mir nichts aus solchen Miserabilitäten, auch wenn der geschickteste Franzos an ihre Behandlung geht – in der Retouchirungskunst aber hat sie jedenfalls ein Erhebliches zu wünschen übrig gelassen. Und an diesem Manko ist das Stück gescheitert. Selbstverständlich geb' ich dem Worte »Retouchirung« die weiteste Bedeutung. Es gehört auch die Gruppirungs- und Ausscheidungskunst dahin, die Kunst, auf dem photographischen Wirklichkeitsbild einige Figuren ganz und andere wenigstens halb verschwinden zu lassen. Und speciell nach dieser Seite hin hat es die Verfasserin am meisten versehen.

Den Inhalt des Stücks hier wiederzugeben, darauf verzicht' ich. Es ist zu langweilig für mich und andere. Woraus man aber nicht den Schluß ziehen wolle, daß das Stück überhaupt langweilig sei. Nur seine Fabel ist es. Wenn ich mich so ausdrücken darf, das Polizeiberichtliche darin. Denn auf eine jener trübselig trivialen Geschichten, wie sie seit etwa sieben Jahren unser Leben verunzieren, läuft eben Alles hinaus. Ein erbärmlicher Vater, der eine Welt in die Sterne pufft, wenn nur *seine* Welt und er sich selber erhalten bleibt, eine putzsüchtige Närrin von Mama, deren Lebensinhalt Gerson und deren Glaubensinhalt die Pariser Mode heißt, ein Sohn, der seinem Vater unehrerbietig begegnet, um ihm hinterher gute Lehren über Erziehung zu geben, und endlich ein Freund, der, indem er zu helfen vorgiebt, sich ein Vermögen und eine Braut erschwindelt – das ist die wohlbekannte, von unseren Schauspiel- und Romandichtern uns bis zum Ueberdruß vorgeführte Gesellschaftsschicht, an der wir uns hier noch einmal ersattigen sollen. Dazwischen blüht denn die bekannte »weiße Wasserrose auf dunklem Grund«, die der Verachtung gegen ihren Gatten – selbstverständlich mit Ausschluß der von ihm herstammenden Toiletten – jeden nur möglichen Ausdruck giebt, und über dem Ganzen schwebt die verflossene Geliebte sturmvogelartig, und läßt sich, an den jedesmal unqualificirtesten Stellen, abwechselnd als Elvira oder Lady Milfort nieder, am liebsten aber als Gräfin Orsina, um immer wieder ihr Lied von Haß und Rache zu kreischen. Immer schwarz, immer elegant, und meistens verschleiert. Nur ein dicker, rothblonder Zopf, als »Valeur« oder coloristisches Werthzeichen auf der schwarzen Mantille.

Der erste Akt verlief still. Auch der 2. schien anfangs nichts bessern zu sollen, bis am Schlusse desselben der erste stürmische Beifall laut wurde. Dieser wiederholte sich in den großen Scenen des 3. und 4. Akts, und man konnte bis dahin von einem zwar bestrittenen, aber im Ganzen genommen eher bedeutenden als unbedeutenden Erfolge sprechen. Denn alle Scenen, auf die seitens der Verfasserin der Accent gelegt war, waren zu großer Wirkung gekommen. Indessen der 5. Akt verdarb Alles. Alles Verfehlte, dem man, um des nebenstehenden Guten willen, bis dahin nachsichtig begegnet war, verdoppelte sich plötzlich und die verlassene Geliebte, die »Rachegöttin«, deren *eigenes* Maß längst voll war, während sie noch immer Gift in ihren Becher zu tröpfeln suchte, nahm alles mit in den Orkus hinab.

So der äußere Verlauf des Abends. Und diesem Urtheile wird sich die Kritik im Wesentlichen anzuschließen haben. Sie darf nur, ausnahmsweise, milder sein. Ja, sie muß es. Das Publikum, das im 5. Akt ein Todesurtheil ausspricht, hat nicht mehr Zeit und Gelegenheit, allerhand Ehrenerklärungen in seine

Sentenz aufzunehmen; was aber das Publikum nicht kann, das kann anderen Tages die Kritik. Sie kann das Bittre durch einen freundlichen Hinweis auf das, was vorausging, einigermaßen versüßen, den Stachel minder fühlbar machen. Denn es ist ein Unterschied *wie* man stirbt, und ein von Anerkennung und Theilnahme begleitetes Ende trägt sich leichter, als eines, das dieser Anerkennung entbehrt. Das Stück, mit all seinen Fehlern, ist doch *sehr* talentvoll und selbst mein innerlichstes Widerstreben gegen Stoff und Richtung desselben kann mich nicht hindern dies allerbereitwilligst zuzugestehen. Und so wird auch das königliche Theater seinerzeit empfunden haben. Es ist garnicht nöthig, daß jede Novität auch die Keime kommender Celebrität in aller Sicherheit mit sich führe, gerade Talente werden vielfach in die Irre gehen, und herauszufühlen: »hier *haben* wir ein solches« zählt recht eigentlich zu den Aufgaben einer maßgebenden und fördernden Bühne. Kleine Theater sind nicht in der Lage Versuche machen zu können, aber ein *königliches* Theater darf es nicht nur, sondern *soll* es sogar. Selbstverständlich unter Voraussetzungen. Und diese wurden durch das Stück erfüllt. Es hat etwas von der Verve, die dem Brachvogel'schen »Narziß« seinen großen Erfolg sicherte. Dieser war freilich ein originellerer und deshalb glücklicherer Griff, aber an Schärfe der Beobachtung und objectiver Charakterzeichnung (Narziß ist Brachvogel; also ganz subjectiv) ist diese »Ehe von heut« dem Narziß überlegen. Die Schlußscene des zweiten Aktes ist in meinen Augen ein unverkennbares Zeichen nicht gewöhnlichen dramatischen Talents. Zugleich neu, wenigstens soweit meine Kenntniß reicht, neu trotz des Naheliegenden darin. Aber das Ei des Columbus ist bekanntermaßen immer das, was am nächsten und am fernsten liegt und eben deshalb am meisten frappirt. Die schnöde Selbstsucht eines die Tochter herzlos verhandelnden Vaters, ist nie lapidarer und niederschmetternder gezeichnet worden, als in den paar Worten: »Und nicht einmal an mich *gedacht*!«

Mit der Aufführung, die diesem ihrem Erstlingswerke zu Theil wurde, konnte die Verfasserin wohl zufrieden sein. Alles, wenn ich richtig beobachtet habe, spielte von Anfang an etwas ängstlich und befangen, weil die Frage nach dem Ausgang alle Herzen bedrückte; aber es war als steigere dies nur den Eifer und guten Willen.

Auch in diesem Stücke wieder fiel der Siegespreis Frl. *Meyer* zu. Sie schien noch indisponirt und ihre Stimme belegt; aber diese tieferen Töne stimmten gut zu dem Inhalt ihrer Rolle. Mit Recht zeichnete das Publikum sie durch wiederholten Hervorruf aus, besonders am Schluß, wo die Gefahr nahe lag, auch die Pflicht der Dankbarkeit in der allgemeinen Heiterkeit mit untergehen zu sehen. Neben Fräulein *Meyer* glänzte Herr *Klein* als Banquier Lehrbach. Er gab wieder ein vollkommenes Lebensbild, am brillantesten im 1. Akt, und zwar ebenso sehr in der kurzen Scene mit der Braut, als in der langen mit Friedrich Sontheim, dem Vater derselben. Diese Scene, was ich nachträglich noch bemerken möchte, ist erheblich zu lang, wodurch ihre Wirkung verloren geht. Neben dem Lehrbach'schen Paar stand das Sontheim'sche: Herr *Hellmuth-Bräm* und Frau *Frieb*, besonders die letzte, trefflich in Spiel und Erscheinung. Ein Gleiches gilt von Herrn *Dehnicke* als Cuno. Der verwöhnte, nicht in Schlechtigkeit, aber in Flachheit und Gesellschaftsjargon untergegangene Residenzjunge, fand in ihm einen glücklichen Darsteller und eine Spiegelung von frappanter Lebenswahrheit.

Das schwerste Loos war der Königin der Nacht, der Rachegöttin, der verlassenen Geliebten Valeska von Wildern (Fräulein *Keßler*), zugefallen. Wenn es mitunter heißt: Fräulein *Keßler* sei Plenipotentiaire, Thespis-Kanzlerin und Bismarck im Bereich aller Bretter, die die Welt bedeuten, so wird ihr jeder Unbefangene das Zeugniß schuldig sein, daß sie von ihrer Allmacht einen milden und discreten Gebrauch macht. Es ist sehr selten, daß sie sich die besten Brocken nimmt. Immer sorgt sie für andere. Worin freilich, wie die Berechtigung so das Geheimniß alles Regierens liegt. Auch hier wieder hat sie sich mit einer Partie begnügt, von der sie wohl wußte, daß sie nur Dornen tragen würde. Und doch erlosch an keiner Stelle der gute

Wille, das Mögliche möglich zu machen. Aber das Unmögliche zu zwingen, blieb auch *ihr* versagt. Und wenn Künstler-Existenzen oft beneidet werden, so darf man, tröstend und Neid entwaffnend, auf das Spielenmüssen einer *solchen* Rolle hinweisen, und auf den breiten Schatten, den ein so gestalteter Unglücksabend unverschuldet auf eine sonst glücklich-lichtvolle Laufbahn wirft. Th. F.

A. Weimar
Magdalena

Aufführung vom 14. 5. 1881; Kritik vom 17. 5. 1881

Sonnabend, den 14. Mai, zum ersten Male: »*Magdalena*«, Schauspiel in 4 Akten von A. Weimar. In Scene gesetzt von Director Deetz.

Zu der Maria Magdalena von Hebbel und der Maria und Magdalena von Lindau hat sich nun, seit Sonnabend, eine simple Magdalena herzugefunden. Aber auch eine *ganz* simple. Vor fünf Jahren ist ein Graf zu sehr vorgerückter Tageszeit im Zimmer eben dieser Magdalena betroffen worden, und wiewohl es sich allmählich zu verbluten anfängt, so munkelt man dennoch noch davon. Dies etwa die Situation, in die wir eintreten. Und siehe da, noch ist der zweite Akt nicht zu Ende, so wird dem etwas überraschlich aus Amerika zurückgekommenen Grafen schon *wieder* ein Hausschlüssel eingehändigt, von eben derselben Magdalena, und alles läßt sich dazu an, uns das vor fünf Jahren dagewesene fatale Erlebniß noch mal erleben zu lassen. Ich thue, glaub' ich, solcher Magdalena kein Unrecht, wenn ich sie zu den einfacheren zähle. Und dazu dieser ewige Hausschlüssel! Wirklich, wir sind in eine Aera der Hausschlüssel eingetreten, und ich sprech' es mit allem erdenkbaren *sangfroid* aus: was bedeuten alle französischen Ehebruchskomödien gegen unsere plötzlich in Mode gekommenen Hausschlüsselkomödien. Ich habe nichts gegen Hausschlüssel; der

Hausschlüssel ist ein nützliches und selbst ein sparsames Instrument, man könnte ihn besteuern, weil er einem mittelbar etwas einbringt, aber ihn unter die ständigen Schauspiel-Requisiten aufgenommen zu sehen, damit kann ich mich nicht befreunden. Entwickelt sich dies so weiter, so gehen wir auch in der Skulptur einer ganz neuen Symbolik entgegen: links Melpomene mit dem Dolch, rechts Thalia mit dem Hausschlüssel.

Es ist ein sonderbares Stück. Der pseudonyme Herr Verfasser nennt sich Weimar; ich hätte Gotha richtiger gefunden. Es ist ein Gemengsel und in den Rauch gehängt. Aber als Berliner Aufschnitt ist es immer noch zu verwerthen.

Ich besinne mich, was war es denn eigentlich? Ja, ja, da war ein zerstreuter alter Professor, ein Sternkucker, der auch 'mal zu tief in's Glas gekuckt, und dann noch ein paar Professoren, und dann, in wundervoller Anspielung, eine böse Baronin von Drachenfels, und zuletzt Minchen und Tinchen in rosafarbenem Tarlatan und hinter diesen eine Unsumme langweiliger Menschen, die sich Doktoren, Assessoren etc. nannten, und aus denen sich die Liebhaber rekrutiren.

Aber Magdalena?! Richtig, die hätt' ich fast vergessen. Magdalena von Hagen ist Erzieherin bei Doktor Ernst Olfers und liebt Elsen, die kleine Tochter des Doktors. Was so viel heißt, als sie liebt den Doktor. Die Hauptsache bleibt aber immer, daß sie die Trägerin und Heldin eines »furchtbaren Geheimnisses« ist, eines Geheimnisses, das am 20. September stattfand, an einem für mein Witterungs- und Aequinoktial-Vorabends-Gefühl absolut unschuldigen Tage, der nun, ohne lange gefragt zu werden, in die Spukreihe der »13. November« und »29. Februare« mit aufgenommen wird.

Allmählich, wie sich denken läßt, erschließt sich uns denn auch das »Geheimniß«. Es ist das schon vorerwähnte: der in Magdalenas Zimmer vorgefundene Graf. Aber sie müßte nicht Magdalena von Hagen und nicht Erzieherin sein, wenn es damit seine Richtigkeit haben sollte. Hinter dem ersten Geheimniß steckt eben noch ein zweites, und dies zweite Geheimniß ist das eigentliche, das Hauptgeheimniß. Allerdings, der Graf war im Hause; sein Spätbesuch galt aber nicht Magdalenen, sondern Eugenien, der mittlerweile verstorbenen schönen Gemahlin von *Dr.* Olfers und natürlich einer geborenen v. Drachenfels. Als Freiin konnte sie des Gräflichen nicht ganz entbehren. Und da *Dr.* Olfers eifersüchtig und jeder Othello-Rache fähig war, so nahm es Magdalena auf sich. Ich hätt' es nicht gethan. Unterdessen starb Eugenie, ließ Elsen unter der Obhut Magdalenens zurück und genoß fünf Jahre lang des Vorzugs, als Hausheilige verehrt zu werden. Ein Musterbeispiel von der gelegentlichen Mißlichkeit der Heiligenverehrung.

Es versteht sich von selbst, daß der Schlußakt, der, glaub' ich, wieder an einem 20. September in Scene geht – wenigstens steht auf dem Zettel, »der 4. Akt spielt 19 Tage später«, was nur *so* einen Sinn hat – daß, sag' ich, der Schlußakt alles wieder ausgleicht und nach allen Seiten hin Gerechtigkeit übt. Eugenie sieht sich ihres Goldscheines entkleidet, die Drachenfels reist ins Siebengebirge ab, und Magdalena wird Frau *Dr.* Olfers. Erwägt man, daß sie vorher ein Fräulein v. Hagen war und während der voraufgegangenen fünf Unglücks- und Verkennungs-jahre wiederholentlich Gelegenheit gehabt hatte, sich als Hofdame an den Großherzoglichen Hof gerufen zu sehen, so kann man von einer »guten Partie« kaum sprechen. Welcher Großherzogliche Hof übrigens der dichterischen Phantasie hier vorgeschwebt haben mag, ist schwer zu sagen; jedenfalls muß er in Gegenden liegen, in denen die herkömmlichen Moral-Anschauungen bereits stark ins Schwanken gekommen sind. Allgemeine Menschenliebe scheint überhaupt großherzogliche *Landes*-Devise zu sein, was wir, wohl ungesucht, aus dem Um-stande herleiten dürfen, daß Magdalena, nach der doch sehr »fatalen Geschichte« nicht nur als allgemeiner Liebling im *Dr.* Olfers'schen Hause bleibt, sondern auch noch eigens mit der Erziehung und Ueberwachung der kleinen reizenden Elsa be-traut wird, die so unschuldig ist und immer »Tante« sagt.

Und dem Aktionsfelde dieser kleinen reizenden Elsa möcht' ich mich nun zum Schlusse zuwenden dürfen. Es liegt, dies

Aktionsfeld, im 3. Akt und ist nicht mehr und nicht weniger als eine Schlafstube. Der erste Anblick hat etwas entschieden Anheimelndes. Ein Bettchen mit der bekannten kleinen Holzgalerie steht schräg über die Bühne hin und giebt Lokalton und Traulichkeit. Ein Lämpchen brennt, alle Vorhänge sind heruntergelassen, und Alles wäre lieb und gut, wenn nur nicht im Hintergrunde der Bettschirm wäre. Denn die Wahrheit zu gestehen, mit Bettschirmen ist es nicht viel besser als mit Hausschlüsseln. Man könnte beinah sagen, sie ergänzen sich, und nur *das* wird zuzugeben sein, daß der Bettschirm die mildere Form ist und wenigstens eine Bühnen-Lebensmöglichkeit hat. Es hängt dies mit seinen zwei ganz verschiedenen Erscheinungsarten zusammen und mit der Thatsache, daß es einen Arihman und einen Ormuzd, einen schwarzen und einen weißen giebt. Der weiße, der sich offen um eine Bett-Ecke stellt, jedem Auge zugänglich und absolut geheimnißlos, ja, warum sollte *der* aus der Reihe der Existenzen gestrichen werden?! Aber im Ganzen genommen ist dieser weiße der seltnere; dem bösen Princip gehört die Welt und Arihman ist auch hier der herrschende. Dieser böse Bettschirm erfreut sich immer nur an Dunkel und Hintergrund und schiebt sich überall derartig ein, daß etwas Geschlossenes, ein Verschlag, ein Rückzug entsteht, oder irgend etwas Aehnliches aus der Nachtseite der Architektur. Und in *dieser* Form auch bot er sich uns am Sonnabend in jenem verhängnißvollen 3. Akt. Alles in allem um so beklagenswerther, als er nur als Gespenst dastand und jedes Eingreifen in den Gang der Ereignisse verweigerte.

Diese vollzogen sich inzwischen im Vordergrunde, wo Magdalena nicht müde wurde, die nur zu berechtigten Schlußworte des 2. Aktes »dies war nicht wohlgethan« oft und lange zu wiederholen, so lange, bis es denn auch wirklich hinter der kleinen Holzgalerie lebendig geworden war. Und siehe da, da saß nun Elsa, reizend und verschlafen, und bat so herzlich und unwiderstehlich: »ach, Tante Magda, Du wolltest mir ein Märchen erzählen!« Und diese begann denn auch unter ziemlich ängstlichem Aufhorchen des Publikums: »es war einmal ein

König«. Aber es war nur ein – »treuer Diener«, um den es sich schließlich handelte.

So viel über das Stück, neben dem der »Leibarzt« ohne Weiteres in die klassische Literatur gehört. In dieser »Magdalena« neigt sich alles zum Spott. Ich habe, das darf ich behaupten, vor allem künstlerischen Ernst einen aufrichtigen Respect und bin weit entfernt davon, um kleiner, auch nicht einmal um großer Mängel willen, irgend ein künstlerisch Geschaffenes, geschweige den Schöpfer desselben, zu ridicülisiren. Ich weiß, daß alle Kunst schwer ist, und weiß vor Allem auch, daß es sich nicht geziemt, etwas auf eine kurze Spanne Zeit hin Berechnetes mit einer langen Elle messen zu wollen. Und wer regelmäßig diese Zeitung liest und ein klein bischen Gedächtniß hat, wird mir denn auch das Bestreben nicht absprechen können, allen neu zur Aufführung kommenden Stücken in Freundlichkeit und unter geflissentlicher Hervorhebung ihrer Vorzüge zu begegnen. Aber mitunter wird einem mehr zugemuthet, als zu tragen möglich ist. Und ein solcher Fall war auch am Sonnabend in dieser »Magdalena« gegeben. Ich höre, daß der Verfasser eigentlich eine Verfasserin ist und bedauere deshalb um so mehr, daß es mir nicht erlaubt war, eine freundlichere Sprache führen zu können. Aber es ließ sich nicht thuen, deshalb nicht, weil sich diese Wüste ganz oasenlos vor mir ausbreitete. Die Scene zwischen der Drachenfels und dem alten Astronomie-Professor, im 1. Akt, könnte zur Noth als Oase gelten, aber auch über *sie* hin ist Wüstensand geweht und ihr Brunnen ist mindestens halb verschüttet.

Gespielt wurde wie sich dergleichen spielen läßt. Ausgezeichnet war Frau *Frieb* in der Rolle der Baronin Drachenfels, neben der es nur noch dem alten Professor (Herr *Hellmuth-Bräm*) und seiner Enkelin (Fräulein *Conrad*) gelang, sich geltend zu machen. Alles andere versank in ein Nichts, das zum größeren Theile durch den Dichter, zu kleinerem durch die Mitspielenden verschuldet war. Ich zähle dahin vor allem die Schwestern Tinchen und Minchen, die, von der Verfasserin gut intendirt, bei geschmackvollerer Behandlung einen starken komischen

Erfolg erzielt haben würden. Ihr Spiel war aber so kindisch übertrieben, daß das anfängliche Lachen alsbald in Achselzukken überging.

Auf Einzelnheiten geh ich weiter nicht ein, und nur einer Hauptstelle des Stückes selbst, an der ich in Vorstehendem vorübergegangen bin, sei schließlich noch Erwähnung gethan. Es ist das die Stelle, wo *Dr.* Olfers, als er im 4. Akt von der Untreue seiner vergötterten Eugenie hört, aus Magdalenens Munde die Trostesworte vernehmen muß: »es war nur eine Verwirrung ihrer Phantasie.« Vorzüglich! Ein leibhaftiger Graf als »Verirrung der Phantasie.« Da könnte jeder kommen! Th. F.

Otto Franz Gensichen
Lydia

und

Lothar Clement
Die vier Temperamente

Aufführung vom 17. 1. 1885; Kritik vom 20. 1. 1885

Sonnabend, den 17. Januar, zum ersten Male: *Lydia*, Plauderei in 1 Akt von Otto Franz Gensichen. In Scene gesetzt vom Director Deetz. Hierauf zum ersten Male: *Die vier Temperamente*, Lustspiel in 3 Akten von Lothar Clement.

O. F. Gensichen hat das Genre der »Plaudereien« von Anfang an mit vielem Glück cultivirt und auch dies neueste Proverb *Lydia* gehört entschieden zu seinen gelungeneren Versuchen auf diesem Gebiet, wenn es auch nicht als der gelungenste dasteht. Es ist zu lang, nicht durch seine Länge an sich, sondern durch die Art wie sich seine Länge giebt. Die mittleren Scenen, von dem Moment an wo der kniende Sclave für Horaz bittet, bis zu der Stelle wo Lydia zu Horaz selbst die Worte spricht: »Dann sei noch einmal Dir verziehn« – diese mittleren Scenen, sag ich, sind voll Anmuth und dramatischer Lebendigkeit; was aber vorhergeht könnte vielleicht um Zeilen und das was folgt um ganze Seiten gekürzt werden. Das sich beständige Wiederholen der kleinen Koketterien und Wortgefechte nimmt nicht nur der unmittelbar spielenden Scene den Reiz, sondern mindert auch unser Gesammtinteresse, indem wir plötzlich zu fühlen beginnen: »ach, diese Zwei zanken sich doch in alle Ewigkeit weiter«. Wodurch dann der Einzelstreit, den wir gerade miterleben, an Piquanterie verliert. Ein anderer kleiner Uebelstand ist das Horazische Lied, das zum Vortrag kommt. Gensichen ficht bekanntlich nicht gern ohne solche Hilfstruppe, was an und für sich schon manches gegen sich hat, aber schließlich gehen mag, wenn nur die Hilfstruppe wirklich Hilfe bringt. Das ist aber hier keineswegs der Fall. Nach vielem Embarras hören wir endlich das Lied, um nun mit mehr oder weniger Verdruß die Wahrnehmung zu machen, daß ein Mißverhältniß zwischen dem Lärm und dem Eierkuchen existirt. Um dies in Strophe und Gegenstrophe sich aufbauende Lied schön zu finden – und es wird einem wiederholt versichert, daß es etwas unglaublich Schönes sei – muß man entweder von furchtbarer Klassicität oder aber von zweifelhafter Ehrlichkeit sein. Ueber den Versuch der Originalstrophen erlaube ich mir kein Urtheil, der Werth des berühmten *Donec gratus eram tibi etc.* mag auf sich beruhen, aber *das* was hier in unser geliebtes Deutsch übertragen ist, ist einfach langweilig. Ist dies nun an sich selbst schon ein Uebelstand, so wächst dieser Uebelstand noch durch das Wesen und Aufhebens, das nicht nur von diesem Gedichte sondern ganz besonders auch von dem Dichter desselben gemacht wird. Gensichen hat eine Vorliebe für Dichterverherrlichung, mir etwas Furchtbares auch *dann* noch, wann sich der Dichter als solcher legitimirt; bleibt aber diese Legitimirung aus, langweilt er mich einfach durch das, was ihm eine exceptionelle Stellung weit über die Köpfe gewöhnlicher Sterblicher hinweg erobern soll, so schwindet natürlich der letzte Rest von Poeten-Sonderanspruch. Ach, es ist schlimm mit den Dichtern. Kein Mensch kümmert sich recht um sie und so fangen sie mehr und mehr an, sich um sich selber, ihren Stand und ihren

Beruf zu kümmern, etwa wie man anfängt sich selber zu loben, wenn andere nicht recht wollen. Psychologisch begreiflich wird dadurch freilich die jetzt herrschende Mode, trotzdem ist zu wünschen, daß sie nicht Dauer hat. Der Dichter soll von der Menschheit sprechen und unter Umständen allerdings auch von sich selbst, aber nie von seinem *Metier*. Von »*sich*« sprechen, macht den lyrischen Dichter, und wenn dieser danach ist, sogar den *großen* lyrischen Dichter; vom Metier sprechen aber macht nur den Geschäftsmann und ist der erste Schritt zur Honorar-Aufzählung oder gar zur Honorar-Renommisterei. Gespielt wurde nicht hervorragend. Am besten traf es Herr *Krause* in der Rolle des Sclaven. Fräulein *Meyer* (Lydia), die sonst das griechisch-römische Kostüm so glücklich zu behandeln versteht, hatte nicht ihren glücklichen Tag und ohne mich auf das diffizile Gebiet der Toilettenkünste begeben zu wollen, möcht' ich doch sagen dürfen: Gold kleidet ihr besser als Silber. Nur die preußische Armee hat das Vorrecht, dem Silber den Vorzug zu geben und es ein für allemal über das Gold zu stellen. Die Inscenirung, die Herr Direktor Deetz der Plauderei gegeben hatte, war reich, anmuthend und geschmackvoll, aber ich weiß nicht ob sie historisch und noch weniger ob sie praktisch war. Wenn das Haus der Lydia nur ein klein wenig Aehnlichkeit mit dem glücklicherweise noch existirenden Hause der Lyvia gehabt hat, so mußte sich diese Plauderei statt in einem Palazzo in einem Schmuckkästchen abspielen. Einzelne Scenen, so beispielsweise der Vortrag des Horazischen Liedes, würden durch ein verkleinertes Lokal-Format sehr wahrscheinlich gewonnen haben.

Es folgten »*Die vier Temperamente*«, bei deren Vorführung wohl jeder alle vier Temperamentsbeschaffenheiten durchgemacht hat: erst sanguinisches Hoffen, dann pflegmatische Schläfrigkeit, dann cholerische Verzweiflung und schließlich melancholische Resignation. *Lothar Clement*, der Name des Herrn Verfassers, ist ein Pseudonym, hinter dem sich, wenn ich recht berichtet bin, ein mitteldeutscher Universitätsprofessor oder Docent verbirgt. Demselben, er sei nun das eine oder das andere, so wenig Freundliches sagen zu können, ist mir in hohem Maße peinlich. Das darf ich hier auf Wort versichern. Aber es hilft nichts, ich finde sein Stück total verfehlt und habe die Pflicht dies auszusprechen. Die Langeweile, die dasselbe verursacht, ist nicht das Schlimmste; das viel Schlimmere darin ist der Umstand, daß man beständig eine Stimme aus der Wüste zu hören glaubt, die einem zuruft: »so, meine Herrn und Damen, sieht das höhere Lustspiel aus, das Lustspiel des Psychologen und Physiologen, das Lustspiel des ästhetisch geschulten Mannes, der Bildung und Gedanken mitbringt«. Und auf diesen Punkt, will sagen auf das Zutagetreten einer gewissen Prätension hin angesehen, ist das Stück überaus interessant und lehrreich. Wer ein bischen in *dem* zu Hause ist, was man »Gesellschaft« nennt, wird im Verkehr mit den Mitgliedern derselben, speciell im Verkehr mit Geheimräthen und Professoren, die Wahrnehmung gemacht haben, daß die grenzenlose Mißachtung, mit der literarische Menschen und literarische Dinge von ihnen behandelt werden, zum großen Theil in der von jedem Einzelnen gehegten Vorstellung ihren Grund hat: »all das kann ich auch, wenn ich *will*: ich bin nur zu staatlichernst oder zu wissenschaftlich-würdevoll, um es wollen zu wollen«. Manche spielen diese Rolle so gut, daß man's ihnen beinah glauben könnte; Stellung und Stellungs-Ansehn ersetzen ihnen den Beweis, und so sprechen sie so zu sagen alle chinesisch, so lange sie klug genug sind, sich chinesisch auszuschweigen. Aber wenn nun der Tag von *Hic Rhodus hic salta* kommt, der Tag wo *wirklich* chinesisch gesprochen oder *wirklich* ein Lustspiel geschrieben werden soll! Ach, Muse, verhülle Dein Haupt. Dann ist die Stunde da, wo den Kritiker die Reue packt und er G. v. Moser die Pferde vom Wagen spannen und Lubliner zurufen möchte: »nenne mir Du.« Ja, ja, da wird immer von der Trivialität der Leute von Fach gesprochen, von der Ideenlosigkeit derer, die das Tagesbedürfniß zu bestreiten haben, und wenn dann endlich das »*Feinere*« kommt, dann ist es noch viel trivialer und ideenloser, aber leider auch witz- und unterhaltungsärmer und nur an *Einem* reicher: an Anspruch. Die vier

Temperamente geben sich das Ansehen, auf psychologische Finessen los zu steuern und landen bei den alltäglichsten Lustspielfiguren, bei den verbrauchtesten Scenen und Scherzen. In 14 Jahren Theaterkritik hab' ich dergleichen nicht erlebt. Das Publikum, sonst *so* leicht verstimmt (und nun gar an einem Premiéren Abend) war von wahrer Lammsgeduld. »Die vier Temperamente« – so heißt es in einer mir vorliegenden Lobkritik aus Hamburg, woselbst das Stück im Thalia-Theater bereits gegeben wurde – »sind mit *wissenschaftlich*-sichrer Hand gezeichnet, bauen sich auf *theoretischer* Basis auf und verknüpfen das *Philosophische* mit dem Dramatischen.« Da haben wir's: wissenschaftlich, theoretisch, philosophisch. Zola, in seinen berühmten Rougon-Macquart-Romanen, hat sich auch auf ein psychologisch-physiologisches Nebenher eingelassen, und zu den natürlichen Schwierigkeiten seiner Aufgabe noch Extra-Schwierigkeiten aus rein genialer Laune gesellt. Ein Mann wie Zola durfte das. Sein Ueberschuß an Kraft und Geschicklichkeit war so groß, daß er beim Ersteigen des Thurmseils auch noch schießen und Feuerwerk abbrennen, eventuell eine Partie Skat spielen konnte. Gewiß. Aber nicht Jeder ist Blondin-Zola. Wer blos weiß, daß es vier Temperamente giebt und zu den vielen Professorenbüchern über die »vier Temperamente« vielleicht noch ein neues hinzuschreiben kann, der bringt nicht genug mit, um als Lustspiel-Reformator mit Neuerungen und Vertiefungen auftreten zu können. So leicht ist das alles nicht, wenn auch jeder Dritte glaubt, daß er einen Roman oder ein Drama von heute auf morgen schreiben kann. Das Publikum, aller bewiesenen Geduld unerachtet, lehnte das Stück schließlich ziemlich energisch ab und die Darsteller der vier Temperamente: das sanguinische Fräulein *Barkany*, das phlegmatische Fräulein *Abich*, der cholerische Herr *Müller* und der melancholische Herr Nesper hatten sich all die Zeit über umsonst gemüht. Besonders hart wurde der Letztere von seiner Melancholicus-Rolle getroffen und ich würde mich nicht zu hören wundern, daß er *wirklich* melancholisch geworden sei. Th. F.

Gustav zu Putlitz
Die Unterschrift des Königs

und

Johann Friedrich Jünger
Verstand und Leichtsinn

und

Gustav zu Putlitz
Epilog

Aufführung vom 5. 12. 1886; Kritik vom 7. 12. 1886

Sonntag, den 5. Dezember, zur Feier des hundertjährigen Bestehens des Königlichen Theaters: *Die Unterschrift des Königs*, Festspiel in 1 Akt von G. v. Putlitz. Hierauf: *Prolog*. Dann: *Verstand und Leichtsinn*, Lustspiel in 3 Akten von J. F. Jünger. Hierauf: *Tanz*. Zum Schluß: *Epilog*.

Gleich nach 7 Uhr erschienen die Majestäten, das Haus erhob sich und Kaiser und Kaiserin dankten huldvoll. Der erste Rang und Parquet gewährten einen prächtigen Anblick und wenn es zu Napoleons Zeiten hieß: »Die Vorstellung fand statt vor einem Parquet von Königen«, so durfte gestern gesagt werden »vor einem Parquet von Flügeladjutanten.« Im Ersten Range: »die Damen im schönsten Kranz«; hinter ihnen: Generalitäten, Exzellenzen, Gesandte.

Nach der Ouverture zu »Titus« von Mozart, die den Abend einleitete, folgt das von G. zu Putlitz zur Feier des Tages gedichtete Festspiel: *Die Unterschrift des Königs*. Es ist die Zeit des Theaters in der Behrenstraße. Der große König ist todt und die Theater stehen leer. Was soll werden? Theophilus Döbbelin und seine Truppe befinden sich *vis-à-vis de rien*, die Truppe, wenn nicht Hilfe kommt, muß aufgelöst werden. Das große Wort »verhungern« ist bereits mehrfach gelassen und ungelassen ausgesprochen worden, da endlich kommt die Hilfe: das bekannte blaue Kouvert mit rothem Siegel wird abgegeben, erbrochen und gelesen, der alte Döbbelin aber kann nicht weiter im Text, das Gefühl übermannt ihn, und der Schauspieler Herdt (Herr *Ludwig*) ergreift das Kabinetsschreiben, um es zu Ende zu lesen. Gott sei Dank, alles ist gewährt: Komödienhaus und Subvention, und unter einem jubelnden »es lebe der König« fällt der Vorhang. Und in die Freude der vor uns, auf der Bühne, Beglückten, stimmte das Haus mit ein. – Es ist ein sehr gelungenes, weil sehr liebenswürdiges und wenn ich mich so ausdrücken darf angenehm rührsames Festspiel. Es erinnert an eine treffliche kleine dramatische Szene, die Julius Rodenberg, vor etwa zwei, drei Jahren, zur Feier des 25jährigen Bestehens der Schillerstiftung dichtete. Das hier (bei Putlitz) eingewebte Patriotische steigerte natürlich die Wirkung; sonst begegnen wir in beiden Festspielen demselben Stoffe: Dichter beziehungsweise Schauspieler-Elend, dem durch ein Kabinetsschreiben, eine Bestallung, irgend eine Munifizenz, ein Ende gemacht wird. Alles sehr schön. Aber eine Bemerkung mag diesen Stoffen und Hergängen gegenüber doch gestattet sein. In den Augen des großen Publikums kann der Dichter nie genug hungern, es ist so zu sagen seine Spezialität, und je fester der Schmachtriemen ihm angezogen wird, desto reiner seine Lyrik. Aber die, die zur Erbauung des Publikums diese Trainirung durchmachen sollen, denken doch anders darüber und haben unter den einschlägigen Entziehungsprozessen, die weit über Schweninger hinausgehen, meist so sehr gelitten, daß sie sich, selbst in den liebenswürdigsten Stücken, an derartige Vorbereitungen für ihren Dichter- und Künstlerruhm nicht gern erinnern lassen. Mir persönlich wird immer sehr fatal dabei, trotzdem ich mit der von Zola mehrfach geäußerten Ansicht, »daß die wahre Kunst erst mit der Freiwerdung der Künstler und Dichter von allem Fürsten- und Mäcenatenthum beginne«, *nicht* übereinstimme. Bessere Dichterzeiten als am Versailler und Weimaraner Hofe, hat es nie gegeben und die jetzt existirende Abhängigkeit vom Geschmacke des Publikums oder wohl gar von den Launen eines die Hand krampfhaft auf dem Beutel haltenden Buchhändlers ist keineswegs ein Idealzustand daneben. An das forsche: »Es soll der Dichter mit dem König gehn« läßt man sich jederzeit gern erinnern, der auf der Bühne heimische Hungerpoet oder Hungerkünstler aber weckt bei dem, der mit »zum Bau« gehört, sehr zweifelhafte Gefühle und stimmt ihn, beim szenisch-dramatischen Eintreffen von 5 Mark 50, wovon ihm zugemuthet wird, sich seelisch und künstlerisch aufzurichten, fast noch trauriger, als beim Eintreffen der gleichen Summe durch Stephan und seine »Eilenden«.

An das Putlitz'sche Festspiel schloß sich »Verstand und Leichtsinn« von J. F. Jünger, dessen ursprüngliche fünf Akte, Gott sei Dank, durch Direktor Deetz auf drei reduzirt worden waren. Er hätte noch gründlicher aufräumen können. Ein neben mir sitzender junger Dramatiker bemerkte: »so 'was müßte Euch Kritikern alle vier Wochen 'mal vorgespielt werden, dann würdet Ihr uns glimpflicher behandeln.« Nicht übel. Und es liegt 'was Wahres drin. Das Jünger'sche Stück besteht im Wesentlichen aus zwei Liebespaaren und einem mürrischen Onkel, natürlich einem Sonderling. Von den zwei Liebespaaren ist das eine ein reiches junges Ehepaar, das nicht allzu glücklich mit einander lebt, das andere ein armes Brautpaar, das sich nicht kriegen kann. Die Aufgabe des mürrischen, mit den apartesten Manieren ausgerüsteten Onkels besteht selbstverständlich darin, das junge Ehepaar zu versöhnen und das junge Brautpaar zu verheirathen, was ihm durch seine Pädagogik und sein Portemonnaie ziemlich leicht gemacht wird. Er ist nämlich nicht blos ein Sonderlings-Onkel, sondern vor allem auch einer aus der Reihe der damals in England und Deutschland grassirenden »Onkels aus Amerika«, die, der modernen Plutokratie weit vorgreifend, eigentlich *alles* konnten. So denn auch dieser Stornbach (Herr *Liedtcke*), unter welchem Namen der alles glücklich machende Onkel auftritt. Von einer eigentlichen Charakterzeichnung (nur die junge Baronin nimmt einen Anlauf dazu) läßt sich in dem Stücke nicht sprechen, und was geschieht, ist weder sehr wahrscheinlich noch sehr interessant. Dennoch ist es kein schlechtes Stück und unterhält uns oberflächlich, wenn auch durchweg nur durch Anwendung solcher Mittel, die nun 'mal, auch nach der Natur des besten Publikums, nie ganz versagen können. Gequälte kleine Knaben und Mädchen (Dickens hat in seinen Romanen den weitesten Gebrauch davon gemacht) die fliehen, Gefahren bestehen und endlich bei guten Menschen es gut und glücklich haben, wirken immer wieder, auch zum tausendsten Mal, und ein amerikanischer Onkel, der als Polterer, Grobian und Sansfaçon auftritt, aber den bekannten süßen Kern in rauher Schale birgt, und die Goldstücke fast noch reichlicher rollen läßt, als seine Grobheiten, nun ein solcher amerikanischer Onkel wirkt auch immer wieder und wieder, zumal wenn ihn *Liedtcke* spielt. Dieser war groß und wenn auch vor hundert Jahren – wie wir dem Theaterzettel mit seinem doppelten (1786 und 1886) Personenverzeichnis entnehmen konnten – der große *Fleck* eben diese Rolle spielte, so kann dieser letztere sie doch nicht besser, jedenfalls nicht wirkungsvoller gespielt haben als unser Liedtcke. Wenn dies Zeitungsblatt bis 1986 lebt, möge die Nachwelt davon erfahren und bei Lesung dieser Zeile sich von ihren Sitzen erheben. Das Chamäleontische der Schauspielkunst ist freilich durch Theodor Liedtcke nie vertreten gewesen, er war immer nur Liedtcke, ist es und wird es bleiben, aber eben als »er« stand ihm der ganze Zauber einer ausgesprochenen, allerunglücklichsten Persönlichkeit zur Seite und immer und überall, wo sich diese Persönlichkeit mit seiner Rolle deckte, hatten wir, wie hier bei diesem amerikanischen Onkel, eine große Wirkung zu verzeichnen. Am glänzendsten war er in der Schlußszene, wo er, den Mantel zurückschlagend, unter Präsentirung einer rothen, also muthmaßlich englisch-hannöverschen Uniform, in die großen Worte ausbricht: »Junge, kennst Du Deinen Onkel Ferdinand nicht mehr?« Ganz genau wissend, daß das Publikum bei diesem Trivialissimus von Sentenz in eine laute Heiterkeit gerathen würde, kam er dem zuvor, acceptirte das Gelächter noch eh es da war und sprach diesen Satz mit einem Ausdruck aus, wie wenn er sagen wolle: »Kinder, *diesen* Spaß hab ich Euch bis zuletzt aufgespart. Lacht tüchtig. Ich lache auch.«

Dem Jüngerschen Stück folgten zwei Tänze: *Menuet à la Reine* und *Ballabile des bouquets*, von denen das Menuett den Stil des vorigen Jahrhunderts festhielt, während der Bouquet-Tanz mit Fräulein *dell'Era* das Moderne gab. Beides sehr reizend, besonders die zweite Nummer. Als der Tanz schloß, öffnete sich der Halbkreis der eben noch in wellig graziöser Bewegung gewesenen Rosa-Tüllwolken und Fräulein *Schwartz* trat vor, um in von Gustav zu Putlitz gedichteten, klang- und schwungvollen Ottaverimen den Epilog zu sprechen. Als die dritte Strophe anhob, fiel Musik ein, die Szenerie wandelte sich, und als Schluß-Koulisse stieg ein Tableau herauf, das das Königliche Schauspielhaus und in Front desselben die lorbeergekrönte Büste Kaiser Wilhelms darstellte. Man war wie elektrisirt, und das ganze Parquet, von seinen Plätzen sich erhebend und wie auf Kommando nach der großen Königlichen Loge hin Kehrt machend, brach in stürmische Hochs aus, die der Kaiser, sichtlich beglückt durch den Verlauf des Abends, durch eine freundlich-gnädige Verneigung erwiederte. Th. F.

Ludwig von Dóczi
Letzte Liebe

Aufführung vom 12. 12. 1888; Nachtkritik vom 13. 12. 1888

Nach 6- oder 7monatlichem Nichtspiel auf der königl. Bühne die königl. Bühne, wie gestern (Mittwoch) Abend geschah, mit einem Stück wie Doczi's »*Letzte Liebe*« neu eröffnet zu sehen, ist hart. – Im Hause selbst, dies sei vorausgeschickt, haben nur geringe Veränderungen stattgefunden, die sich im Wesentlichen darauf beschränken, daß der altehrwürdige, mit goldlinig rhombischen Figuren ausgestattete grüne Vorhang durch etwas mehr Gardinenartiges ersetzt worden ist. Bei dieser Gelegenheit sind denn auch die beiden Greifen in Wegfall gekommen, die sich ein halbes Jahrhundert lang immer so tiefsinnig, so räthselvoll-sphinxig angeguckt haben. »Nu, was sagst

Du dazu?« »Ja, was sagst Du dazu?« So ging durch zwei Menschenalter ihr Wettgespräch. Diese Greife, bez. Sphinxe sind *nicht* mehr. Wohl ihnen! Wenn sie diesen Abend erlebt hätten, so hätte sich der ihnen eigene Ausdruck von Tiefsinn bis zum Erstaunenden steigern müssen. Darauf hat man es nicht wollen ankommen lassen. »Letzte Liebe« von Dóczi aus dem Ungarischen. Ein Stück wie das, auch wenn es gut gewesen wäre, in *seiner* Art gut, würde heutigen Tags, in einer Saison wo wir, der »Quitzows« zu geschweigen, Gott sei Dank Ibsen mit mehr als einem Stück auf unsern Bühnen installirt finden, einen schweren Stand gehabt haben, denn die Zeit durstet nach Wahrheit und ist des Redensartlichen, selbst wenn es sich nicht blos Poesie nennt, sondern, bis auf einen gewissen Grad, auch wirklich als Poesie gelten kann, herzlich müde. Das Dóczi'sche Stück aber ist *nicht* gut, auch innerhalb seiner schwächlichen und überholten Gattung nicht gut. Es ist ein Kuddelmuddel, ja in seinem letzten Akt ein vollständiges Gequatsche (weniger in Worten als in Thaten), in Thaten, die sich in der Schlußszene geradezu die Aufgabe zu stellen scheinen, in Erfahrung zu bringen, wie viel sich ein Berliner Publikum ruhig gefallen läßt. Dabei, die reizende Schlußszene des 1. Akts abgerechnet, langweilig bis zum Extrem, eine wahre Geduldsprobe. Wenn man dann gleichzeitig bedenkt – es klingt prosaisch, aber es muß gesagt werden – was das alles kostet, welches Maß von Geld, Kraft, Talent, welche Gedächtnißquälereien, welche gewissenhafte Proben, welche Prachtdekorationen (im 4. Akt sehr schön) und welche frisch (ach nur allzu frisch) vom Schneider kommende Kostüme nöthig sind, um solch Werk über die Bühne zu führen – ins *Leben* zu führen, läßt sich nicht sagen – so dreht sich einem das Herz im Leibe um. So viel verlorene Liebesmüh. Freilich haben Die die Schuld zu zahlen, die vorher die Schuld der Annahme begangen haben. Wie kann man einem Berliner Publikum so was Abgestandenes und zugleich Grundkonfuses zumuthen! Th. F.

115

Gefühlsunwahrheiten

Ernst Raupach
Vor hundert Jahren

Aufführung vom 7. 9. 1870; Kritik vom 9. 9. 1870

»*Vor hundert Jahren*«, Sittenbild in 4 Akten von E. Raupach. Es sind jetzt an die 30 Jahre, daß wir dies Stück, bald nach seinem Erscheinen sahen. Seitdem nicht wieder. *Rott*, als Fürst Leopold, *Stawinsky*, als Joachim Lange, *Gern*, als Pedell. Wir haben alles noch deutlich in Erinnerung, auch das, daß wir das Haus in einem Gefühl patriotischer Befriedigung verließen.

Wie anders sah uns diese Raupachiade jetzt an! Ein bühnengeschicktes, effektvolles, aber innerlich hohles Ding, unwürdig, grundsatzlos, ethisch-verwirrend, weil alles richtige Empfinden darin auf den Kopf gestellt wird.

Der alte Dessauer, der den Mittelpunkt des Stückes bildet, wirbt in schnöder und betrügerischer Weise einen Rekruten; dieser Rekrut wird ihm durch Joachim Lange, dem Prorektor Magnificus wieder genommen; er (der Fürst) plant nunmehr Rache, steht auf dem Punkte, einem ehrsamen Hause einen Schabernack anzuthun, der als Schimpf endigen muß und wird an diesem Racheplan lediglich durch die Stegreif-Rede eines Predigtamtscandidaten gehindert, der Feldprediger, *allenfalls aber auch Tambour werden will*, und dem Fürsten, auf Andringen desselben, eine Gewissens-Predigt, man verzeihe den Ausdruck, eine »moralische Pauke« hält. Die ganze Scene degoutant.

Wir wollen nun einmal annehmen, daß dies Alles Fürst-Leopoldisch gewesen sei, so ist dennoch mit der bloßen äußerlichen Beweisführung, daß sich dies Alles einmal ereignet

habe, gar nichts bewiesen. Wer uns ein Charakterbild des Großen Friedrich geben will und uns weiter nichts von ihm vorzuführen weiß, als daß er Spaniol schnupfte, den »Condé« mit
Melonen und seine Kammergerichtsräthe mit Sottisen regalirte,
der hat zwar an und für sich richtige anekdotische Züge an einander gereiht, aber er hat uns *kein* wirkliches Bild des großen
Mannes gegeben, kein Bild, wie es von der Bühne her zu uns
sprechen soll. Ebenso hier. Was immer die Gebrechen der Fürst-
Leopold-Zeit gewesen sein mögen, die ganze Epoche hatte ihren ernsten, sittlichen Kern, einen Kern, den die moderne Ge-
schichtschreibung längst erkannt und betont hat. Erst die
Raupach-Epoche, hundert Jahre später, hatte von alle dem verschwindend wenig aufzuweisen und war in mißverstandener
Loyalität, in Zeitanschauungen, die die Signatur »Wittgenstein«
tragen, so herunter gekommen, daß ihr Blick und Verständniß
fehlte für das Große und Sittliche jener Alten-Dessauer-Zeit,
deren *Preußisch-Charakteristisches* sie in Erscheinungen sah, die
blos Nebensache, oder Zufälligkeiten, oder Auswüchse waren.
Das Preußisch-Charakteristische in Anschauungen und Gesin-
nungen finden wollen, wie sie sich in diesem Raupach'schen
Stücke documentiren, dagegen müssen wir um so feierlicher
Protest einlegen, je mehr es gerade das verschiebt und verzerrt,
was unser Bestes ist, unsere *soldatische* und unsere *protestantische* Tüchtigkeit. Wer geneigt ist, wie der schon citirte Candidat Starke, auf Kommando, nach Art eines Declamators, der
sich einem Theaterdirektor vorstellt, dem alten Dessauer die
Hölle heiß zu machen, der ist kein Repräsentant der *protestantischen* Tüchtigkeit jener Epoche, und wer, wie Corporal Sturm,
mit bewegter Bierstimme eine Rede über »militairische Ehre«
hält, nachdem er eben die nichtsnutzigsten Andeutungen gemacht hat, wie dem ehrsamen Hause des alten Prorektors am besten beizukommen sei, der ist kein Repräsentant unserer *soldati-
schen* Tüchtigkeit, auch nicht einmal *der* Tüchtigkeit, die bei
Molwitz siegte und die Höhen von Kesselsdorf stürmte. So war
die Zeit *nicht*. War sie aber so, so ist ihre künstlerische Herauf-
beschwörung der größte Tort, der unserer Vaterlandsliebe an-

gethan werden kann, so geziemt es sich nicht, diese Schnödig-
keiten uns vorzuführen, denn sie sind zu ernst und greifen zu
tief ein, um rein von ihrer humoristischen oder possenhaften
Seite betrachtet werden zu können. Uns verletzten diese Dinge
von Anfang bis zu Ende, vielleicht um so *mehr*, weil wir in der
That hoch denken von militairischen Ehren, von jener *wirklichen*, die in diesen Tagen und Wochen, unter Dransetzung von
Leib und Leben, wieder ihre höchsten Triumphe gefeiert hat.
Eben weil wir diese Ehre lieben, deshalb ist uns ihr Zerrbild
verhaßt. Das Publikum aber, das alle diese entgegenstehenden
Dinge als sich von selbst verstehend mit offenbarer Vergnüg-
lichkeit hinnahm, war uns unverständlich. Wir empfanden mit
lebhaftestem Bedauern, daß von einer sittlichen Stellung zu
den Dingen, die von der Bühne zu uns sprechen, gar keine
Rede ist und daß die buntwechselnden Scenen, wie sie da oben
kommen und gehen, nur darauf hin angesehen werden, ob sie
amüsiren oder nicht. Abhandlungen, wie die Rede des Corporal Sturm, oder der Kanzel Versuch des Predigtamtscandidaten
Starke (überhaupt die ganze Scene) mußten von einem feinfüh-
lenden Publikum einfach abgelehnt werden. Sie sind ein verlet-
zender, unsittlicher Nonsens.

Nach einer so ausführlichen Expectoration über das Stück
haben wir uns über die Darstellung kurz zu fassen. Sie war gut,
partiell sehr gut. Das Reizendste war das Spiel zwischen den
Liebesleuten: Philippine (Frl. Taglioni) und Candidat Seibold
(Hr. v. Hoxar). Namentlich die Scene zu Beginn des 3 Aktes
erschien uns als das Zierlichste, was man sehen kann. Auch
das Stück ist hier überaus anmuthig. Hrn. Döring's Joachim
Lange war in den idyllisch-häuslichen Partien sehr gelungen;
gleich sein erstes Auftreten ein abgeschlossenes, liebenswürdiges Bild. Weniger konnte er uns in der großen Scene des 2. Aktes befriedigen, wo er als Prorektor Magnificus den Candida-
ten aus der Front herausnimmt. Hier fehlte das Königliche,
der große Styl. Hrn Dehnicke's Pedell müssen wir als verfehlt
bezeichnen. Der Dichter hat hier, nach der Seite des Possenhaften hin, schon so viel gethan, daß der Schauspieler empfin-

den muß, »wie ihm zu thun fast nichts mehr übrig bleibt.« Hr. Dehnicke that aber noch *sehr* viel. Dies ist kein Pedell, dies ist ein Clown. Der Beifall des Publikums sollte den trefflich beanlagten Schauspieler, dessen *vis comica* wir gern anerkennen, nicht auf Irrwege führen.

Zum Schluß noch ein Wort über Hrn. *Berndal's* »Fürst Leopold«. Eine fleißige, tüchtige Leistung, wie Alles was von diesem Künstler kommt. Dennoch bekennen wir offen, daß wir nicht die Empfindung hatten: dies ist »Fürst Leopold«. Und dies ist und bleibt ein Fehler. Im Allgemeinen wird man sagen können, daß der Schauspieler es in der Hand hat, uns seine Gestalten *aufzuzwingen*. Wenn man Seydelmann als Alba sah, so lag einem die Frage weit ab, ob Alba so ausgesehen und gesprochen habe oder nicht. Man glaubte dem Künstler unbedingt. Aehnlich berührte uns der »Gneisenau« des Hrn. Berndal selbst (in Heyse's Colberg), den wir vor vierzehn Tagen von ihm sahen. Ein historisches Portrait. Was nun seinen »alten Dessauer« angeht, so sind wir, über die bloße Erscheinung hinaus, weit ab davon, jetzt noch feststellen zu wollen, wie der alte Fürst denn eigentlich gesprochen und handtiert habe; wir wissen nicht, ob er sonor oder heiser, ob er rasch oder langsam sprach, ob er Silben verschluckte oder nicht. Aber das wissen wir, daß wenn der Künstler es *ganz* trifft, wir eben Alles hinnehmen, wie er es bietet. Das war doch hier nicht voll der Fall. Wir kamen aus leisen Zweifeln nicht heraus. Andeuten wollen wir nur, daß das, was uns mehr oder weniger zu fehlen schien, vor allem der *Fürst* Leopold war. Th. F.

Karl Gutzkow
Der Gefangene von Metz

Aufführung vom 10. 1. 1871; Kritik vom 12. 1. 1871

Dienstag den 10. Januar »*Der Gefangene von Metz*«, vaterländisches Lustspiel in 5 Aufzügen von Karl Gutzkow. Der berühmte Name des Verfassers, vielleicht auch der Titel des Stücks, hatten das Haus bis auf den letzten Platz gefüllt. Versuchen wir zunächst den Inhalt dieser neuesten Gutzkow'schen Arbeit zu geben.

In den wirren, intriguenreichen Fehden, die die Reformation begleiteten und ihr folgten, Jahrzehnte, in denen alles Mögliche zu finden ist, nur nicht das, was sich mit besonderer Betonung »deutsche Treue« nennt, – wir sagen, in den wirren Fehden jener Epoche hat Markgraf Albrecht von Culmbach, ein »wüschter G'sell«, wie die Schwaben sagen, den Herzog von Aumale, Bruder des Königs Heinrich von Frankreich, gefangen genommen. Und zwar bei Metz. Dieser Gefangene ist nun also der »Gefangene von Metz«. Markgraf Albrecht schleppt ihn mit nach Deutschland, und ewig in Geldverlegenheiten, hütet er den Herzog wie einen Schatz. Natürlich. So lange er den Prinzen hat, hat er Credit; Lösegeld muß am Ende 'mal bezahlt werden. Es handelt sich also vor Allem darum, diesen »Gefangenen von Metz« sicher zu setzen.

Den Herzog halte, wer ihn hält,

Er wird ihn nicht sobald zum zweiten Male fangen.

Dieses Wächteramt übernimmt Albrecht's Muhme,

Elisabeth, geb. Prinzessin von Brandenburg,

verwittwete Gräfin von Henneberg,

Herzogin-Wittwe von Braunschweig-Hannover,

und verschwört sich, als *deutsche* Frau, die übernommene Aufgabe zu lösen. Dies ist am Schlusse des ersten Akts. Der lange Titel der Herzogin, weil er doch am Ende im Stücke motivirt werden muß (auch wohl *soll*, um Situationen zu schaffen), wirkt nur verwirrend. Vetter Albrecht, nach Empfang obiger feierlicher Zusage, zieht in einer Prachtrüstung, die weit über seine »Verhältnisse« hinausgeht, von Schloß Kahlenburg ab, um zunächst seine Feinde zu schlagen und dann zur Empfangnahme des Prinzen zurückzukehren. Der Inhalt der weiteren Akte zeigt uns nun vor Allem die Anstrengungen der französisch-katholischen Partei, den Gefangenen von Metz zu befreien, während die Herzogin-Wittwe, unter etwas unbilliger Ausnutzung der Corridorthüren, hinter alle diese Pläne kommt, wobei sie freilich durch eine unglaublich ungenirte Plauderhaftigkeit mehrerer Verschwörer alten Stils (natürlich »Pfaffen«) sehr wesentlich unterstützt wird.

Der Herzog von Aumale, wie es sich für einen Franzosen und Gefangenen geziemt, liebt sich mittlerweile durch die ganze Damenwelt des Stückes durch, geht schließlich, wie es im Dialoge selber heißt, von den »Gänseblümchen« zum »Edelweiß« über und unterliegt selbstverständlich dem herkömmlichen Roué-Schicksal, sich ernsthaft zu verlieben, während der Gegenstand seiner Liebe erhaben mit ihm spielt. In dem Augenblicke, wo er besonders dringlich wird, so ängstlich-dringlich, daß er selbst »wittenbergisch« werden will, kehrt Markgraf Albrecht, in uneingebüßter Goldrüstung, siegreich zurück, um sein Hüteramt wieder selbst zu übernehmen. Gleichzeitig wird im Hintergrunde ein von dem Culmbachschen Ritter Jobst v. Saldern eroberter, sargartiger Pappkasten über die Bühne getragen, in dem sich das Lösegeld befindet, das Lösegeld, das *lange* da war, das aber der Prälat Hinkmar nicht abliefern durfte, weil sonst das Stück schon in der Mitte des 2. Akts zu Ende gewesen wäre. Nun bricht die letzte Scene herein: Die »Gänseblümchen« sind entweder schon verheirathet oder werden verheirathet (man kann sagen standesgemäß), deutsche Treue triumphirt wie es ihr zukommt, und der Herzog von Aumale hat das Nachsehen. Wir wollen wünschen, daß er gut nach Hause gekommen ist. Eh wir Gewißheit darüber erlangen, fällt der Vorhang.

So der Inhalt. Man werfe uns nicht vor, daß wir ihn *mißgestaltet* wiedergegeben hätten. Wir haben sehr retouchirt. Ueber Allerschlimmstes sind wir hinweggegangen. Der 2. Akt beispielsweise, der zu zwei Dritteln im *Dunkeln* spielt, ist derart, daß wir das Gefühl nicht unterdrücken konnten, er genire sich, sich selber anzusehn. Wir thun ein Gleiches. Wenn in unserer Inhalts-Wiedergabe nichts destoweniger schon eine Verurtheilung liegt (und sie *soll* darin liegen), so ist das nicht unsere Schuld.

Wir wollten, wir könnten anders sprechen. Es ist eine peinliche Aufgabe, die uns zufällt. Wir sehen uns einem Manne gegenüber, der 40 Jahre innerhalb unserer Literatur steht und Jahrzehnte lang die Journalistik beinah völlig, die Bühne zu einem guten Theile beherrscht hat. Das leistet man nicht mit *nichts*. Eine Kraft muß da gewesen sein. Selbst die Anfeindungen, die sein Schaffen begleiteten (wir erinnern nur an die Arbeiten Julian Schmidt's, dessen Literaturgeschichte beinah den Eindruck macht, als sei sie um der Bekämpfung Gutzkow's willen geschrieben worden) – wir sagen, selbst die Anfeindungen, die er erfahren, beweisen die Bedeutung des Mannes. Gegen das Kleine und Nichtige richten sich keine Angriffe derart. Aber wie geneigt wir sein mögen, an eine dagewesene Kraft zu glauben, *hier* in diesem »Gefangenen von Metz« ist sie *nicht*. Es ist ein unerquickliches Machwerk von Grund aus, und wenn wir von dem 1. Akt absehen, in dessen klarer Exposition, besonders bei den Schwierigkeiten, die zu überwinden waren, sich die geschickte Hand des Mannes zeigt, der mit diesen Dingen Bescheid weiß, so ist im Uebrigen eigentlich keine Scene vorhanden, die uns nicht verstimmt, geärgert, verdrossen oder geradezu entrüstet hätte. Markgraf Albrecht, der – wenn wir von seinem Costüm und seinem rothblonden Bart absehn – eigentlich nur da ist, um seinen Gefangenen in die Hände der schönen Cousine abzuliefern und wieder in Empfang zu nehmen, dieser Markgraf Albrecht mag passiren. Er ist immerhin eine Figur. Die schöne Herzogin-Wittwe horcht viel, ordnet, unter wahrhaftem Mißbrauch eines Klingelzuges, wundersame Trauungen an (man erwartet mindestens eine Hinrichtung) und spricht inmitten deutscher Misère etwas viel von deutscher Tugend, aber – auch *sie* mag gehn. Wir wollen ein Uebriges thun und den Kastellan Pomponius Torridianus jenen beiden als dritte hinnehmbare Gestalt zugesellen, aber nun ist es aus. Alles andere ist lediglich ein wenig amüsantes Pasquill auf Hofleben und Prinzenthum, auf Adel und katholische Geistlichkeit. Diese Oberhofmeisterin ist nichts anderes wie eine »Martha« aus Goethe's Faust, der gegenüber man, aus dem Munde des mephistophelischen Prälaten, jeden Augenblick das

»ich versteh', daß ihr *sehr* gütig seid« zu hören erwartet; die Familien Saldern und Ahlden-Uslar werden schwerlich neuen Adelsstolz aus den ihnen hier oktroyirten Ahnen schöpfen, und was den Lokkumer Abt und vor allem den Domprälaten von Trier angeht, so bekennen wir, daß wir den Muth der Bühne bewundert haben, solche Gestalten zu *bringen* und die Langmuth der Katholiken, solche Gestalten zu *ertragen*. Uns waren sie, selbst für unsere protestantische Empfindung, schon zu viel. Solche Gestalten *darf* man nicht bringen; sie sind einfach beleidigend, so lange nicht (und selbst *dann* kaum) der Beweis ihrer historischen Treue beigebracht wurde.

Solche Rollen zu spielen ist nicht leicht; uns könnten die Schauspieler leid thun, wenn uns, bei manchem was geleistet wurde, nicht auch wieder der Dichter leid gethan hätte. Man half ihm wenig nach. Was schlimm war, blieb schlimm, oder wurde schlimmer. Wir nennen keine Namen. Nur eines: welche Gräfinnen! Einzelne Repräsentationspartieen (Herr Schwing, Herr Krause) wurden ausreichend gegeben; auch Herr Karlowa, in seiner großen Scene im 1. Akt, war gut. Trefflich waren Frau Erhartt (Herzogin-Wittwe) und Herr Berndal (Markgraf Albrecht). Die Erscheinung der Frau Erhartt mahnte uns an eine schöne, anhalt-brandenburgische Dame der Gegenwart, an die auch die Gesammt-Situation wohl erinnern durfte. Im ersten Moment des Auftretens war die Aehnlichkeit frappant. Herr Berndal, wie wir äußerlich vernehmen, hat Münzcabinette und Kupferstichsammlungen durchstöbert, um diese Markgrafen-Maske herauszubringen. Höchst verdienstlich. Aber doch verlorene Liebesmüh. Dieser Markgraf *kann* nicht lange leben!

Die Wintercampagne 1870 auf 71 verläuft nicht allzu glücklich für unsere Bühne. Auch dieser »*Gefangene von Metz*« wird daran nichts ändern. Ein Glück, daß wir, unter demselben Titel, 130 000 *andere* haben. Th. F.

Rudolf Gottschall
Katharina Howard

Aufführung vom 2. 3. 1872; Kritik vom 5. 3. 1872

Sonnabend, den 2. März zum ersten Male: *Katharina Howard*, Trauerspiel in 5 Aufzügen von Rudolf Gottschall.

Heinrich VIII., die widerwärtigste Erscheinung, die je einen Christenthron verunzierte, hat bei Beginn des Stückes drei Gänge »von seines Lebens Festmahl« glücklich hinter sich und befindet sich beim vierten, der ihm nicht mundet. *Anna von Cleve* ist ihm zu unschön und zu lutherisch, was mitunter zusammenfällt. Er sehnt sich nach etwas Pikantem und findet es in Käthe Howard, der er, auf einem Maskenfest, bei ihrem Oheim, dem katholischen Herzoge von Norfolk, begegnet. Die schöne Käthe, die, unmittelbar vor dieser Begegnung, ein *le comble de bonheur* erkletterndes Rendez-vous mit ihrem Jugendgespielen Arthur Derham verabredet hat, wird durch die Huldigungen des Königs (bei dem alles rasch gehen muß), einigermaßen in Verlegenheit gesetzt und sieht diese Verlegenheiten eher gemehrt wie vermindert, als ihr ihr Oheim Norfolk im 2. Akt erklärt, es handle sich hier nicht um höfische Galanterie, sondern um eine legitime Ehe, zudem um einen Akt der Politik. Der unerträgliche Emporkömmling (Cromwell, Graf von Essex) müsse gestürzt werden; das Wohl des Hauses wie des Landes, vor allem der Sieg der Kirche, ruhe in ihrer Hand. So der Herzog. Die schöne Katharina indeß, ziemlich ersichtlich noch unter der Magie von Arthur Derhams Küssen, ist wenig geneigt um höher Landeswohlfahrt willen ihren Jugendgespielen aufzugeben; sie hat zu allem Uebrigen ein wahres Graun vor dem König, entsinnt sich des Tages wo Anna Bolens Haupt auf dem Towerhofe fiel und empfindet ahnungsvoll: sie (Anne) wird die letzte nicht sein. Ihr Entschluß, die Anträge des Königs abzulehnen, steht so gut wie fest, als ein Zwischenfall alle gefaßten Beschlüsse über den Haufen wirft. Arthur Derham, nicht nur *deep in love*, sondern auch *deep in popery*, hat eine papistische Versammlung ausgeschrieben, die in den Ruinen von St. Dunstan zu mitternächtiger Stunde stattfinden und mit Schwerter- und Fahnenweihe inscenirt werden soll. Auch Käthe ist geladen. In dem Augenblick, wo die Schwerter gezückt, die Fahnen entblößt werden, erscheint Katharina in weiß auf einer kanzelartigen Erhöhung, segnet die katholischen Paniere und hat den Triumph, trotz des keine 24 Stunden alten Rendez-vous, für eine Heilige, ja für die Madonna selbst gehalten zu werden. Leider versagen es ihr die Verhältnisse, dieser Unschulds-Huldigungen froh zu werden, denn die Versammlung ist verrathen worden, königliche Trabanten dringen ein und nehmen die ganze Conspiratoren-Gemeinde gefangen. Nur Käthe selbst entkommt. Akt 3. bringt nun die Entscheidung. Die Liste der Verschwörer liegt auf des Königs Tisch; an der Spitze aller: Arthur Derham. Bei Katharina steht es jetzt, das Leben des Geliebten zu retten. Sie opfert sich und – wird Königin von England. Immerhin ein respektabler Preis. Der Anfang des 4. Akts sieht Käthen auf dem Thron; aus dem leicht-französischen »*comble de bonheur*« ist eine deutsch-thatsächliche »Höhe des Glücks« geworden. Aber was von den Brettern so oft gesagt worden ist: »wer 'mal ihre Süße gekostet hat etc.«, das gilt noch weit mehr von den Rendezvous, und so bleiben denn auch die Abendstunden nicht aus, wo Käthe einen doppelarmigen Leuchter als Signal an das gothisch-gegitterte Fenster stellt und Arthur Derham die bekannte Hintertreppe hinauftappt. Ein kurzes Glück. Wieder Verrath wie damals in St. Dunstan. Der König, nachdem er eben erst zu dem bekanntlich immer gewagten Mittel geschritten ist, sich ihre Unschuld eidlich versichern zu lassen, steht jetzt vor einer Schuldigen, die, rasch entschlossen, aus der Angeklagten zur Klägerin wird, ihren Arthur trotzig umarmt und von der Wonne gemeinschaftlichen Todes träumend, den Sieg des freien Schaffots über das gezwungene Königsbett proklamirt.

So etwa der Inhalt. Der scherzhafte Ton, in dem wir denselben wiedergegeben, soll nicht etwa dahin gedeutet werden, als dächten wir den Stoff, seine Zurechtlegung und seinen Aufbau zu beanstanden oder zu verkleinern. Im Gegentheil. Das Stück ist gut componirt, die Motivirung klar, die Tendenz verständig; nirgends Ballast oder Bombast; nirgends die tödliche Langeweile der sogenannten »schönen Sprache«; alles rund und nett; die Nebenrollen gut, die beiden Hauptrollen sehr gut; der König ein wirkliches Charakterbild; Käthe, wenn nicht historisch, so doch psychologisch richtig gezeichnet: eine reichangelegte, sinnlich-heitere Natur, der die Liebe höher steht als die Herrschaft, und an der keine andere Schuld ist als die eine, daß sie, um den Geliebten zu retten, ihn opfert. Ein Modus, für den die meisten dankbar sein würden.

Alles gut. Und doch kein eigentlicher Erfolg, kein Hingenommensein. Das Publikum, wenige Scenen abgerechnet (namentlich im 3. Akt) blieb kühl. Woran lag es? War es Laune, vorgefaßte Meinung? Nichts davon. Es blieb kühl, weil es am Ende beim besten Willen nicht warm werden konnte. Was mit guter, kunstfertiger Mache gemacht werden kann, das ist hier gemacht; Bildung und Belesenheit, Geschick und Geschmack, Erkenntniß und Theater-Erfahrung, haben den Dichter diesen dramatischen Tudor-Bau aufführen lassen, es glüht in allen Scheiben, aber es ist ein reflektirtes, von außen her einfallendes Licht, – auf dem Altar loht keine eigne freie Flamme. Es wirkt unoriginal. Das Ganze das Resultat einer meisterlichen Zusammentragekunst, eine Meyerbeer durchklungene Shakespeare-Schiller-Reminiscenz. Lampions und Maskenfest, Kirchentrümmer und Fahnenweihe, Geheimer Gang und Rendezvous, Bildersaal und Thronhimmel, dazwischen der treue Narr und die verrätherische Hofdame, der servile Bischof und der stupide Lord, der stolze Aristokrat und der noch stolzere Parvenu, – so zieht, in verständig arrangirten Bildern, gefällig und unterhaltend, aber nie ergreifend oder auch nur überraschend, diese fünfaktige Tragödie an uns vorüber. Eine schätzbare Novität, aber nicht mehr, – etwas Neues, aber nicht neu.

Gespielt wurde gut. Herrn *Berndal's* Heinrich VIII. war vorzüglich; – er hatte seinen Holbein gut studirt. Der Correktheit im Aeußerlichen fällt wie von selber auch ein Stück innerlicher Wahrheit zu. Herr Berndal ist der einzige, der dies begriffen hat, und sich auf historisches Costüm versteht. Frau *Erhartt* gab die Käthe Howard. In den ersten anderthalb Akten war sie »*charming*«, ein Ausdruck, der, wo es sich um eine *englische* Schönheit handelt, ausnahmsweise gestattet sein mag. Auch der 3. Akt und die erste Scene im 4. waren gut; andres glückte weniger; das Mädchenhafte, Heitre, lachend Graziöse ist ihr Element. Herr *Karlowa* (Arthur Derham) war Herr Karlowa, worin, je nach der Glaubensstellung, Himmel und Hölle liegt. Die andern Rollen genügten. Nur die Herzogin von Suffolk sollte abgesetzt werden. Man denke sich am Hofe Heinrichs VIII.!

Herr *Kahle* machte aus dem »Narren« das Mögliche. Aber dies Mögliche war nicht viel. Dies Schellengeklingel aus dem Learschen Nachlaß macht uns immer nervös. Th. F.

Rudolf Gottschall
Herzog Bernhard von Weimar

Aufführung vom 14. 3. 1873; Kritik vom 18. 3. 1873

Freitag den 14. März zum ersten Male: *Herzog Bernhard von Weimar*, geschichtliches Trauerspiel in 5 Akten von Rudolph Gottschall.

Nicht nur Trauerspiel, sogar *geschichtliches* Trauerspiel! So besagt der Zettel. Und warum auch nicht? Wir sehen Kürassiere und Dragoner, alte Bekannte aus »Wallensteins Lager« her, das Rautenbanner flattert im Winde, die Schärpen sind grün und weiß, Bernhard siegt, liebt, und wird vergiftet, und im Hintergrunde erhebt sich ein gothischer Thurm, der *vielleicht* der Thurm von Alt-Breisach ist. Also warum nicht *geschichtliches* Trauerspiel?! Es giebt nun freilich eine Minorität, die das Wesen einer Zeit nicht in Klapphut und Reiterstiefeln, sondern in mehr innerlichen Dingen sucht, aber

Was man den Geist der Zeiten heißt
Ist nur der Herren eigener Geist

und so mag denn Bernhard von Weimar schließlich noch zufrieden sein, daß er wenigstens als Rudolph Gottschall auf die
Bühne tritt. Das ganze Stück ist eine dramatisirte Turner- und
Sängerfahrt mit aufgelegtem Fäßchen und Redeprogramm.
Erste Nummer (Festrede): Gott schuf den *Deutschen* und freute
sich. Zweite Nummer: »Sie sollen ihn nicht haben.« Drittens:
»O Straßburg.« Viertens: »Die deutsche Maid« (Deklamation
unter gütiger Mitwirkung einer Blondine). Fünftens: Wiederholung der Festrede. Zu gütiger Beachtung: Rückfahrt 9½;
der Zug hält bei Station Finkenkrug.

Das Stück wird noch einige Male gegeben werden und den
Leser in den Stand setzen die Richtigkeit der Parallele zu prü-
fen, die wir gezogen haben.

Geschichtliches Trauerspiel! Unter den Gestalten des Stükkes ist auch *Richelieu*, natürlich mit seiner Nichte. Sie gehört zu
ihm wie die Schnupftabaksdose zu Friedrich dem Großen. In
welchen Redewendungen ergeht sich nun der Cardinal? Er ist
in lugubrer Stimmung und einer seiner ersten Sätze läuft auf
die Mittheilung hinaus: »Ich fühl's an meinen *Nerven*.« Dann
erfahren wir weiter: »seine Krankheit sei, daß er lebe«, und
»sein Amt sei *blutig*.« Hierbei einen Augenblick verweilend,
verräth er uns auch die Beweggründe, weshalb er eigentlich um
einen *deutschen* Feldherrn werbe. Diese Beweggründe – wir citiren aus dem Gedächtniß – lauten etwa:

Durch mich
Ward Frankreich arm an Helden; nur *ein* Held
Darf fürder noch in Frankreich sein: der König.
So müssen wir uns Helden *borgen*.

Es war dies die Zeit, wo Turenne und Condé glänzend in
ihre Laufbahn eintraten und Duquesne siegreich über die
Meere fegte. Cardinal oder nicht, er war Franzose, und über
keines Franzosen Lippe ist je das Wort gekommen, daß Frankreich sich seine Helden borgen müsse.

Aus derartigen Geistreichigkeiten, in denen jede Spur von historischer Wahrheit untergeht, setzt sich die ganze Rolle zusammen, die ihren Gipfelpunkt, wie billig, in den Beziehungen zur »Nichte« erreicht. Dazu ist sie da. Wir erfahren nämlich, daß der Cardinal in letzter Nacht wieder seinen »Krampf« gehabt habe und daß diese Agonieen überhand nehmen würden, wenn er über kurz oder lang seine Nichte verliere. Dies führt zu Auseinandersetzungen über das Wesen seines »Krampfes«, der sich als durchaus von der höheren Ordnung erweist. In dunklen Stunden nämlich regt sich das cardinalige Gewissen, und unter Zugrundelegung der »nächtlichen Heerschau«, rücken nun in langen Colonnen die Gespenster von La Rochelle heran, hungergestorbene Hugenotten, fahlen Gesichts, verglasten Auges und bringen den »Krampf«. Der Cardinal schreit auf. Aber machen wir ihn nicht vor der Zeit zum Gegenstande übertriebener Theilnahme. Er hat, wie wir aus seinen eigenen Mittheilungen erfahren und bereits angedeutet haben, ein Mittel dagegen gefunden; die Nichte. Ihre Intimitäten, über deren Charakter uns die Maskenballscene des nächsten Akts vollständigen Aufschluß giebt, haben noch immer den Spuk zu vertreiben gewußt. Nun gehören wir allerdings zu Denen, die an Gespenster fast so aufrichtig glauben wie an Nichten, aber wir glauben nicht an ihre Cooperation, auch nicht an ihre rasche Ablösung unter einander. Hab' ich mein Gespenst, so hab' ich keine Nichte, und hab' ich meine Nichte, so hab' ich kein Gespenst. Gespenster, die in so bedenklicher Weise durch Nichten abgelöst werden können, sind keine Gespenster mehr. Sie versagen den Dienst, hören auf zu wirken. Das Gefühls-Unwahre tritt einem an keiner Stelle so entgegen, wie gerade hier. Die Gespenster Richelieu's sind genau so echt wie seine Gewissensbisse.

In dem ganzen Stück nichts als Schein; nur der Johann von Werth (Hr. Karlowa) ist eine wirkliche Figur und verräth das anderen Ortes oft bewährte Talent des Verfassers. Die Partie wurde eben so gut gespielt, wie sie gut gezeichnet ist.

Dies führt uns auf das Spiel überhaupt. Wir lassen nicht von unserem alten Satz, daß schlechte Rollen nicht gut gespielt werden können. Aus Schwachem kann der darstellende Künstler etwas machen, aus Schiefem und Unwahrem nicht. *Herr Ludwig* gab den Herzog Bernhard im Einklang mit seinen eigenen Worten: »der *Leu* von Weimar springt auf und schüttelt seine Mähne.« Es gab Scenen, wo er ganz Leu war. In mehr als einer Beziehung hatte Richelieu Recht, ihm zuzurufen: »Ueberlegt es in Ruhe.« Herr *Kahle* (Richelieu) mußte sein großes Talent 'mal wieder an etwas Verlorenes setzen. Auch seine Kunst reichte nicht aus, die Gespenster von La Rochelle lebendig und wirksam zu machen. Herr *Berndal* (Arzt Blandini) wirkte wie ein Gegengewicht gegen Herrn Ludwig. Horace Walpole, wenn wir nicht irren, sagte von der Redeweise Lord Chatham's: »Alle fünf Minuten ein Kanonenschuß«; – nach dieser Vorschrift wurde die Rolle gesprochen. Frl. *Meyer* (Herzogin von Aiguillon, Nichte des Cardinals) enthäßlichte diese Partie nach Möglichkeit. Frau *Erhartt*, die typische Repräsentantin des deutschen Mädchens, konnte *dieses* deutsche Mädchen (Mathilde von Schwarzburg) nicht retten.

Mit drei Stücken, seitdem der glorreichste Krieg hinter uns liegt, ist nun nachträglich noch um *Metz*, um *Nancy* und um *Breisach* geworben worden. Welche Kluft zwischen den Thaten unsers Volks und denen unserer Dichter! In jener furchtbaren Stunde, als die Garde, ihren Sturm auf St. Privat unterbrechend, deckungslos auf freiem Felde lag und nichts hörte als das Zischen der Kugeln und das Klopfen des eigenen Herzens, das in bangen und doch so tapferen Schlägen an die lothringische Erde pochte, *da* wurde Elsaß-Lothringen unser. Die Zucht Friedrich Wilhelms I. und der kategorische Imperativ Kant's, die waren es, die uns Metz und Straßburg wieder erobert haben. Die Phrase hätt' es nimmer gethan. Wir wollen mit ihr darob nicht rechten; aber nachdem sie nunmehr gegenstandslos geworden ist, muß wenigstens der Wunsch gestattet sein, sie möge sich bescheiden und das Lied von dem deutschen Treumuth und der wälschen Tücke auf sich beruhen lassen.

Wir *haben* nun Elsaß und Lothringen, und können ohne sonderliche Einbuße *Eines* dafür aufgeben: unsere alte Weltstellung als Generalpächter der Sittlichkeit. Th. F.

Richard Voß
Treu dem Herrn

Aufführung vom 6. 2. 1886; Kritik vom 8. 2. 1886

Sonnabend, den 6. Februar, zum ersten Male: »*Treu dem Herrn*«, Schauspiel in 4 Akten nach einer Erzählung von Friederike Lohmann von Richard Voß. In Scene gesetzt vom Direktor Deetz.

Bei Aufgehen des Vorhangs erblicken wir eine Kaffeegesellschaft, sächsische Frauen und Mamsells, die sich bei »Jungfer Justine«, der alten Haushälterin des kurfürstlichen Raths Ellinger versammelt haben. Es ist ein sehr langweiliger Kaffee, der mit seinem Bestreben, uns ein gewisses sächsisches Lokalkolorit zu geben, trotz des Wortes »Blümchenkaffee«, das ich vernommen zu haben glaube, total scheitert. Ueberhaupt ist Lokalkolorit (ich erinnere nur an den vorjährigen »Mohr des Zaren«) eine der schwächsten Seiten der Richard Voß'schen dramatischen Muse.

Dem Kaffeeklatsch der versammelten Frauen und Mamsells entnehmen wir die Gesammtsituation: 7jähriger Krieg, 14 000 Sachsen bei Pirna, Fridericus Rex und Zieten, und erfahren unter Anderem, daß Jungfer Justine, die seit 30 Jahren bei dem sächsischen Rath Ellinger in Diensten steht, eigentlich eine Preußin und sogar aus Treuenbriezen ist. Also beinahe eine Doppelpreußin. Aber wir erfahren noch mehr und zwar das einigermaßen Ueberraschliche, daß diese selbe Jungfer Justine, bevor sie zu Rath Ellinger kam, die Kindermuhme des alten Zieten gewesen sei, und den kleinen, strampligen Junker Hans, der schon damals ein Deubelskerlchen war, gewaschen, gebadet und geklapst habe. Nun, für Richard Voß aus Berchtesgaden ist das alles grad' gut genug, aber für einen Märkischen, der auf Kanonenschuß-Distance von Wustrau geboren wurde, reicht es nicht aus und er sieht sich, *nolens volens*, von Anfang, an einer ganzen Welt von Zweifeln und Fragen gegenüber. Ja, wann spielt denn das Stück eigentlich? Siebenjähriger Krieg und 14000 Sachsen bei Pirna – danach spielt es 1756, zu welcher Zeit der alte Zieten runde 57 Jahre alt war. Denn er stammte von 1699. Und diesen 57er hat die Jungfer Justine gewaschen, gebadet und geklapst, muß also, da man auch damals Einsegnungsmädchen nicht zu Kindermuhmen zu machen pflegte, zu Beginn des Stückes wenigstens 77 sein. Aber ist sie's? Diese Jungfer Justine, die da vor uns 'rumtruppelt, ist eine noch sehr forsche Mamsell, und wenn wir ihr 57 geben, also sie gleichaltrig mit dem alten Zieten taxiren, so verfahren wir noch einigermaßen ungalant gegen sie. Diese behäbige Mamsell in noch bestem und lebenskräftigstem Zustande kann nicht 20 Jahre älter sein als der alte Zieten, mithin auch den kleinen Strampler unmöglich in die Badewanne gethan haben. Aber strampelte denn der alte Zieten überhaupt? Er dachte nicht dran. Er war ein kränklich schwächliches Kind und verwand seine Kränklichkeit sein Lebtag nicht. Er strampelte also muthmaßlich *nicht*, am wenigsten aber zur Erbauung einer Treuenbrieznerin, denn ich wette eine Million gegen einen Nickelgroschen, daß niemals eine Treuenbrieznerin in das Wustrauer Herrenhaus gekommen ist, auch bis heutigen Tag nicht, geschweige bis 1699. Und nun gar als Kindermuhme, zur Abpflegung eines kleinen Junkers! Dazu hat der alte Herr v. Zieten, dafür möcht' ich mich verbürgen, sicherlich eine autochthone Wustrauerin gewählt, die mit zum Hof und halb mit zur Familie gehörte; jenseits seiner Grafschaft Ruppin aber hat er aus allen möglichen Gründen, auch schon des Kostenpunktes halber, nie nach einer Pflegerin gesucht.

Und so war ich denn von Anfang an nicht recht in der Lage, mich in dieser Jungfer Justine zurechtfinden zu können, und wenn schon zu Anfang nicht, so noch weniger zu Ende. Denn wie verfährt nun im Laufe des Stückes diese Preußin aus Treuenbriezen, bez. aus dem Zieten'schen Herrenhause? Jedenfalls so unzietensch wie nur möglich, vorausgesetzt, daß ich mir eine richtige Vorstellung von den Zietens mache. Was, meines Wissens, das Zieten'sche Herrenhaus auch schon 1699 bei Geburt des kleinen Junkers auszeichnete, war eine starke Dosis von gesundem Menschenverstand, von praktischer Lebensklugheit und echter Religiosität, lauter Tugenden, die wir, trotz der gehabten guten Wustrauer Vorbilder, in dem späteren Leben der Jungfer Justine nicht wiedererkennen können. Ihr Rath Ellinger hat, in Treue gegen seinen sächsischen Kurfürsten, eine sächsische Staatskasse beim Einrücken der Preußen bei Seite gebracht und ist des Erschossenwerdens sicher, wenn diese patriotische That zur Kenntniß der Preußen kommt. Behilflich bei dieser That des Beiseiteschaffens war ihm der Calculator Börne, Scheusal im Secretair Wurm-Stil, der nun, als Lohn für seinen Beistand, Ellinger's schöne Tochter Marianne (siehe Luise Millerin) zur Frau begehrt. Justine will diese Partie nicht, worin sie nicht blos Recht, sondern auch unsere vollste Zustimmung hat, aber das Mittel, diese Partie zu hintertreiben, zählt zu den denkbar gewagtesten und entbehrt völlig jenes *bon sens*, den sie bei den Zietens wohl hätte lernen können. Sie denuncirt nämlich einfach Ellinger und Börne bei den siegreichen Preußen, sich dabei der entschieden mehr ihrem Herzen als ihrem Verstande ehremachenden Hoffnung hingebend, daß die Preußen den braven Ellinger pardonniren, den schändlichen Kerl den Börne aber todtschießen und dadurch (Radikalkur) die liebe Marianne vor einer Ehe mit dem Calculator bewahren würden. Eine Naivität, deren Geburtsstätte nicht in Treuenbriezen und noch weniger in Wustrau gesucht werden kann. Denn im Kriege haben die Preußen etwas entschieden Todtschießliches, und wenn Jungfer Justine, statt in Richard Voß' Kopfe, wirklich in Treuenbriezen geboren worden wäre, so würde sie gewußt haben, daß sie mit ihrer Denunciation dem Rath Ellinger eben so gut wie dem Calculator Börne die Kugel gösse, dem Rath Ellinger aber mit Vorhand. Unangekränkelt jedoch von solchen Trivialbetrachtungen, nimmt Jungfer Justine schlankweg ein Gesangbuch zur Hand (beiläufig ein ganz modernes mit einem Goldkreuz auf dem Deckel) und liest sich mit gehobener Stimme das alte Luther'sche Streitlied vor, – ein frommthuender Hocuspocus, der dem lieben Gott zumuthet, den von ihr, der Jungfer Justine, beliebten Dummheitsweg wunderthätig in einen Rettungsweg umzuwandeln. »Ein' feste Burg ist unser Gott« gehört nun zwar zu den nie versagenden Theatermitteln, und aus diesmal – namentlich im Schlußakt, wo die ganze Scene mit *Musikbegleitung* wiederkehrt – wird es an Rührung nicht gefehlt haben, nichts desto weniger darf gesagt werden, daß dieser Panacee die Balancirung der großen dramatischen Schuldsumme, die dies Stück repräsentirt, nur sehr unvollkommen gelang.

Und so nicht blos an dieser Stelle, sondern wohin man blickt; nirgends klappt es und paßt es in diesem Stück, am wenigsten aber an seiner entscheidenden Stelle. Rath Ellinger, an dem, in Parallele mit der Jungfer Justine, das »*treu dem Herrn*« demonstrirt werden soll, ist nicht blos Haupteinnehmer der öffentlichen Gelder, sondern, viel viel mehr noch, Hauptträger unserer entschiedensten Antipathien. Er will ›Treue‹ zeigen, zeigt aber nur die Karrikatur der Treue, was gleichbedeutend ist mit redensartlicher Treue. Wer wirklich treu ist, bringt sich dieser Treue zum Opfer, nicht aber seine Tochter. Warum schießt er den Hallunken von Börne nicht über den Haufen? Oder, wenn er dergleichen nicht liebt, warum erschießt er nicht sich selbst? Oder warum liefert er sich nicht einfach den Preußen aus und sagt: »Hier bin ich; die Kasse hab' ich meinem Herrn gerettet, verfahrt mit mir nach Belieben«. Aber nein, die Tochter soll die Zeche bezahlen, und dabei hängt er seiner Feigheit und Unentschlossenheit ein Mäntelchen um und spricht von Treue.

Das alles berührt häßlich, alles ist krumm und schief, alle Gefühle sind falsche Gefühle. Selbst die gelungenste Figur des Stückes, der sächsische »Gevatter Neumann« (Herr Vollmer) krankt an dieser Unechtheit. Man lacht, und dies Lachen entwaffnet die Kritik, aber es hebt die Thatsache nicht auf, daß auch *hier* der Rücksicht auf den momentanen Erfolg die Frage nach der Möglichkeit absolut untergeordnet wurde. Gevatter Neumann ist nämlich nicht blos ein sächsischer, sondern sogar ein Dresdnerischer »Preußenschwärmer«, eine Species, die selbst heutzutage rar ist, 1756 aber, als eben 14 000 Sachsen bei Pirna gefangen genommen waren, schwerlich in einem einzigen sächsischen Menschenexemplar vorkam. In Dresden gewiß nicht. Wenn aber doch, so hätte der Betreffende wenigstens geschwiegen, denn es gab auch damals schon Lynchjustiz und Laternenpfähle.

Das Spiel stand nicht in allen Rollen auf der Höhe. Den ersten Kranz errang Herr *Vollmer* als Gevatter Neumann, der durch seine drastische Komik, vor Allem als er die Figuren des Königs und des alten Zieten in so zu sagen plastischen Andeutungen einführte, das Publikum geradezu hinriß. Nicht so glückliche Darsteller fanden die beiden Hauptrollen: Jungfer Justine (Frl. *Bergmann*) und Rath Ellinger (Herr *Weiße*). Die Schwierigkeiten, mit denen Beide zu kämpfen hatten, sollen nicht unterschätzt werden, aber während mich an Herrn Weiße, zu meiner nicht geringen Ueberraschung, allerlei Theatermanieren und vor Allem seine Theatersprache störten, störte mich an Frl. Bergmann ein breites, überbehäbiges Provinzial-Deutsch. Ihre Bemühungen, ein Bestes zu thun, waren unverkennbar; aber schließlich kann Keiner über seinen Schatten springen. Und so kam es denn, daß, trotz dreißigjähriger Anwesenheit bei Rath Ellinger, alles immer noch zu sehr Treuenbriezen und zu wenig Dresden war. Mit Hrn. *Krause* zu rechten, weil sein Börne seinem Wurm glich, hieße die Schuld an der falschen Stelle suchen; grün ist grün, und ein Grasplatz bleibt ein Grasplatz, auch wenn er sich *lawn* nennt. Prächtig gab Hr. *Liedtcke* seinen Zieten, und eine Wonne war es, das Gaudium zu beobachten, das bei seinem Erscheinen durch das Haus ging, ein Gaudium, das zur Hälfte dem alten Zieten und zur andern Hälfte dem alten Liedtcke galt. Hoffentlich giebt dies Beiwort keinen Anstoß. Was der Dichter für die Rolle gethan hat, ist gleich Null, da sie, zu wesentlichem Theile, nur aus den drei Sätzen besteht: »Is die Alte toll?« »Nun, was sind mir das wieder für *Chosen*«, und »Ein Staatsverbrecher is er doch«. Aber was daraus gemacht werden konnte, das *wurde* draus gemacht, und Gevatter Neumann und Vater Zieten waren recht eigentlich die Stützen des Stückes und die Leuchten des Abends. Th. F.

Von jenseits des gesunden Menschenverstandes

Carlo Marenco
Pia dei Tolomei

Aufführung vom 1. 12. 1871; Kritik vom 3. 12. 1871

Freitag den 1. Dezember: »*Pia dei Tolomei*«. *Tragedia in 5 Atti di Carlo Marenco.* Frau Ristori Pia dei Tolomei als *zweite* Gastrolle.

Der Verfasser dieser »Tragedia« führt auf dem Theaterzettel statt Marenco den Namen Marengo; sein Stück ist durch diesen Namenstausch aber nicht siegreicher geworden. Es ist alles ganz aus dem Groben gehauen und unter unseren landesüblichen Trauerspielen (selbst unter den schwachen und verfehlten) nimmt es sich aus wie ein alter Leihbibliotheks-Roman aus der Spieß- und Cramer-Zeit unter Romanen von Spielhagen oder Auerbach. Es verlohnt sich, in Kürze den Inhalt des Stückes zu geben.

Akt 1. Pia und ihr Gemahl. Er heldenhaft, eifersüchtig und, wie es scheint beschränkt; sie furchtbar schön und furchtbar tugendhaft. Der Theater-Bösewicht tritt auf. Seine »Anträge« werden abgewiesen. Rachebrütung.

Akt 2. Der Bösewicht triumphirt. Er hat eine unglaublich dumme Intrigue in Scene gesetzt, aber so dumm sie ist, reicht sie doch gerade aus, den Gemahl an die Untreue Pias glauben zu machen. Erneute Rachebrütung, diesmal von Seiten des Gemahls.

Akt 3. Pia auf einem alten Sumpfschloß in den Maremmen; der Bösewicht ihr Wächter. Der Gemahl kämpft, ob er sie einfach tödten oder in der Sumpfluft hinsterben lassen soll. Entscheidet sich für letzteres und geht ab. Erneute »Anträge« des

Bösewichts. Aber – die Tugend siegt abermals. Pia droht sich aus dem Fenster zu stürzen. Der Bösewicht schaudert.

Akt 4. Der Gemahl erfährt (wozu schon längst Gelegenheit war) daß er ein Schwachkopf sei. Der sterbende Bösewicht erklärt, daß er schändlich gelogen habe. Allgemeine Reue.

Akt. 5. Pia, nach wie vor, im Maremmenschloß. Das Sumpffieber hat sie dem Tode nahe gebracht. Sie will sterben. Da erscheinen zwei Reiter am Horizont: ihr Gemahl und ihr Vater. Sie bringen Freiheit, Liebe, Glück. Aber zu spät. Sie stirbt. Der Vorhang fällt.

So das Stück. Alles unsagbar trivial von Anfang bis zu Ende. Aber trivial oder nicht, es kommt nicht darauf an, eine glänzende Tragödie, sondern nur eine *Reihe glänzender Spielscenen* zur Erscheinung zu bringen. Dazu ist nun hier vollauf Gelegenheit gegeben. Die schöne und stolze Frau, die tugendhafte, die geängstigte, die hoheitsvolle, die bittende, die hinschmelzende, die heroische, die sanfte, die gütige, die kranke, die sterbende, – die ganze Tonleiter dieser wachsenden Gemüthsstimmungen kann angeschlagen werden, und *darauf* kommt es an. Dies geschieht nun zweifelsohne mit Meisterschaft und – wie wir heute nur wiederholen können – mit *einer höchst bemerkenswerthen Decenz.* Der Fluch des Virtuosenthums ist, neben dem Hinsterben alles Innerlichen, bekanntlich die sich immer mehr steigernde Ausbildung des Aeußerlichen, die dann schließlich, noch über Manier und Uebertreibung hinaus, zu einem traurigen *Schnörkelwesen,* zur Erstickung der Kunst durch bloße Kunststücke führt. Die Virtuosen gehen im Ornament-Kleinkram unter. Es ist unsere Pflicht auszusprechen, daß wir das Spiel der Ristori von solcher Detail-Ueberladung im Wesentlichen durchaus frei gefunden haben. Sie hat sich durch zwanzig Jahre hin den großen Stil bewahrt; auch ein innerliches Erkalten ist nicht wahrzunehmen. Hat es *dennoch* stattgefunden, so darf man sagen, daß der »Sprudel« immer noch Sprudel bleibt, auch wenn er um zwei Grade milder geworden sein sollte. Zu bloßem lauwarmem Wasser wird er nie.

Die Glanzscene des Abends, für unser Gefühl, war der Anfang des 3. Akts, wo Pia den Arm um den Nacken ihres Gemahls legt und durch den sanften, wahrheitsvollen Klang ihrer Stimme den Eifersuchtssturm in seiner Brust beschwichtigt. Wir stellen dies höher als den 5. Akt, der von Anfang bis zu Ende blos eine Sterbescene ist. Die Kranke hüstelt, stützt sich auf den Arm des Castellans. Da erscheinen Vater und Gemahl; sie bringen scheinbar das Leben, in Wahrheit bringen sie nur den Tod. Das eigentliche Sterben beginnt. Die Augen brechen, die Hände tasten und greifen willenlos umher, das Gesicht wird erdfahl, endlich fällt sie zu Boden, – das Fallen selbst nicht mehr das allmälige Hinleiten einer Sterbenden, sondern das plötzliche Zusammenbrechen einer Todten.

All das widersteht unserem Schönheitsgefühl; wir *wollen* das auf der Bühne nicht sehen; *diese* Art realistischer Kunstübung hat es in Deutschland noch nirgends zum Bürgerrechte bringen können. Gut so; wir freuen uns dessen. Unsere gegnerische Stellung solchem Naturalismus gegenüber, darf uns aber nicht vergessen lassen, daß andere Nationen anders darüber denken. Die romanischen Völker *wollen* dergleichen sehn; die Engländer auch. Wir müssen bei der Ristori also diesen naturalistischen Zug als eine »nationale Eigenthümlichkeit« hinnehmen und uns blos die Frage vorlegen, ob sie innerhalb dessen, was als Italienerin ihr Recht ist, übertreibt oder künstlerisch moderirt. Und da haben wir dann abermals, uneingeschränkt, ihrer maßhaltenden Decenz Erwähnung zu thun.

Es ist die *Richtung*, die uns nicht zusagt, und dabei mag es bleiben; wäre aber eine Versöhnung überhaupt möglich, so würde die Mäßigung, die Frau Ristori, in Scenen wie die geschilderte walten läßt, am ehsten im Stande sein die Brücken zu baun. Th. F.

Gustav zu Putlitz
Die Idealisten

Aufführung vom 8. 11. 1881; Kritik vom 10. 11. 1881

Dienstag den 8. November zum ersten Male: *Die Idealisten*, Schauspiel in 5 Akten von G. zu Putlitz. In Scene gesetzt vom Direktor Deetz.

In des Albertus Magnus großem Werk »Ueber das Thier-Reich« fand ich einmal folgende Stelle: »*Von Eulen in Island*«, und der Text zu dieser Kapitel-Ueberschrift lautete kurz dahin: »Island hat keine Eulen.« An diese isländischen Eulen wurd' ich am Dienstag Abend durch die Putlitz'schen »Idealisten« erinnert und machte meinerseits die Kapitel-Ueberschrift: Die Idealisten in den »*Idealisten*«. Und gleich danach auch den Text dazu: Die »*Idealisten*» haben keine Idealisten.

Ja, haben sie *wirklich* keine? Die Beantwortung hängt schließlich von der Vorfrage ab: was *sind* Idealisten? Es giebt eben allerlei Sorten, namentlich in Deutschland, und eines ganz bestimmten Idealisten entsinn' ich mich beispielsweis aus nachstehender Geschichte. Besagter Idealist hatte nämlich, wie zur Legitimirung seiner selbst, ein philosophisches Buch geschrieben und bot es einem namhaften Verleger an, mit dem er noch von der Schule her befreundet war, ja sich sogar dutzte. Der Verleger ging darauf ein, und es entspann sich nunmehr folgendes Gespräch zwischen beiden. *Verleger*. Ja, lieber Fritz, ich werde dein Buch nehmen und freue mich, Dir ein Honorar von 100 Thalern bewilligen zu können. – *Idealist* »Lieber Wilhelm, ich bitte Dich, sprich nur nicht davon. Es ist das Alles ja das Gleichgiltigste von der Welt. Es lag mir ausschließlich daran, einer bestimmten Idee.« *Verleger*: »Nein, nein. Hundert Thaler.« Und hiermit brach das Gespräch ab, beide Freunde jedoch setzten sich gleich danach in einen Pferdebahnwagen, weil sie denselben Weg hatten. Ein tiefes Schweigen herrschte vor, und man hörte nichts als das Knistern der Zettel oder dann und wann einen leisen Schrillton, wenn die Papier-Eckchen abgerissen wurden. Eben diesen Moment absoluter Stille wählte der Idealist, um, vielleicht unter dem Eindruck des Feierlichen, das vor etwa zehn Minuten abgebrochene Gespräch wieder aufzunehmen. Er beugte sich vor und sagte leise: »*Gold*, lieber Wilhelm?. .« »Nein, *Courant*«, antwortete dieser.

In dieser Geschichte haben wir unseren deutschen Idealisten *from top to toe*. Gott sei Dank stirbt er mehr und mehr aus und nur in diesem neuesten Putlitz'schen Schauspiele haben wir noch ein Muster-Exemplar. Er gefällt mir nicht, auch das Stück nicht, das nach ihm den Namen führt, und ich halt' es einem Dichter gegenüber, der, wie Putlitz, auf so viel Glückliches und Erfolgreiches hinweisen kann, für das Gerathenste, dies offen und unumwunden auszusprechen. Es bezeigt dies dem Dichter und seinem Talent einen viel größeren Respekt, als ein Bemängeln und Herumcorrigiren im Einzelnen. Allerdings kann er Gründe fordern, warum es denn dem Herrn Kritikus so gar wenig gefallen habe? Und ich will diese Gründe zu geben versuchen.

Es ist ein alter Satz, daß der Mischung von Humor und Sentimentalität kein deutsches Herz zu widerstehn im Stande sei. Und wie es ein alter Satz ist, so auch ein richtiger, wie wir uns bei jeder Aufführung Benedixscher Arbeiten immer wieder mit Augen überzeugen können. Aber es kommt dennoch bei *jedem* und schließlich deshalb auch bei dem dramatischen Kuchen auf die Zuthaten an, also darauf, ob Mehl und Ei noch frisch sind oder ob sie schon lang' und an einer feuchten Stelle gelagert haben. Nun, Humor und Sentimentalität sind an und für sich ganz unzweifelhaft wundervolle Zuthaten und brauchen auch nicht absolut frisch aus dem Nest oder aus der Mühle zu kommen, aber sie dürfen auch nicht mehr oder weniger dumpfig geworden sein. Und dieser Putlitz'sche Humor und diese Putlitz'sche Sentimentalität, sie *sind* dumpfig. Sie repräsentiren ein ganz saubres Stück Ellenzeug, aber mit Stockflecken. Alles in diesen »Idealisten« berührt altmodisch, trotzdem das Jahr 1873 auf dem Zettel steht und bringt uns dies Altmodische speciell dadurch so sehr und so störend zum Bewußtsein, daß nicht das Gute, Gesunde, Herzerquickende, sondern umgekehrt das Enge, Beschränkte, Krankhafte, jedenfalls das uns unsympathisch Berührende vergangener Jahrzehnte darin zur Erscheinung kommt. Und so wirkt es, trotz seiner neuzeitigen Einkleidung und Entstehung, um vieles älter als Benedix'sche und Bauernfeld'sche, ja vor Allem auch als *Putlitz*'sche Stücke, die schon vor 30 Jahren geschrieben wurden. Es ist dabei gerne zuzugestehen, daß sich unser moderner Geschmack allermodernsten Menschen und ihren Schicksalen mit einer deutlich zu Tage tretenden Vorliebe zuwendet, aber dennoch nicht *so*, daß nicht auch ein Kreis altmodischer Figuren immer noch auf eine lebhafteste Theilnahme, ja auf lautesten Beifall rechnen könnte. Jean Paul entzückt uns immer noch, und in T. A. Hofmann finden sich idealistische Käuze, die nach wie vor unsrer gespanntesten Aufmerksamkeit sicher sind. Es ist also nicht das Zurückgreifen an sich, an das sich der Vorwurf des Altmodischen knüpft, es ist vielmehr der *Modus*, in dem seitens des Dichters zurückgegriffen *wird*. Ich finde seine Hand nicht energisch genug und höre beständig einen Ton heraus, der mir, wenn ich Putlitz' allerfrischestes und allerlebendigstes Leben nicht kennte, die Meinung einflößen würde, er habe alle Fühlung mit den berechtigten Forderungen eines modernen Publikums verloren. Am eklatantesten zeigte sich dies meiner Meinung nach im 4. Akt, in der großen Scene zwischen dem idealistischen alten Klavierlehrer (Herr *Berndal*) und seiner Hausgenossin, der alten Sanna (Frau *Frieb*). Die letztere hat in dieser Scene nämlich ein großes Geheimniß auf dem Herzen, das sie beständig versichert für sich behalten zu wollen, während sie doch von dem heftigsten Verlangen gequält wird, es mittheilen zu können. Ein Widerstreit, den man im Leben, in Büchern und auf der Bühne hundertfältig beobachtet hat. Nun liegt in diesem Widerstreite ganz unzweifelhaft ein komisches Element, und Moser oder H. Bürger oder Lindau würden sich dasselbe gerade so wenig haben entgehen lassen, wie Putlitz. Aber während die Genannten in einer Minute damit fertig gewesen wären, spinnt Putlitz eine ganze lange Scene von diesem

bischen Flachs ab, als wäre so 'was Nettes und Scharfbeobach-
tetes und Wirkungsvolles noch gar nicht dagewesen. Ein Irrthum, der dann auch dahin führte, daß die Scene *nicht* ein-
schlug und selbst in einem allerwohlwollendsten Publikum
einen nur geringen Eindruck hervorrief. In den Tagen Charlotte
v. Hagn's und vielleicht auch noch in den Tagen Clara Stich's
hätte Putlitz mit seinem Calcül Recht behalten, aber vor dem
heutigen Parquet nicht mehr. Das heutige Parquet ist an eine
ganz andere Sprache gewöhnt und verlangt diese andere Sprache.
Auch *dann* noch, wenn es zwei Halb- oder Ganz-Idealisten sind,
die sich miteinander unterhalten. Unter dem Einfluß Heine's
und im weiteren Verfolg unter dem unserer zahlreichen Witz-
blätter, hat sich – ich kann dies bei meinen hohen Semestern sehr
wohl controliren – eine völlig veränderte, knappe, pointirte
Sprechweise herausgebildet, an der *alle* Volksschichten theilnehmen. Man sehe sich nur mal eine der vorstädtischen Volksversammlungen auf *diesen* Punkt hin an oder beobachte wie Stök-
ker bei solcher Gelegenheit die Sprache zu handhaben weiß.
Putlitz aber gönnt sich Zeit, verzichtet auf diese Concentration
und Zuspitzung und verliert dadurch die Macht über sein Publikum. Außer der klaren Exposition, erschienen mir nur zwei Scenen durchaus wohlgelungen: im 2. Akte die zwischen Hermann
von Reiner und der alten Sanna, in welcher letztere von den Fa-
milienschicksalen ihres Lieblings Leonhard erzählt, und im
5. Akt die Begrüßungs- und Wiederfindungsscene zwischen
Vater und Sohn. In dieser waren Momente, die das Herz trafen. Im Ganzen aber muß ich leider sagen, daß ein so anfecht-
bares und von mir auch thatsächlich angefochtenes Stück wie
H. Bürgers »Gold und Eisen« meinem Herzen um Vieles näher
steht.

Das Spiel war ohne Bedeutung, womit übrigens kein Tadel
ausgesprochen sein soll. Aus solchen Typen, die jedes individuellen Zuges entbehren, ist eben nicht viel zu machen. Die
Rollen sind *nicht* dankbar, auch *die* nicht, die dankbar zu sein
scheinen. Der alte Quartettcomponist mit dem ewig verklär-
ten Strahl- und Stech-Auge theilt einem nichts von seiner Be-

geisterungsfülle mit, und Sanna, die, nach 20jähriger Anwesenheit im Hause eines »weil er's nöthig hat« täglich 8 bis 10 Stunden gebenden Klavierlehrers immer noch von ihm fordert, »daß er die Musikmacherei lassen solle«, von der sie doch schließlich sammt und sonders existiren, ist mir *zu* sehr aus dem Unverstand des Lebens geschöpft, als daß mich selbst die vortrefflichste Darstellung einer solchen alten Confusions-Sanna noch besonders erfreuen könnte. Diese vortrefflichste Darstellung war ja nun freilich da; aber Frau *Frieb*, auch *das* muß gesagt werden, zeigt einem zu viel von den Strichelchen ihrer Kunst. Es wird des Gewollten und gelegentlich auch des Gezwungenen immer mehr, und wenn ich auch wohl fühle, daß es aus einem halben Dutzend von Gründen nicht anders sein kann, so wünsch' ich es doch wenigstens. Ich anerkenne diese Form der Kunst, aber sie läßt mich kalt. Th. F.

Otto Franz Gensichen
Frau Aspasia

Aufführung vom 20. 3. 1883; Kritik vom 22. 3. 1883

Dienstag den 20. März zum ersten Male: *Frau Aspasia*, Lustspiel in 4 Akten von Otto Franz Gensichen. In Scene gesetzt vom Direktor Deetz.

Der alte Döring, wenn er bei Lutter und Wegener saß, hatte seine Lieblingsthemata, darunter auch den Berliner Kritiker. »Der Berliner Kritiker, meine Herren, ist ein ganz eignes Gewächs und als ›Berliner‹ anders wie andre. Andre Kritiker nehmen es wie's fällt und bringen die Lust mit, das Gute gut zu finden. Ein Berliner Kritiker aber mit nichten; *der* steht höher. Er ist ein Detective, kriegt's bezahlt, und kümmert sich den T – darum, ob wir ›alle zwölfe‹ werfen. Er kuckt nur hin, um 'raus zu kriegen, ob wir mit falschen Würfeln oder ungestempelten Karten spielen. Ein Berliner Kritiker ist eigentlich ein Sportsman und geht auf Jagd. Ich sehe die Kerle mitunter im Parquet sitzen und habe das *ganz* deutliche Gefühl: ›*jetzt legt er an*‹. Eine merkwürdige Schadenfreude, wie sie sonst in der ganzen Welt nicht mehr vorkommt, kriecht ihm in solchem Augenblick über das Gesicht hin und weh' unser einem, wenn jetzt das Kleinste nicht stimmt. *Knack*, und man hat seinen Schuß weg, man weiß nicht wie. Das nennen diese Leute Kritik und is blos wie beim Kegelspiel, wo der Kegeljunge schreit, ›hat ihn belauert!‹«

So Döring *in bygone days*. Es verschlägt nicht viel, ob er Recht gehabt hat oder nicht, nur *das* möcht' ich sagen dürfen, eine verwandte Jagdlust, ein ähnliches Im Anschlageliegen ist jetzt auf die Berliner Schau- und Lustspieldichter übergegangen. Nur ihr Jagdobjekt ist anders, und wenn die Kritiker ehemals (und meinetwegen auch jetzt noch) ausschließlich auf Fehler jagten, so jagen unsere gegenwärtigen Schau- und Lustspieldichter ausschließlich auf Scenen und Motive. Kaum daß die »Schonzeit«, oder mit anderen Worten *die* Zeit, wo das letztgeschriebene Stück noch Kasse macht, vorüber ist, so hat der moderne Schau- und Lustspieldichter keine ruhige Stunde mehr. Die Jagdzeit hat für ihn begonnen und die ganze Gotteswelt wird nur noch *da*rauf hin angesehn, ob sich aus ihrer Tausendfältigkeit einige neue Motive herausfinden lassen. Alles wird aufgespießt und betrachtet. »Gezählt, gewogen und hinweggethan.« Das Vermischte der Zeitungen, das Lokale, die Münchener »Fliegenden Blätter«, die Dynamit-Explosionen, Alles wird nur noch unter diesem *einen* Gesichtspunkt ins Auge gefaßt. Es paßt oder es paßt nicht. Am Abend vorher schien ihm der Mond ins Fenster, eine Nachtigall schlug, und die Schwarzwälder Uhr blieb plötzlich stehn. »Ist dies vielleicht was?« fragt er sich. »Nein, aber ich will es mir wenigstens aufschreiben. Man kann nicht wissen.« Und der Unglückliche, der an einem Riesen-Siebe steht, in das ihm die ganze Welt hineinfällt und der ruhelos an diesem Siebe weiter siebt bis er, als Jahres-Ausbeute, sechs noch nicht da gewesene Scenen ersiebt, errungen hat, nimmt das Fieber seiner Tage mit in seinen Traum. Aber endlich hat er, was er braucht: er hat drei neue Scenen ersten und drei neue zweiten Ranges, Scenen, die sich weder in Sardou noch in Augier finden. Und nun kann es los gehn. Der Aufreihe-Prozeß ist Kleinigkeit; im Letzten sind ohnehin alle Stücke ziemlich gleich; was sie verschieden macht, ist das Beiwerk. Wichtig ist nur noch der Titel. Der muß freilich apart sein. Etwas Zwang und Willkürlichkeit schadet nichts; ein gebildeter Mensch wird sich immer zurecht finden. Und *hat* er's nur erst, so findet er's auch »fein«.

Auch »Frau Aspasia« wie schon gestern in einer vorgängigen Notiz angedeutet, ist ein solches einem Scenenkreise zu Liebe gedichtetes Stück und wenn es vielleicht im speciellen Hinblick auf dasselbe nicht ganz zutreffend sein mochte, von einer bloßen Scenen-*Aneinanderreihungs*kunst zu sprechen, so halt' ich doch *das* aufrecht, daß in diesem neusten Lustspiele, wie in den dramatischen Arbeiten unserer Modernen überhaupt, die Scenen-*Erfindungs*kunst die Hauptsache bildet und die Dichter am meisten beschäftigt.

Es würde dies gesagt werden müssen, auch wenn die Herren Verfasser Recht hätten, eine solche Bemängelung als Kränkung anzusehen. Es ist aber keine Kränkung, weder eine gewollte, noch eine thatsächliche. Für das immer nach etwas Neuem dürstende Publikum immer auch neue, noch nicht dagewesene Scenen auszuklügeln, ist nichts Leichtes, und unter bestimmten Voraussetzungen und innerhalb gewisser Grenzen auch sogar etwas sehr Verdienstliches. Auch dazu gehört Talent, oft ein großes, und in »Frau Aspasia«, wie nicht geleugnet werden soll, finden sich ein vier oder fünf Scenen (am glänzendsten die Scene mit der Heiratsgesuch-Annonce: Herr Vollmer und Fräulein Conrad im 4. Akt), in denen ich ebenso den glücklichen Einfall wie die glückliche Durchführung bewundert habe. Jedenfalls fällt es mir nicht ein, gering oder gar despectirlich von einer solchen ausschließlich oder wenigstens vorzugsweis im Dienst der *Scene* stehenden Erfindungskunst zu denken, und nur dabei muß ich bleiben, daß ein beständiges und mit Vorliebe gepflegtes Achthaben auf die Theile, leicht zur Vernachlässigung des Ganzen führt. Ein *wirkliches* Stück muß

nach wie vor zwei Dinge haben: erstens eine Fabel und zweitens
richtige Menschen, die die richtigen Träger dieser Fabel sind.
In »Frau Aspasia« aber fehlt Beides.

Forschen wir zunächst nach der Fabel. Ein Weltreisender
(Herr Liedtcke) kehrt von seinen Weltfahrten zurück, und be-
zweifelt ohne Weiteres die Tugend der schönen, also durch
Fräulein Meyer dargestellten Frau Helene, hinsichtlich deren
er sich zu seinem Neffen, Herrn Vollmer, äußert, »daß er sie
für eine Art *Aspasia* halte.« Von diesem Augenblick an, laufen
Witz und Wege des Stückes darauf hinaus, in den noch verbleibenden Akten festzustellen, *ob* Frau Helene eine Aspasia
sei oder nicht? Die Verneiner gewinnen; sie ist *keine* Aspasia,
und führt sogar allerpersönlichst den Gegenbeweis, oder doch
das, was diesen Beweis ausmachen soll, dadurch, daß sie die
Verheirathung ihres angeblichen Galans mit einer Professoren-
tochter betreibt und durchsetzt. Dies das Stück. Ich bekenne,
daß ich mich an des skeptischen Weltumseglers Stelle, durch
diese Beweisführung *nicht* für besiegt angesehen haben würde.
So wenig begreiflich sein voraufgegangener Unglaube, so wenig begreiflich seine nachträgliche Bekehrung. Einen Liebhaber mit einer Dame zweiten Ranges verheirathen, um seiner
fortgesetzten Diensttreue desto sicherer zu sein, zählt, so viel
ich weiß, zu den bekanntesten Hausmitteln weiblicher Schlau-
heit und Intrigue.

Die Fabel ist also unbedeutend und anfechtbar; sie möchte
jedoch passiren, wenn nur, wie schon angedeutet, die *Personen*,
die diese Fabel tragen, von einer größeren Lebenswahrheit wären. Aber was sprech' ich da »von einer *größeren* Lebenswahrheit«; sie haben gar keine Lebenswahrheit. Es sind alte Lust-
spieltypen, weiter nichts. In einem französischen Blatte las ich
vor einiger Zeit: »Es giebt auf unserer französischen Bühne
keine wirklichen Menschen mehr, am wenigsten im Lustspiel.
Nehmen wir den *Pompier*. Der Pompier der Wirklichkeit ist ein
Idealmensch, mehr als irgendwer. Er empfängt einen beschei-
denen Lohn und hat dafür den anstrengendsten und lebensge-
fährlichsten Dienst. Ein Feuer im vierten Stock bricht aus und

sofort genießt er des Vorzugs, an einer senkrecht stehenden Leiter emporzuklimmen, auf einem First oder Sims entlang zu balanciren, eine Wand mit der Pickaxt einzuschlagen, und eine verzweifelte Mutter mit ihren drei Kindern aus Gluth und Qualen zu retten. In dieser Weise verbringt der Wirklichkeits-Pompier sein Leben. Und wie gestaltet sich nun der Pompier auf der Bühne? Im Augenblick, daß er erscheint, ist auch schon das Signal zu großer und allgemeiner Heiterkeit gegeben; er ist die komische Figur *par excellence*; was er in Wirklichkeit war und ist, ist vergessen; im Leben ein Freund, ein Retter, ein Wohlthäter, auf den Brettern ein Tölpel, ein Dummkopf, eine Karrikatur.«

Ganz so verhält es sich mit den Lustspielfiguren der »Frau Aspasia.« Da ist, in erster Reihe, ein alter Goethe-Professor, Herr *Oberländer*. Nun, *solche* Professoren, so wunderbarer Weisheitslichter ich mich aus meiner Jugendzeit entsinnen kann, hat es nie gegeben; am wenigsten aber giebt es deren *jetzt*. Genau wie mit dem Pompier. Der Wirklichkeits-Professor, und nun gar der »*Goethe*-Professor« (wie wir zufällig ein Muster-Exemplar von Vornehmheit in unsrer Hauptstadt besitzen) ist entweder eine Celebrität oder hält sich wenigstens dafür, und läßt demgemäß auch in der höchsten Gesellschaftssphäre, sobald er in derselben auftritt ein kolossales Selbstbewußtsein nicht vermissen. Ich kenne nur Professoren, die, mit größrer oder geringerer Berechtigung, auf den ganzen Rest der Menschheit wie König Polykrates herniederblicken. »Dies alles ist mir unterthänig.« Sie sind sämmtlich Großwürdenträger und gleichen, einige wenigstens, den Karyatiden, die den ganzen Bau tragen. Der Nebentitel »Geheimerath« wird von ihnen abgelehnt; die Wissenschaft steht höher. Und nun vergleiche man diese Wirklichkeitsprofessoren, deren man einige vielleicht eben noch *in pontificalibus* gesehn hat, mit dem furchtbaren Jämmerling und Confusionarius, der in diesem neuesten Lustspiel unter dem Namen eines Professors Eulogius Ehrenfels sein Wesen oder Unwesen treibt! Es ist danach leicht zu bemessen, was für eine andre Figur des Stückes, für den *Antiquar* Strobel übrig bleibt.

Indessen Strobel ist eine Nebenrolle, was sich von Frau Rödiger (Frau Frieb), der Mutter Helenens, nicht sagen läßt. Diese
Figur ist für den Dichter charakteristisch. Es lag ihm augen-
scheinlich daran, in ihr eine Mischung von Klugheit, Tüchtigkeit und Herzensgüte mit einer von Humor getragenen Derb-
heit zur Erscheinung zu bringen. Intention also vortrefflich.
Auch ist manches gut, einiges sehr gut herausgekommen; etwas
specifisch Märkisches aber und noch dazu Märkisches von
»jenseit der Oder« schlägt ihm beständig in den Nacken. Er hat
ganz genau studirt, wie der Kuchen gebacken wird und kann
jeden Examinator darauf hin in Verlegenheit bringen, gewiß;
aber ob nun in seiner Speisekammer das Fliegenfenster fehlt
oder ob es ihm, all seiner Klugheit und Gewandtheit unerachtet, im Letzten doch an dem rechten *chic* des eigentlichen *chef
de cuisine* gebricht, gleichviel, man wird dieser an und für sich
gut intendirten Frau Rödiger nicht recht froh. Es ist zu viel
»Gensichensches« in ihr, was sich am deutlichsten an der Stelle
zeigt, wo sie sich ihrer 13 Kinder berühmt. Hätte Lindau diese
Scene geschrieben, so hätt' ich ihm 18 bewilligt, Gensichen
durfte aber nicht über 7 gehn. An solchen Stellen erweisen sich
die Differenzen.

Ueber das Spiel ist wenig zu sagen; es bot nichts Bemerkens-
werthes, weder nach der Lobe- noch Tadel-Seite hin. Einige
grognards schlugen sich wie gute Soldaten, die wohl wissen, was
sie der Fahne schuldig sind, aber ihren Unmuth über falsche
Führung und Hinopferung guter Kräfte nicht unterdrücken
können. Ich kann es ihnen nicht verdenken. Mensch bleibt
Mensch.

Herr *Vollmer*, so gut er war, war nicht ganz auf seiner Höhe.
Sein Freund Lothar (Herr *Müller*), der ihm im Stück immer
»um einen Pas« voraus ist, war es diesmal auch im Spiel. Nur
zwei Scenen, die mit dem Photographien-Album und mehr
noch die mit der Abfassung der Heiraths-Annonce, gelangen
vollkommen.

Fräulein *Meyer* wird immer mehr Frau Erhartt. »So bin ich
und – so macht man's.« Wenn jemals Jemandem die Versuchung

nahe gelegt wurde, in diesen Selbstzufriedenheits-Fehler zu verfallen, so ist es Fräulein Meyer. Aber ein Fehler bleibt es doch. Ein Fehler und – eine Gefahr. Th. F.

Hugo Bürger
Aus der Großstadt

Aufführung vom 19. 4. 1883; Kritik vom 21. 4. 1883

Donnerstag, den 19. April, zum ersten Male: *Aus der Großstadt*, Schauspiel in 4 Akten von Hugo Lubliner (Bürger), in Scene gesetzt vom Direktor Deetz.

Also »*Aus der Großstadt!*« Und die Großstadt war erschienen, um zu sehn, wie's in ihr hergehe.

Der 3. Akt bringt folgende Hauptscene. Frau v. Orosti, die schöne Wittwe des Stücks, hat eben ein Diner gegeben, von dem wir beiläufig erfahren, daß es superbe gewesen sei; die Gäste, darunter der reiche Corbach, Graf Arenburg, Polizeipräsident v. Rodmann, mehrere Schriftsteller von Gottesgnaden: Georg Brüning und Albert Lichtenegg, der Dichterling Edmund Merck etc. etc. zerstreuen sich in Garten und Gartensalon, in welchem letzterem Graf Arenburg (Herr Liedtcke) zurückbleibt. Irgend einer Betrachtung hingegeben, sieht er vom Eßsalon oder vielleicht auch von der Parktreppe her den Polizeipräsidenten von Rodmann sich nähern und sich entsinnend, daß der Herr Polizeipräsident ein Raucher sei, muthmaßlich also seiner Nachmittagscigarre halber komme, schießt ihm sofort auch ein Plan durch den Kopf, in Folge dessen er das auf dem Tische stehende Feuerzeug versteckt. Der Calcül war auch richtig, der Herr Polizeipräsident nimmt eine Cigarre, will anzünden, sucht aber vergeblich nach dem Feuerzeug. Graf Arenburg weiß all die Zeit über den Unbefangenen zu spielen, ist ihm beim Suchen behilflich und will endlich sogar nach dem Diener klingeln, bis er sich plötzlich eines Beßren besinnt und dem Herrn Polizeipräsidenten andeutet, daß ein Fidibus es

154

allenfalls auch thun werde. Gesagt, gethan. Er zieht sofort ein Papier aus der Tasche, giebt ihm die bekannte gekniffte Form, und zündet es an einem der Wandlichter an. Der Polizeipräsident findet sich angenehm berührt, bittet den Grafen, das Maß seiner Güte voll zu machen, und gleich danach brennt auch wirklich die Cigarre. Der Fidibus wird nun ausgeklopft; warum auch nicht? Der Mohr hat seine Schuldigkeit gethan, der Mohr kann gehn. Aber siehe da, jetzt entsinnt sich Graf Arenburg, indem er zugleich ein leises Erschrecken heuchelt, daß er nicht eins, sondern verschiedene Papiere bei sich gehabt habe, was selbstverständlich zur Untersuchung des nur an seiner Spitze verbrannten Fidibus führt. Der Polizeipräsident, in Gemäßheit seiner Stellung immer auf dem *qui vive*, unterzieht sich selber dieser Untersuchung und liest nun: »40 Mark Honorar für Uebersetzung eines Schriftstücks empfangen zu haben bescheinigt hierdurch *Ruth von Loveland*.« Diese harmlosen Worte sind nach vorher schon angedeuteter Sachlage für den Polizeipräsidenten von Wichtigkeit, sie compromittiren Ruth von Loveland nach der moralischen oder politischen Seite hin, die Sache bleibt etwas dunkel, und überliefern sie, wenn an die große Glocke gebracht, der »Schande«. Mehrfach wird dies ausgesprochen. Der Polizeipräsident setzt nun, wie billig, das Dienstgesicht auf, und scheint eben den Zufall segnen zu wollen, der ihn hinter ein staatsgefährliches Geheimniß gebracht hat, als durch das Auftreten von Edmund Merck das versteckte Feuerzeug entdeckt und Graf Arenburg entlarvt wird. Er hat die Quittung über 40 Mark dem Herrn Polizeipräsidenten einfach in die Hand spielen und eben dadurch seiner Cousine, dem schönen Fräulein Ruth v. Loveland allerlei Verlegenheiten und vielleicht sogar Gefahren bereiten wollen. Der Herr Polizeipräsident ist nicht blos Polizeipräsident, sondern auch Cavalier, Mann von Ehre, und macht deshalb dem Grafen Vorhaltungen über das Unritterliche seines Benehmens, worauf dieser (Graf Arenburg) mit der ganzen Ruhe des guten Gewissens erklärt, »daß sein Zweck lediglich dahin gegangen sei, seine Cousine vor Schande zu bewahren«, woran sich dann als Punkt 2.

die Versicherung anschließt, »daß er eben diese Cousine leidenschaftlich liebe.« Hiermit schließt die Scene zwischen Graf Arenburg und dem Polizeipräsidenten, um einer Duellscene zwischen demselben Grafen Arenburg und dem Literaten Albert Lichtenegg (es geht ein tapferer demokratischer Zug durch das Ganze) Platz zu machen.

Ich habe die große Fidibusscene mit solcher Ausführlichkeit geschildert, weil sie charakteristisch ist für das, was Hugo Lubliner kann und *nicht* kann. Sein großes Theatertalent einerseits, aber ebenso seine von wirklicher Kunst und wirklicher dichterischer Schöpfungskraft und Phantasie weit entfernte Natur zeigen sich hier an einem Musterbeispiel. Ich will nicht von den etwas allzu starken Anklängen an Sardou's *Pattes de mouche* sprechen, will über die lange Reihe kleiner und großer Gewagtheiten und Unwahrscheinlichkeiten hingehen, will mir den »Fidibus« gefallen lassen, trotzdem jedes der zwanzig brennenden Lichter ebenso bequem und jedenfalls rascher zur Hand gewesen wäre, will alles glauben, auch *das*, daß Graf Arenburg dem Herrn Polizeipräsidenten, also einer schon durch ihren Beruf für solche Confessions am wenigsten geeigneten Persönlichkeit, seine Liebe zur schönen Cousine Ruth gesteht, – ich will all das glauben und hinnehmen, wenn ich nur nebenher einzusehen vermöchte, wozu der Apparat, wozu das ganze Martyrium von Zurücksetzungen und Kränkungen eigentlich da ist, das, durch die größere Hälfte des Stückes hin, dieser Graf Arenburg, beziehungsweise der Dichter für die arme Ruth v. Loveland in Bereitschaft hält. Ich kann nicht behaupten, ein starkes Familiengefühl zu haben und jemals den Champion meiner Cousinen oder auch nur einer aus ihrer Reihe gemacht zu haben, *das* aber darf ich behaupten, daß ich, wenn ich eine dieser Cousinen je geliebt und diese geliebte Cousine den Machinationen irgend eines schlechten Dichters und Schriftstellers verfallen gesehen hätte, daß ich zu dieser geliebten Cousine gesagt haben würde: »Höre, Ruth, thue was Du willst, liebe diesen Menschen oder lieb' ihn nicht, aber dabei bleibt es: dieser Mensch ist ein schlechter Mensch.« Und wenn mir dann nach einer solchen Einleitung in der weiter sich entspinnenden Debatte warm geworden wäre, dann hätt' ich ihr meine Liebe gestanden, jedenfalls lieber als auch dem besten und cavaliermäßigsten Polizeipräsidenten, unter allen Umständen aber hätt' ich darauf verzichtet, mir eine Quittung über 40 Mark ausstellen zu lassen. Quittungen über 40 Mark sind eigentlich immer unangenehm, schon weil es zu wenig ist; ich räum' aber ein, daß sie mitunter ausgestellt werden *müssen*, und kann mir sehr wohl Fälle denken, wo der Gang einer dramatischen Handlung eine Quittung von 40 Mark durchaus verlangt. Aber was ich meinerseits von meinem Parquetplatz aus auch verlangen kann, ist das, daß ich mich in diesen 40 Mark zurecht zu finden weiß, daß ich sie verstehe, daß ich erkenne, wozu sie da sind, und daß ich über den damit verknüpften angeblichen Scham- und Schande-Zustand aufgeklärt werde, während ich leider bis diesen Augenblick und trotz einer ruhelos verbrachten Nacht immer noch nicht weiß, ob die 40 Mark-Quittung die dramatische Mission hatte, Ruths »Schande« darzulegen oder umgekehrt sie zu contrecarriren oder vielleicht beides. Ruth übersetzt für Brüning. Was übersetzt sie denn nun aber? Casanova wird es doch schließlich nicht sein und Nana auch nicht. Also Nihilistisches, Socialdemokratisches. Da sie klug und gescheidt ist, zweitens Ruth v. Loveland heißt, und sich drittens und letztens aus dem sich nebenher auch noch in Phantasieschöpfungen erschöpfenden Brüning nie was Rechtes gemacht hat, so will mir ein solches im Dienste der Socialdemokratie stehen nicht recht glaublich erscheinen, aber selbst wenn eine solche Mitarbeiterschaft, bewußt oder unbewußt, in der That existirt hätte, wo steckt da schließlich die »Schande?« Der Socialdemokratie zu dienen ist gefährlich, aber an Ehren-Einbuße denkt kein Mensch mehr. Beinah umgekehrt. Und so sitzen wir denn da mit Brüning und Ruth, mit Graf Arenburg, 40 Mark und einem ewig unlösbar bleibenden Räthsel, und sehen uns einer Welt voll Erregungen gegenüber, Erregungen, an denen wir *theilnehmen* (und das ist der Bürger'sche Triumph), ohne sie zu verstehn oder ihnen folgen zu können.

»Erregungen, an denen wir theilnehmen, ohne sie zu verstehen oder ihnen folgen zu können« – in diesen wenigen Worten steckt Alles, was sich nach der Seite des Lobes wie Tadels hier über die Lublinersche Muse sagen läßt, oder über jene »zehnte Muse« überhaupt, die schlechte Menschen (nicht ich) Tantiémia getauft haben. Julian Schmidt erzählte einmal von Gutzkow, derselbe habe, gleichviel in welchem Stück, eine schwarzvermummte Gestalt über die Bühne schreiten lassen, einfach davon ausgehend, daß einer schwarzvermummten Gestalt, sie möge nun passen oder nicht, nie zu widerstehen sei. Dies ist ganz richtig und dieser schwarzvermummten Gestalt müßten jetzt Altäre gebaut werden. Man kann auch sagen, sie *sind* ihr bereits gebaut. Eine ganz eigenthümliche Kunstfertigkeit, ich darf sie nicht Kunst nennen, beherrscht die moderne Bühne: die Fertigkeit, *einem 'was Unterhaltliches vorzumachen.* Es ist die Uebertragung des Possen-Prinzips auf die ernsteren, ja selbst auf die ernstesten Gattungen der Kunst. Indem ich das ausspreche, will ich Niemanden (denn ich denke dabei nicht blos an Hugo Bürger) verkleinern oder herabsetzen am wenigsten aber beleidigen. Weit über alles Persönliche hinaus, ist dies eine große ästhetische Frage, die mit den Kunst-Bestrebungen unserer Zeit überhaupt im innigsten Zusammenhange steht. Man will das Alte nicht mehr, und ringt danach, etwas Neues an die Stelle zu setzen. Aber welcher Art soll dies Neue sein? *Hic haeret.* Im Letzten läuft es doch immer wieder auf Haß und Liebe, will also sagen, auf jene Reihe von Conflicten hinaus, die immer waren, immer sind und immer sein werden. Und so kann es sich denn bei den Neuerungsversuchen der Neuren um nichts andres handeln als darum, aus halbwegs neuen Menschen und Zuständen, aus *dem* also, was wir »modern« nennen, *halbwegs neue Situationen* entstehen zu lassen. Diese halbwegs neuen Situationen bedeuten dann ein neues Stück und bedeuten es zunächst und in gewissem Sinne *mit Recht.* Aber wir sind offenbar erst in einem Werde-Stadium, in welchem – weil die Wichtigkeit der »neuen Situation« an und für sich ganz richtig erkannt wurde – der ganze Schwerpunkt des Schaffens einseitig in das Finden oder Erfinden neuer Situationen gelegt wird. In diesem Finden neuer Situationen nun sind unsre modernen Dramatiker zum Theil sehr erfolgreich gewesen, und der Zauber, den sie, trotz zahlloser Ungeheuerlichkeiten, nicht blos auf das Publikum, sondern auch auf die Kritik ausüben (die viel weniger undankbar und viel weniger gehässig ist als gekränkte junge Dramatiker wahr haben wollen) dieser Zauber, sag ich, steckt allein in dem angestrebten und theilweis auch erreichten *Neuen*, das das Glück und »auf Zeit« auch sogar den *Anspruch* hat, auf seine Zulässigkeit und eigentlichste Legitimation hin nicht allzu streng angesehn zu werden. Es prickelt, es unterhält, und damit gut. Ob es paßt, ist Nebensache. Das Stück beherrscht nicht mehr die Scene, sondern die Scene beherrscht das Stück. Als *Uebergangs*-Stadium ist gegen eine solche Vergröberung und Veräußerlichung der Kunst nichts zu sagen; wer aus dem logisch Akademischen durchaus heraus will, und auch ein Recht hat heraus zu wollen, der verfällt allemal ins Extrem; so war es immer und so wird es immer sein. Aber man darf über diese Zugeständnisse nicht vergessen, daß dies alles nur *»faute de mieux«* eine Geltung hat und daß die dem entsprechende Production als nichts anders angesehen werden darf, wie als eine erste Etappe zu jenem »Drama der Zukunft« hin, das, das *Neue* pflegend und weiterbildend, zugleich das Fundament aller wahren Kunst: die *Wahrheit* (die jetzt absolut abhanden gekommen ist) zurückerobert haben wird.

Gespielt wurde vortrefflich. Welch' Unterschied zwischen einer *solchen* und einer Don Carlos-Aufführung! Es ist dann immer als ob einem ingrimmig zugerufen würde: »Muckt nicht! Ihr könnt' es schließlich aushalten. Aber wir.« Die beiden Hauptrollen: Graf Arenburg und Ruth v. Loveland, waren in Händen von Herrn *Liedtcke* und Fräulein *Meyer*. Herr Liedtcke hat seit seinem Grafen Erich in Lindau's »Gräfin Leah« keinen so guten Treffer gehabt. Ebenso glänzte Fräulein Meyer. Ihr Spiel, das in Gefahr ist, in Rollen verwandten Charakters sich einfach zu wiederholen, hatte diesmal mehrere ganz neue Momente, so beispielsweise das Erwachen aus der

Ohnmacht in der letzten Scene des zweiten Akts und das Languissante der eben Wiedergenesenen in der vorletzten Scene des vierten.

Hervorzuheben sind ferner: Herr *Johannes* in der Rolle des Polizeipräsidenten v. Rodmann (ausgezeichnete Maske), Herr *Krause* als Schlosser Gebhardt (vielfach durch Beifall ausgezeichnet und mit Recht) und endlich Herr *Vollmer* als amerikanischer Gesandtschaftssecretair. Ihnen schlossen sich an: Herr *Oberländer* als Corbach, Herr *Müller* als Arnold Gebhardt, Herr *Link* als Edmund Merck. Herr *Keßler* als Schriftsteller Brüning und Herr *Kahle* als Schriftsteller Lichtenegg. Letztre beide Rollen schwer, undankbar und unerquicklich, besonders die des Georg Brüning, der denn auch, wie zur Strafe dafür, auf beinahe unerklärliche Weise verschwindet.

Die Rollen der schönen Adele v. Orosti, der Martha Corbach und der Frau Gebhardt, fanden in den Damen Frau *Kahle-Keßler*, Fräulein *Conrad* und Frau *Frieb* vortreffliche Darstellerinnen. Das Englische, das in dem Stücke gesprochen wird, haperte hier und da, zumeist das zum Unglück *zwei*mal vorkommende Wort »*untoward event*«. Der au-Laut, als ob es von *tower* herkäme, muß selber in den Tower. Th. F.

Franz von Schönthan
Roderich Heller

Aufführung vom 26. 2. 1884; Kritik vom 28. 2. 1884

Dienstag den 26. Februar zum ersten Male: *Roderich Heller*, Lustspiel in 4 Akten von Franz von Schönthan. In Scene gesetzt vom Direktor Deetz.

Das neue Lustspiel, wie schon in einer vorläufigen Notiz bemerkt, errang einen vollständigen Erfolg, der nur in der großen Schlußscene des 3. Aktes wenn auch nicht in Frage gestellt so doch auf Momente hin abgeschwächt wurde. Die Situation ist die. Frau Norica Groller (Frau *Kahle-Keßler*), Gattin des

Strumpfwaarenfabrikanten Ulrich Groller (Herr Krause), hat vor beinah 25 Jahren als Backfisch einen Studenten Roderich Heller geliebt, ganz wie Backfische zu lieben pflegen. Inzwischen ist aus Roderich Heller ein sogenannter berühmter Lyriker und Romanschriftsteller, aus dem 14jährigen Backfisch aber eine glückliche mit einem netten Sohn und einer reizenden Tochter gesegnete Strumpfwaarenfabrikantengattin geworden, eine verständige gute Frau, die nicht nur ihre Kinder, sondern was mehr sagen will, auch ihren Strumpfwaarenfabrikanten herzlich liebt und glücklich macht und nur mit der *einen* Schwäche behaftet ist, die Dichterlaufbahn ihres ehemaligen nie wiedergesehenen Ansäuslers staunend und ehrfurchtsvoll zu verfolgen. Sie weiß sich etwas mit diesem poetischen Gegenstand ihrer ersten Neigung und liest nicht nur alles was er schreibt, sondern citirt auch aus ihm und erhebt die darin ausgesprochenen Ansichten und Geschmacksrichtungen zu Lebensregeln. So kommt es, daß der in absoluter Verborgenheit zu Zoppot bei Danzig lebende Dichter von diesem seinen Dichterheim aus in gewissem Sinne das Berliner Strumpfwaarenfabrikantenhaus regiert oder, wie Herr Groller sich grollend ausdrückt, »nicht nur die Kinder miterzieht, sondern auch den Salon miteinrichtet und in der Küche mitkocht.« Figaro hier, Figaro da; Roderich Heller ist überall, in jeder Ecke, jedem Winkel, und auf der ganzen Gotteswelt giebt es in Folge davon natürlich nichts, das dem moralisch und geistig aus seinem Hause vertriebenen Groller so wiederwärtig wäre, wie dieser Roderich Heller, der, ohne je sein Haus betreten zu haben, es dennoch wie Luft und Licht von allen Seiten her durchdringt.

Dies ist die Situation, die wir in der Einleitungsscene vorfinden. Das Stück bringt natürlich die Heilung. Sehen wir in Kürze wie.

Die Wahlen stehen vor der Thür und die Liberalen des Berliner Wahlkreises, dem Groller angehört, beschließen, ich weiß nicht auf welche Veranlassung hin, Herrn Roderich Heller zu Zoppot bei Danzig, der beiläufig nicht nur Lyriker und Romanschriftsteller, sondern auch Rechtsanwalt ist, als ihren Parteicandidaten aufzustellen. Von dem Augenblick an, wo dies bekannt wird, wird das Groller'sche Haus, wie sich denken läßt, zum Tummelplatz politischer Gegensätze: Frau Groller, von dem Verlangen erfaßt, ihren Dichter auch noch als Politiker anstaunen zu dürfen, wird natürlich Hellerianerin *from top to toe*, während ihr Gatte keinen Augenblick säumt, sich mit einer gleichen Entschiedenheit an die Spitze der Anti-Hellerianer zu stellen. Am Schlusse des zweiten Aktes steht Roderich Heller in Person in Sicht; der Telegraph zwischen Berlin und Danzig hat hin und her gespielt und jeden Augenblick kann er kommen.

Und im dritten Akt kommt er wirklich und erscheint mit Hutschachtel und kleinem Koffer im Redaktionsbureau der liberalen »Tageschronik.«

Der Zufall will es, daß bei diesem Erscheinen auf dem Redaktionsbureau die Groller'schen Eheleute nicht nur mit zugegen sind, sondern auch in das alsbald sich entspinnende Gespräch zwischen dem Wahlcandidaten (Roderich Heller) und dem Chefredakteur mit hineingezogen werden, ein Gespräch, das alles Politische vermeidend, rasch in anzügliche Derbheiten und Bruskerien übergeht und den mit einem umgegurgelten Shawltuch und einer beträchtlichen kahlen Platte dastehenden Roderich Heller zu Bemerkungen Veranlassung giebt, die viel viel mehr vom Rechtsanwalt als vom Lyriker und viel viel mehr vom Westpreußen als vom Rechtsanwalt an sich tragen. Er vermuthet in der vor ihm stehenden und natürlich von ihm nicht wiedererkannten Norica den ersten besten Blaustrumpf, wettert über alle Blaustrümpfe »die zu tief ins Tintenfaß gekuckt haben«, verhöhnt Lyrik und Lyriker, erzählt von seinen eigenen Romanen, daß sie keinen anderen Zweck verfolgten »als Brot ins Haus zu schaffen« und stellt *en passant* und wie von ungefähr auch noch seine sieben Kinder vor »drei von der ersten und vier von der zweiten Frau«. Alles was er sagt, ist nicht übel und im Grunde gerechtfertigt, aber von zwei Dingen tief gesättigt: von Grobheit und prosaischer Lebensanschauung, und als er endlich nach gehaltener Unmuthsphilippika vom Schauplatz abtritt, erfährt Norica: »*das* war er«. Wer? »Nun, Roderich Heller«. Der alte Groller triumphirt, seine Gattin aber ist einer Ohnmacht nah und jedenfalls aus allen Himmeln gerissen.

So steht das Spiel in der Mitte des 3. Akts. Die weiße Gardine fällt, alles läßt sich vorzüglich an und ein Straucheln auf dem noch verbleibenden Wegrest erscheint fast unmöglich. Und doch geschieht es. Es liegt dies aber nicht an dem von der Dichtung beschrittenen *Wege*, der vielmehr klargeebnet und absolut unstolprig vor uns liegt, es liegt lediglich an dem Dichter selbst, der, einen Augenblick nicht recht aufpassend, in Folge dieser Unaufmerksamkeit mit dem Fuß umknickt.

In der nächsten Scene (zweite Hälfte des 3. Akts) sehen wir, wie sich Roderich Heller vom Redactionsbureau der »Tages-Chronik« her in das Groller'sche Haus einführt. Er hat nämlich nachträglich selber gefühlt, in seiner Standrede »frei von der Leber weg« ein paar Schritte zu weit gegangen zu sein und erscheint nun, um sich bei Frau Norica, seiner ehemaligen Liebe, so gut es geht, zu rehabilitiren, übrigens auch noch brüsk genug, was jedoch richtig und dem Charakter gut angepaßt ist. Was geschieht nun aber? In Groller siegt der Strumpfwirker über den Gentleman und er fängt an seine Frau zu schrauben und Rache für all den »Teeps« zu nehmen, den sie mit ihrer Dichter-Anschwärmung durch viele Jahre hin ihm gemacht hat. Das wäre nun, Gentleman hin Gentleman her, am Ende sein gutes Recht; sie hat *ihn* gequält, nun quält er *sie*, nicht um Quälens, sondern um Lektions und Besserungswillen. Aber der alte Strumpfwirker läßt es bei diesen Quälereien seiner Frau nicht bewenden, sondern zapft auch noch den absolut unschuldigen Roderich Heller an und opfert ihn seiner sarkastischen Laune. Dasselbe Feuer, das er behufs langsamen Bratens für seine Frau schürt, schürt er auch für den unglücklichen Zoppoter und straft ihn mit ab, anstatt ihm in seinem Herzen dankbar zu sein. Denn wer hat ihn, den alten Groller, denn eigentlich gerettet? Doch nur Roderich, der ehemalige Lyriker, dessen mehr als rechtsanwaltliche Hand den mit seinem Götterbilde geschmückten Altar im Herzen Noricas niedergerissen hat. All dies vergißt aber der sich unendlich wohl fühlende Groller in seinem Cannibalismus und begeht dadurch erstens eine Dummheit die wir seinem durch *bon sens* ausgezeichneten Urtheil und zweitens eine Grausamkeit, die wir seinem guten Herzen nicht zutrauen. – Die ganze Sache fällt ästhetisch schwerer ins Gewicht, als es nach dieser scherzhaften Darstellung dem einen oder anderen Leser erscheinen könnte. Wären uns alle drei Personen gleichgiltig, handelte sichs lediglich um possenhafte, von den Charakteren ganz losgelöste Wirkungen, so würd' ich mit Ausstellungen wie diese gar nicht hervortreten. Alle drei Figuren sind aber ganz vorzüglich gezeichnet und weil sie's sind, will man sich die Lust und das Wohlgefallen an ihnen nicht gerne verdorben sehn. Dies geschieht aber und beschränkt sich nicht blos auf den uns plötzlich in seinem Thun halb unverständlich werdenden alten Groller, sondern zieht auch die beiden andern Figuren insoweit mit in unser Mißbehagen hinein, als sich beide viel viel mehr an Hohn und Spott, an Schraubereien und Invektiven gefallen lassen, als sie sich Ehren halber gefallen lassen dürften. Man könnte hier beinah sagen, Roderich Heller werde wieder ganz Lyriker.

Und nun das Spiel! Es ist bekannt, wie gut derlei Dinge seit langer Zeit an unsrer Hofbühne dargestellt werden, aber unter diesen guten Darstellungen war die vom Dienstag Abend eine der besten. Wollt' ich einzelne Namen nennen, so würd' ich dadurch andern zu nahe treten. Frau *Kahle-Keßler* (Norica) debütirte mit großer Auszeichnung im älteren Fach, und schädigte, wenn überhaupt, ihre Rolle nur sehr wenig dadurch, daß sie die Strumpfwaarenfabrikantin statt auf die »Bourgeoise« mehr auf die ehemalige adlige Gouvernante hin spielte. Th. F.

Friedrich Wilhelm Hackländer
Magnetische Kuren

Aufführung vom 30. 3. 1885; Kritik vom 1. 4. 1885

Montag den 30. März, neu einstudirt: *Magnetische Kuren*, Lustspiel in 4 Akten von F. W. Hackländer. In Scene gesetzt vom
Regisseur Krause.

Unseren »Neueren« kann kein größerer Dienst geschehen,
als ein solches gelegentliches Zurückgreifen auf die »Aelteren«
aus den 40er und 50er Jahren. Man empfindet dann dankbar
die Riesenfortschritte, die die Kunst oder doch mindestens das
Kunsthandwerk des Stückeschreibens gemacht hat. Auch in unseren modernen Lustspielen stimmt nicht Alles, und wir müssen uns Verzerrungen und Willkürlichkeiten in Hülle und Fülle
gefallen lassen; im Ganzen aber sind es doch Menschen, deren
Bekanntschaft wir machen, Menschen in menschenmöglichen
Situationen, und vor allem Menschen, die sich nicht eigens vornehmen, um vieles dummer, trivialer und alberner zu sprechen,
als im wirklichen Leben gesprochen wird. Alles was Lubliner
und Lindau, was Gensichen und namentlich Blumenthal seit
einem Jahrzehnt auf dem Gebiete des Lustspiels geleistet haben,
wandelt neben diesen »Magnetischen Kuren« auf geradezu
schwindelnden Höhen, und Stücke wie: Frau ohne Geist, Ver-
schämte Arbeit, Gräfin Lea, Märchentante, Probepfeil und
Große Glocke, quietschen, an dieser Hackländerei gemessen,
nicht blos von Esprit und Witz, sondern repräsentiren auch in
ihrem »Griff ins volle Menschenleben hinein« einen vergleichsweise klassisch zu nennenden Realismus. Denn in diesen »Magnetischen Kuren« ist alles Unsinn von Anfang bis Ende, und
die kläglich hineingezwungene Tendenz: Ridikulisirung des
Magnetismus, bedeutet nichts wie eine Mischung von Un-
kenntniß, blöder Lebensauffassung und Effronterie. Das ganze
Stück hat eine einzige hübsche Scene, die erste des 3. Akts, wo
der liebenswürdige, naturburschenhafte Eugen von Felsen, der
gar nicht daran denkt, ein Galan und Don Juan zu sein, plötz-

lich von sämmtlichen, im Salon der Gräfin Schönmark anwesenden Personen auf ein »unpassendes Verhältniß« hin angesehn und mit schneidender Kühle behandelt wird. Diese Scene jedoch, so hübsch sie ist, wirkt sehr nach Art einer alten, irgend woher genommenen Anekdote, der das Zündende des im Moment Geborenen fehlt, unter allen Umständen aber hat sie den Charakter eines Hors d'oeuvre und steht in gar keiner Beziehung zu dem eigentlichen Inhalt des Stücks. Dieser Inhalt ist der, daß sich der Advokat Ferdinand von Rahden, Sohn eines Präsidenten, auf dem Gute des Grafen Schönmarck, angehenden Ministers des Auswärtigen, als Magnetiseur einführt, lediglich in der Absicht, die schöne Comtesse Anna, deren Bekanntschaft er auf einem Residenz-Maskenballe gemacht hat, für seine Hand zu gewinnen. Das liest sich, so obenhin angesehen, ganz leidlich. Wer sich aber die Mühe nimmt, sich in die Situation hineinzudenken, der steht vor einer ganzen Welt von Nonsens. Eine junge schöne Comtesse, die Tochter eines reichen und unendlich vornehmen Grafen, der zum Ueberfluß auch noch Minister des Auswärtigen werden will, ist doch am Ende kein Pappenstiel und einigermaßen unerreichbar für einen »Advokaten«, auch wenn er ein »von« vor seinem Namen hat und wir im Uebrigen noch geneigt sind, ihm seinen »Präsidentensohn« so hoch wie möglich in Rechnung zu stellen. Drängt sich besagter Advokat aber als »Magnetiseur« (der er nicht ist) in den hochgräflichen Zirkel ein, so hat er, nach meinem Gefühl, nur die Chance, die feste Hand des Leibjägers an seinem Kragen, aber nicht *die*, die süße kleine Hand der Gräfin in der seinigen zu fühlen. Ueber solche Lappalien indeß setzt sich dies Lustspiel, nach Art der Lustspiele der 40er und 50er Jahre, genial hinfort. Lappalien! Nun ja, es sind Lappalien und der immer mehr oder weniger trivialen Correktheit darf man unter Umständen ein Schnippchen schlagen und an Stelle derselben den Unsinn auf dritthalb Stunden hin in Permanenz erklären. Aber dann muß er danach sein. Wenn man lacht, hört die Kritik auf. Es muß aber gesagt werden, man lachte *nicht* und die beiden ersten Akte vergingen, als wohne man irgend einem Begräbniß, sagen wir dem der »Magnetischen Kuren« bei. Die Situation, die das Stück eröffnet und zugleich das Fundament desselben bildet, ist eine nur in der Lustspiel- aber nicht in der *wirklichen* Welt denkbare, welche tiefe Unwirklichkeit das Stück in all seinen Theilen, mit der vorerwähnten einen Ausnahme, durchzieht. Nehmen wir beispielsweise die Scene zwischen Ferdinand von Rahden und dem etwa 55jährigen Kammerdiener des Grafen. Dieser Kammerdiener ist etwas steif, kühl und überheblich, weshalb von Rahden beschließt, ihm, dem Alten, seine Kammerdienerschaft und Inferiorität fühlbar zu machen. Er spricht leichthin mit ihm, während er sich die hellbraunen Handschuh anzieht, und läßt bei der Gelegenheit den einen Handschuh fallen, damit der Kammerdiener sich bücke, ihn aufzuheben. Was denn auch zögernd geschieht. Die ganze Scene berührt nach Art einer Mischung von Unwahrheit, Forcirtheit und Rüpelhaftigkeit, speciell von Unwahrheit aber um so mehr, als sich der Advokat und Präsidentensohn nicht als Ferdinand von Rhaden, sondern als einfacher *Dr.* Stein in das gräfliche Haus eingeführt hat. Ueberschlag' ich nun meine persönlichen Erfahrungen auf diesem delikaten Gebiet, so möcht' ich behaupten dürfen, ein junger Adliger von 25 Jahren, wenn er wirklich ein Kavalier und Gentleman ist, läßt seinen Handschuh nicht fallen, damit ein 55jähriger gräflicher Kammerdiener ihn aufhebe, *wenn* er ihn aber fallen läßt, so hebt ihn der schon gereizte gräfliche Kammerdiener *nicht* auf, und wenn sich der Kavalier bei dem Grafen darüber beschwert, so tritt der Graf auf die Seite seines Kammerdieners und freut sich noch. Und nun gar ein *Dr.* Stein! So hat man denn von der ganzen Scene, die sich vorsetzt halb komisch und halb wie göttliche Gerechtigkeit wirken zu wollen, nur einen sehr unangenehmen Eindruck. Sie berührt wie Wichtigthuerei Derer, die keine sonderlich gute Kinderstube gehabt haben und plötzlich in eine vornehmere Sphäre gestellt, die Manieren dieser Obersphäre der Gesellschaft kopiren wollen. Wobei immer nur Scheiterungen zu verzeichnen sind.

Es ist kein gutes Stück, weit hinter dem »Geheimen Agenten«

(wo Hackländer sich selbst übertraf) zurückbleibend, und seine Wiedervorführung hatte wohl nur darin ihren Grund, daß es reich an Spielrollen, an mehr oder weniger dankbaren Partien ist. Und alle Rollen fanden denn auch eine treffliche, zum mindesten aber eine ausreichende Vertretung. Frau *Kahle-Keßler* gab die nichtnervöse nervöse Gräfin vortrefflich, Fräulein *Mariot* die Baronin Steinbach, Herr *Krause* den Kammerdiener, Herr *Müller* den Eugen von Felsen. Alles war zu loben. Nicht ganz einverstanden konnt' ich mich mit Herrn *Keßlers* Ferdinand von Rahden erklären. Es ist das nicht die Rollen-Gruppe, für die sein Talent paßt; er versteht zu charakterisiren und einigermaßen prononcirte, ja fragwürdige Gestalten glücken ihm oft überraschend gut. Aber Gestalten, die Humor, Witz und Grazie fordern, liegen außerhalb seiner eigentlichsten Sphäre. Natürlich wird er nichts verderben, dazu bringt er zu viel mit, aber er verhilft einem zu keiner rechten Freudigkeit an derartigen Gebilden. Ich weiß nicht ob Herr *Liedtcke* früher diesen Ferdinand v. Rahden gespielt hat, muthmaßlich; jedenfalls würd' er seinerzeit der geborne Repräsentant dieser Rolle gewesen sein.

Ausgezeichnet war Herr *Berndal* als Graf Schönmark, ja, er gab den feinen, gütigen und an der Grenze der Imbecillität stehenden Aristokraten mit nahezu absoluter Meisterschaft.

Vor allem ist es *diese* Figur, dieser Graf und Minister, aus dem die nun zurückliegende Hackländer'sche Literatur-Epoche mit besonderer Deutlichkeit zu uns spricht, eine Epoche, wo der herrschende stupide Halb-Liberalismus als Paragraph I. in seinen Codex eingetragen hatte: »jeder Minister ist aus Borneo«, was in den 40er Jahren eine beliebte und beinah auch eine geglaubte Witzwendung war. Nach diesem Paragraphen ist denn auch von Seiten Hackländers dieser Graf Schönmark geschaffen, von dem wir im ersten Akt erfahren, daß er »Minister des Auswärtigen« werden *will* und in Betreff dessen wir das Haus mit dem Hochgefühl verlassen dürfen, daß er's in der letzten Scene geworden ist. Gesegnet das deutsche Land – es ist sogar von »Seiner Majestät« die Rede – dessen Weltbeziehungen damals durch *diesen* Illustrissimus geleitet worden sind. Alles noch abgrundtief *unter* Bundestag! Draußen auf Platz und Straßen aber sah es schon aus nach Vorbereitung für den »Ersten April« und man konnte Gott inbrünstig danken, an Stelle solcher *Hackländer'schen* Minister des Auswärtigen jetzt *andere* zu haben. Th. F.

Felix Philippi
Daniela

Aufführung vom 22. 10. 1886; Nachtkritik vom 23. 10. 1886

Gestern (Freitag) Abend ging F. Philippi's 4aktiges Schauspiel »*Daniela*« als erste Saison-Novität in Szene, nach jedem Aktschluß von lebhaftem Beifall und Hervorruf des Dichters begleitet. Ob die Kritik die Meinung des Premièren-Publikums theilen wird, erscheint mir zweifelhaft, trotzdem dem Stücke manche Vorzüge nicht abzusprechen sind. Es ist geschickt gebaut, verliert sich nicht in Episoden und erweist sich reich an Bühneneffekten. Aber freilich ertragen diese keine Prüfung. Es sind Paukenschläge, Tubastöße, Pickelflötenschreie, die der Wirkung auf unsere Nerven unter allen Umständen sicher sind, auch da noch, wo sie nicht hingehören, wenn diese Wirkungen aber tiefer gehen und unserer Seele zu gute kommen sollen, so müssen die großen Tonmittel richtig gewählt sein, müssen passen. Daß dies in »*Daniela*« der Fall sei, läßt sich nicht sagen. Das Stück krankt an dem, woran von zehn modernen Stücken immer neun kranken: es ergeht sich in falschen Gefühlen und beschwört von Pathos und Leidenschaft begleitete Konflikte herauf, über die der gesunde Menschenverstand einfach die Achseln zuckt. Nun bleibt es freilich wahr, daß der *bon sens* auch nicht alles bedeutet und daß die Geschichte des gesunden Menschenverstandes, wie man oft gesagt hat, zugleich die Geschichte seiner Niederlagen ist, es empfiehlt sich aber doch, nicht ohne dringendste Veranlassung mit ihm zu brechen und an einfachen Lösungen vorüberzugehen, blos um aus Ueberspanntheiten ein Drama zu gestalten. Das geschah hier. Es fehlt nicht an Talent, wohl aber an Schlichtheit und Wahrheit und damit an Leben und Lebensberechtigung. Ohne Noth geht die Heldin des Stückes durch ein Martyrium, neben dem die Löwengrube verschwindet, so daß man füglich fragen darf, was ist Daniel neben Daniela. – Wir kommen in unserer nächsten Nummer des Weiteren auf Stück und Spiel zurück. Th. F.

Kritik vom 24. 10. 1886

Freitag den 22. Oktober zum ersten Male: *Daniela*, Schauspiel in 4 Akten von Felix Philippi. In Szene gesetzt von Direktor Deetz.

»Das Stück«, so schrieb ich in einer vorläufigen Notiz, »krankt an dem, woran von zehn modernen Stücken immer neun kranken: es ergeht sich in falschen Gefühlen«. Es wird mir obliegen, dies nachzuweisen oder wenigstens den Versuch dazu zu machen, denn mit dem Beweise durchzudringen, ist schwer, weil das Publikum an der Zeitkrankheit theilnimmt und im Kultus falscher Gefühle die dramatischen Dichter womöglich noch überbietet.

Eberhard von Leucken ist in zweiter Ehe mit der schönen Daniela vermählt; sie liebt ihn leidenschaftlich, er aber kann Helenen, seine erste Frau, nicht vergessen, zu deren über dem Kamin hängenden, lebensgroßen Bildniß in weiß, das übrigens weder von Herkomer noch Gussow herrührt, er oft andächtig aufblickt. Helene war ein Engel; aber sie litt (ihrem Gatten unbekannt) an dem uralten Engelfehler: sie fiel. Und zwar ungewöhnlich stark. Durch die ganze glückselige Zeit ihrer Ehe hin unterhielt sie mit *Dr.* Arndt, ihrem früheren Geliebten, ein Liebesverhältniß und häufte, wie dieser Geliebte selbst im Laufe des Stückes bekennt, »Schuld auf Schuld«. So Helene. Sie muß ein Ausbund von Verschlagenheit, wie v. Leucken seinerseits ein noch glänzenderer Repräsentant von Blindheit und allgemeiner Sinnesverschlossenheit gewesen sein. Denn ein bischen sickert doch immer durch und drei Jahre sind eine lange Zeit.

Auch sagt das Sprichwort »Wände haben Ohren.« Aber das Alles sind Nebensächlichkeiten, und wir wollen den Helenen-Kultus von Leucken's auf Treu und Glauben hinnehmen. Weibliche Verstellungskunst feiert ja tagtäglich ihre Triumphe, und wir stehen bis hierher noch vor nichts, was wir als unmöglich zu bezeichnen hätten. Aber schon ist der Augenblick da, der uns, um das Geringste zu sagen, in das Reich extremster Unwahrscheinlichkeiten einführt. Daniela bringt von ungefähr in Erfahrung, wie's vorher mit Helene gestanden hat, und faßt sofort den Entschluß, dies als ein unverbrüchliches Geheimniß in ihrem Herzen zu bewahren. Eberhard soll nie davon erfahren, das Ideal seiner ersten Liebe soll ihm nicht gestört werden. Ich halte schon dies für falsch. Das Aeußerste, was in solcher Situation eine Frau, noch dazu eine vernachlässigte, zu leisten vermag ist das, daß sie den ihr zufällig zu Händen gekommenen Siegespfeil im Köcher zurücksteckt und darauf verzichtet, ihn auf der Stelle fliegen zu lassen. Mehr vermag auch die Beste nicht, und gefällt sie sich in einem darüber hinausgehenden Edelmuth, gelobt sie sich, ihren Gatten, im Kultus einer todten Rivalin (und eine todte ist fast noch schlimmer als eine lebende) nie stören zu wollen, so haben wir bereits eine Gefühlskünstelei, für die das Interesse mehr oder weniger hinschwindet. Denn nur das Menschliche fesselt und rührt uns. Aber sehen wir weiter. Diesem Entschluß Daniela's, Eberhard in seinem »Ideal« nicht stören zu wollen, ist zunächst nur Plan, Wille, Vorhaben und alles wird schließlich davon abhängen, ob Daniela dies Vorhaben durchzuführen und *wie* sie's durchzuführen versteht. Es ist der 2. Akt, der sich dieser Aufgabe unterzieht. Zur Feststellung des Schuld-Thatbestandes, beziehungsweise zur Auslieferung von Briefen, die seinerzeit zwischen *Dr.* Arndt und Helene gewechselt wurden, erscheint jetzt der Erstgenannte (*Dr.* Arndt) zu zweien Malen auf dem v. Leucken'schen Gut und hat, bei verschlossenen Thüren und zu vorgerückter Stunde, Zusammenkünfte mit Daniela. Hier wird der Schweige-Bund, unter abermaligem Hinweis auf das »Ideal« das nicht gestört werden dürfe, schwurmäßig erneuert und der Seelenfrieden des Ehegatten scheint auf alle Zeit hinaus gesichert, als sein (v. Leucken's) Erscheinen an der verschlossenen Balkonthür, das eben errichtete Kartenhaus zu Falle bringt. *Dr.* Arndt hat freilich noch Zeit zur Flucht gefunden, nichts desto weniger liegt Daniela's Schuld klar zu Tage; v. Leucken zerrt sie bis vor das Bild Helenens und unausgesetzt auf die Keusche deutend, auf den Engel, den er liebte, auf die Reine, die sein Glück und sein Himmel auf Erden war, ergeht er sich in Anklagen gegen Daniela und fügt ihnen als Bitterstes das Wort hinzu, »daß er sie nie geliebt habe«. Nunmehr wendet sich das Blatt und die eben noch Verklagte verklagt jetzt ihren Kläger. Und dies ist nicht nur wirksam, sondern auch psychologisch richtig. Aber es ist eine halbe und jedenfalls eine verspätete Richtigkeit. Das Wort, das diesem künstlich heraufbeschworenen Wirrsal ein Ende machen mußte, mußte längst vorher gesprochen sein, mußte sofort laut werden, als v. Leucken seinen Anbetungshymnus an das Bild der falschen Heiligen richtete. Das wäre das Natürliche gewesen. Wenn es schon eine Riesenaufgabe für eine junge schöne Frau ist, einer Verstorbenen zu Liebe, sich konstant mit einer Stellung in zweiter Reihe zu begnügen, so verhundertfacht sich die Größe dieser Aufgabe, wenn die, die die Zurücksetzung zu tragen hat, zugleich weiß, daß die zur Heiligen erhobene Nebenbuhlerin eine Betrügerin war. »Unwürdiges erträgt kein edles Herz« und zu dem Unwürdigsten, das einem Herzen zugemuthet werden kann, gehört das geduldige Zurückstehensollen gegen diejenigen, deren schlechter Wandel und niedrige Gesinnung uns klar vor Augen liegt. Mögen wir uns Schweigen gelobt haben, aus Klugheit, aus Rücksicht, aus Liebe, die Kraft solches Gelöbnisses hat ihre Grenzen und in dem Augenblicke, wo Zorn und Empörung über angethanes Unrecht, über falsche Kleinmachung unsrer selbst und über noch falschere Erhöhung Anderer übermächtig in uns wird, in demselben Augenblicke zerreißen wir das Kettenschloß unserer Gelöbnisse und wenn wir's durch zehn voraufgegangene Quackel-Eide gefestigt hätten. Selbst der gute Eid hat seine Grenzen und nun gar solche Eide!

Nur Danielas Eid ist unzerreißbar, sie liebt und schweigt. Stark und richtig fühlende Frauen hätten in solchem Momente vor Helenens Bildniß einfach ausgespien oder v. Leuckens Liebes- und Verherrlichungs-Apostrophe mit einem Faustschlag in die Leinwand beantwortet. Die menschliche Natur verträgt nach dieser Seite hin nicht sehr viel und nun gar erst die weibliche. Elisabeth und Maria Stuart sind richtiger gezeichnet, Chriemhild und Brunhildens zu geschweigen. Ich glaube nicht, daß solche Danielas vorkommen; giebt es ihrer aber, so gehören sie nicht auf die Bühne, denn es sind Krankheitserscheinungen, mit denen sich der Psychiater aber nicht der Dramatiker zu beschäftigen hat. Zu viel Tugend, Edelmuth und Opferlust, verdrießt uns und zwar noch mehr als zu viel Laster und Sünde. Denn zu viel Laster und Sünde läßt sich kaum heranschleppen, auch das genialst Erfundene bleibt in der Regel noch hinter der Wirklichkeit zurück, während wir bei Vorführung unentwegter Tugendherrlichkeit leicht das Maß und damit die Natur überschreiten.

Es würde zu weit führen, wenn ich das Stück durch alle vier Akte hin begleiten und überall, am meisten aber in den effektreichsten Szenen, das Nichtstichhaltige dieser Effekte nachweisen wollte. Nur des 3. Aktes sei noch erwähnt. Dieser steht an Werth obenan und die große Szene zwischen v. Leucken und *Dr.* Arndt kann in ihrer ersten Hälfte für etwas absolut gelungenes gelten. v. Leuckens Erzählung seiner delikaten Angelegenheit, vor allem *Dr.* Arndts Antwort darauf, in der er sich schließlich – er, bei dem der Andre Raths erholen wollte – als der Schuldige zu erkennen giebt, all dies ist schön und fein gedacht und nicht blos von äußerlicher, sondern auch innerlicher Wirkung. Von innerlicher Wirkung, weil es wahr ist. Aber von dem Augenblick an, wo v. Leucken zur Erwiderung das Wort nimmt und den reumüthig seine Schuld Bekennenden als einen beliebigen Schufterle, zum Mindesten als einen Ehrlosen proklamirt, von diesem Augenblick an ist es mit der großen Wirkung vorbei und an Stelle gesunder Gefühle treten wieder falsche, die das, was nun gesagt wird, zu bloßen Tiraden stempeln. Nach meinem Gefühl mußte v. Leucken etwa sagen: »Ich sehe, die Sache liegt schlimm und wir sprechen uns wohl später noch. Im Uebrigen bin ich Ihnen das Zeugniß schuldig, daß Sie sichtlich gewillt erscheinen, so viel wieder gut zu machen, wie noch gut zu machen ist. Sie wollten mir mein zweites Glück erhalten, nachdem Sie mir das erste geraubt haben.« Ich kann mir nicht denken, daß Gentlemen in solcher intrikaten Situation anders sprechen. Statt dessen stürmt von Leucken auf den Reumüthigen ein und wirft ihm den Bruch des Daniela geleisteten Schweigeschwures vor. Das aber ist gerade seine Großthat; auf diesen seinen gebrochenen Schwur hin kann man sich wieder mit ihm versöhnen. Aber das fühlt von Leucken nicht und deshalb fühlt er falsch. Vielleicht, daß andere dies bestreiten und auf die Seite des Dichters treten. Sei's; ein jeder hat nur die Pflicht, Zeugniß für sich selbst abzulegen.

Gespielt wurde gut. Die beiden Hauptrollen waren in den Händen von Frl. *Meyer* und Herrn *Ludwig*. Baronin von Auer und deren Tochter Hedwig fanden treffliche Darstellerinnen in Frau *Kahle* und Frl. *Conrad*. Am weitaus glänzendsten spielte Herr *Müller-Hanno*. Sein Alfred Ehingen, Schwager Eberhard's v. Leucken, war wieder ganz aus der Schule Haase-Klein und schloß sich diesen Vorbildern ebenbürtig an. Th. F.

Hugo Lubliner
Der Name

Aufführung vom 31. 10. 1889; Kritik vom 1. 11. 1889

Donnerstag den 31. Oktober zum ersten Male: *Der Name*, Schauspiel in 4 Akten von Hugo Lubliner.

Zola hat es in Bezug auf die Serie seiner Rougon-Macquart-Romane mehr als einmal hören müssen, daß diese seine Romane, wenn er auf den »Popanz der Vererbungstheorie« verzichtet hätte, mindestens ebenso gut, ja vielleicht noch besser gerathen wären, als mit der Vererbungstheorie, dieser »Puschel«, die dem ganzen Zyklus, wie dem Herrn Verfasser selber anhänge. Nur die Mühen und Anstrengungen seiner Arbeit, so hieß es weiter, seien dadurch gewachsen, ohne jeden erkennbaren Vortheil, und als letztes Resultat ergäbe sich, so weit diese berühmte Theorie mitspreche, nichts, als ein Mißverhältniß zwischen Kraftaufwand und Gewinn. Aehnliches läßt sich von diesem neuen Lublinerschen Schauspiel sagen. Der Herr Verfasser hat sich, statt der Zolaschen Vererbungstheorie, die »Theorie vom Namen« in den Kopf gesetzt, vom Namen, an dem Heil und Unheil, Fluch und Segen hänge, beiläufig, eine Theorie, die mir noch anfechtbarer erscheint, als die von der Blutmischung und Vererbung. Im Allgemeinen steht freilich fest, daß Montmorency besser klingt, als Jack der Aufschlitzer, andererseits ist die moderne Geschichte, ganz besonders aber die preußische, ein Vollbeweis dafür, daß es auf den *Mann* und nicht auf den *Namen* ankommt. Name ist Schall und Rauch und als *Nomen proprium* vielleicht am meisten. Aber dies alles mag auf sich beruhen. Auch wenn der Herr Verfasser mit seiner Theorie Recht behalten sollte, würde das an meiner Ueberzeugung nichts ändern, die dahin geht, daß sein Stück, ohne die reichlich eingestreuten Betrachtungen über »Namen«, genau dasselbe wäre wie jetzt. Wir hätten auch dann einen regierenden Herzog, der 8 Tage lang unerkannt bleiben will, hätten die hocharistokratische, zugleich hochedle Gräfin, hätten den an der Attachégrenze glücklich angelangten jungen Grafen, der jungen Damen den Hof macht, und hätten den mit Regierungsgeschäften überbürdeten Ministerialrath, der seine schöne Frau vernachlässigt; wir hätten ferner den Kunstprofessor, die gefeierte Sängerin, den verrückten Pianistinnenvater, der aus seiner kleinen Tochter eine Clara Schumann machen will, wir hätten einen fidelen, aller Vorurtheile glücklich entkleideten Journalisten, einen wie das schlechte Gewissen umherschleichenden, im Uebrigen aber urgemüthlichen Geheimpolizisten, einen beweglichen und in seiner Höflichkeit wie mit Zucker kandirten Hotelbesitzer, – wir hätten, sag ich, das alles und könnten uns zu diesen Lustspielrequisiten, *ohne* jegliche Betrachtungen über Namens-Glück und Unglück, in derselben Weise stellen wie jetzt, wo diese Betrachtungen da sind, Niemandem zur Freude und nur dem Dichter zu Leide. Zu Leide dadurch, daß er sich redlich gemüht und trotz dieser redlichen Mühe nichts erreicht hat. Jeder, der gestern der Aufführung beiwohnte, würde dem Herrn Verfasser die seinen Figuren aufgeklebten Stimmzettel (sie stimmen alle *für* oder *gegen* »Namen«) gern geschenkt haben, denn das Sprüchel, das sie hersagen, weit davon ihren Werth oder ihre Wahrheit zu heben, schädigt sie nur in dem Wenigen, was sie davon besitzen.

Figuren mit aufgeklebtem Stimmzettel! Ja, das klingt wenig freundlich und ist doch noch eine wesentliche Beschönigung. Es hat doch immer noch die Existenz von Figuren zur Voraussetzung, von Menschen, die durch den ihnen mitgegebenen unglücklichen Zettel nur etwas doktrinär angekränkelt, also verlangweilt wurden. In Wahrheit liegt es viel schlimmer. Die Menschen, deren Existenz in Vorstehendem als selbstverständlich angenommen wurde, fehlen in Wirklichkeit. In dem ganzen Schauspiel kommt kein einziger Mensch vor, was schon durch den Werdeprozeß des Stückes ausgeschlossen ist. Als Regel gilt: erst war der Erdenklos da und dann kam Gott und blies ihm den lebendigen Odem ein. Lubliner dagegen hatte erst die »Idee« und suchte nun nach dem Klos. Aber er fand ihn nicht. Er fand nur Theaterpuppen, und weil die Theaterpuppen sämmtlich Schreipuppen sind, die schon ihren ganz bestimmten Quieketon mitbringen, so mißlang es ihm, seiner Idee daneben noch zu einem lebendigen Worte zu verhelfen. Seine Idee quiekt auch nur so mit. Das Stück hat etwas Unheimliches, Unterweltliches, und den Mitspielern muß eigentlich ganz graulich dabei geworden sein; es waren Schatten, die sich da hin und her bewegten, und die lebenheuchelnde Buntheit steigerte nur noch den Graus. Ich kann mich nicht entsinnen, etwas so Todtes, so Schemenhaftes auf der Bühne gesehen zu haben.

Hugo Lubliner ist ein Talent, und auf seinem eigensten Gebiet, auf dem Gebiete der Einfädlungen und Schürzungen, fast ein großes Talent. Er ist auch der Mann glücklicher Einfälle, sowohl was das Ganze, wie was die Theile betrifft. Aufs Ganze hin angesehen, hat er Geist (am meisten in der »Frau ohne Geist«) und auf die Theile hin angesehen, hat er einen guten Witz. Der 1. Akt seines ersten Stückes (»Frauenadvokat«) ist ein Meisterstück von Exposition. Vor zehn, zwölf Jahren, als er auftrat, habe ich das alles nicht so stark empfunden; jetzt aber steh' ich auf dem Standpunkte, daß ich, neben vielem andrem, auch den dramatischen Tausendkünstler gelten lasse, den Lustspiel-Bellachini, der, vor unsren Augen, einen Faden zwölfmal zusammenknotet und dann, von links und rechts her leise daran ziehend, die zwölf Knoten wieder zu einem glatten Faden macht. Ich bewundre das jetzt ganz aufrichtig und quäle keinen Menschen mehr mit Feststellung der Grenze zwischen Kunst und Kunstfertigkeit. An jedem tüchtigen Können habe ich meine aufrichtige Freude, es sei was es sei. Aber das tüchtige Können, über das H. Lubliner, auf seinem eigensten Gebiete, so gut Verfügung hat oder wenigstens hatte, dies tüchtige Können fehlt hier. Er hat hier, wie ich schon heute früh schrieb, einem Etwas zugestrebt, das er nicht erreichen kann, etwas gewollt, was man überhaupt nicht wollen soll. Denn den Ideen Hosen anziehen, ist eine Kunst, die, weil sie fast gleichbedeutend ist, mit »das Haus vom Dach aus bauen wollen«, immer nur sehr Wenigen geglückt ist und immer nur da, wo's auf die *Idee* und nicht auf die Verkörperung ankam. Zu diesen Ideen aber wird H. Lubliner selbst seine »Namens-Idee« nicht rechnen wollen. Alles in allem, was er uns da gegeben, ist eine ehrliche Arbeit, aber zugleich eine total verfehlte. Man muß ihm zurufen: »*Revenons a nos premières amours.*« Eigentlich lautet das mir vorschwebende Citat etwas anders, aber ich mache gern eine Anleihe bei einem zweiten geflügelten Wort.

Gespielt wurde, wie dergleichen gespielt zu werden pflegt; auch nicht mit der geringsten Nüance. Das beständige Herzählen der auf dem Zettel gedruckten Namen (auch wieder der »Name«) mit der banalen Hinzufügung »hast's brav gemacht, hast's brav gemacht«, ist eine bloße Papierverschwendung und nebenher noch eine Beleidigung für die Künstler. Man kritisire sie, wo sich's verlohnt und wo's was zu kritisiren giebt. Aber das bloße Zettelabschreiben hat sich wirklich überlebt. Das Interessanteste des Abends war, daß man die Rolle des Geheimpolizisten Bob (Herr *Reicher*) als eine Rehabilitirung von Ihring-Mahlow auffassen konnte. Die Welt wird schöner mit jedem Tage und gemüthlich bis hinab zur Geheimpolizei. Lubliner ist eben ein Optimist. Th. F.

Urteile der höheren Instanz:
Das Gesetz in unserer Brust

Salomon Hermann von Mosenthal
Deborah

Aufführung vom 9. 10. 1880; Kritik vom 12. 10. 1880

Sonnabend den 9. Oktober neu einstudirt: *Deborah*, Volks-
schauspiel von S. H. v. Mosenthal. In Scene gesetzt vom Director Deetz.

In einer Literaturgeschichte nachschlagend, um in Erfahrung zu bringen, wann die Deborah (die ich zuletzt vor 20 oder
25 Jahren sah; Frau *Thomas* brillant in der Titelrolle) zuerst gegeben worden sei, las ich zugleich auch, was in dem Buch über
Werth oder Nicht-Werth des Stückes gesagt worden ist. Scharf-
sinnig wird ausgeführt »daß es nichts tauge«. Halt' ich den Eindruck daneben, den ich am Sonnabend bei der Wiederauffüh-
rung empfangen habe, so wird mir aufs Neue klar, wie wenig
bei solchen aus der Tiefe der ästhetischen Erkenntniß geschöpf-
ten Urtheilen herauskommt. Es kann alles wahr sein, und
schießt doch vorbei. Jedes Stück, das etwas Berechtigtes oder
auch nur Zulässiges will, und mich durch seine Situationen
und Charaktere von Anfang bis zu Ende zu fesseln weiß, ist in
meinen Augen ein gutes Stück. Ich will nichts gegen das ästhetische Gesetz sagen, aber wichtiger ist *das* in unserer Brust. Es
ist die höhere Instanz, Quell alles andern, und giebt den Aus-
schlag. Und dieser unmittelbar gehabten Empfindung nach,
plaidir' ich *für* Deborah. Auch geschieht nichts in dem Stücke,
das ein solches Eintreten ungerechtfertigt erscheinen lassen
könnte. Ein christlicher Ortsrichters-Sohn liebt eine Jüdin,
und als alles fehlschlägt, ihn von ihr zu trennen, verfällt man
auf das alte Mittel der Verdächtigung. »Um Geldes willen wird

sie Dich aufgeben.« Er willigt in den Versuch und wendet sich schließlich von ihr ab, als er den Beweis ihrer niedren Gesinnung in Händen zu haben glaubt. Aber er erlag einem Irrthum, und so trifft ihn denn Deborahs Fluch. In aufgährendem Haß will sie seine Vernichtung, bis ihr Haß sich wieder in Liebe wandelt. Und so scheiden sie versöhnt. Ich finde in diesem einfachen Hergange weder etwas Schiefes noch Krummes, noch etwas Geschraubtes und Gewaltsames. Es ist der alltäglichste Conflict von der Welt: zwei Menschen lieben sich, Unterschiede dieser oder jener Art führen eine Trennung herbei, der Gekränkte verfällt in Rachegelüst und nährt es, bis es einem besseren Gefühle wieder den Platz gönnt. In alle dem nichts von Unnatur. Und so wenig ich einen schwer wiegenden und eine Verurtheilung involvirenden Fehler in dem Gesammthergang erkennen kann, ebenso wenig in den Gestalten und Einzelscenen. Ist Joseph, wie gesagt worden ist, ein Lump, so ist Clavigo auch einer. Es kommt nur darauf an, daß wir das, was geschieht, begreifen, daß wir mitgehen können, und in unserem Herzen der Möglichkeit einer gleichen Handelweise begegnen; das ist mit dem Clavigo der Fall und auch hier mit dem Joseph. Ist jeder ein Lump, der in Liebesverhältnissen, unter dem Einflusse von Einflüsterungen und Intriguen abspringt, so haben die Ehrenmänner in einer Nußschale Platz. Auch darin kann ich nicht zustimmen, daß man von zu vielen Episoden gesprochen hat. Es finden sich deren überhaupt nur zwei (im 2. und 4. Akt) und Beide sind für den Gang des Stückes unerläßlich. Scenen aber, die dem Ganzen und nicht sich selber dienen, sind keine Episoden mehr. Es zieht sich ein sentimentaler Zug durch das Ganze, dies soll unbestritten sein, und hierin steckt sein Fehler; aber dieser Fehler, weil er nirgends ausartet, ist ein tolerabler. Es zählt das Stück immerhin zu dem Besseren und Besten, was die Zeit unmittelbar nach 48 hervorgebracht hat. In Brachvogels »Narziß« ist, was die Gestalt seines Helden angeht, ein genialeres und originelleres Element erkennbar; aber als Kunstwerk steht »Narziß« hinter Deborah erheblich zurück.

Fräulein *Barkany* gab die Titelrolle. Gemessen an ihrer Jungfrau von Orleans, oder selbst an ihrer Eboli, muß man sich ruhig verhalten und zufrieden sein, daß es liegt, wie's liegt. Es paßt doch hier allerhand: die schönen dunklen Augen, das schwarze Haar, der Typus überhaupt. Und dazu die großen Aufschreie, darin die Künstlerin als Virtuosin gelten kann. Auch im Uebrigen glückte manches, und die Worte (im 3. Akt): »Und Du *glaubtest* es? Du glaubtest, daß ich's *nahm*? Elender Christ etc.« konnten in Kraft und Ausdruck als absolut untadlig gelten. Aber es ist nicht viel mehr, als ein zufälliges gutes Treffen; in einer gewissen Regelmäßigkeit wechseln die lauten und leisen Stellen, die monotonen Dumpfheiten und die Kanonenschläge mit Prasselraketen. Ich denke mir Kunst anders. Etwa so, wie Frau *Frieb* die alte Liese spielte, – eine glänzende Leistung, die zu dem Allerbesten zählt, was ich von der Künstlerin gesehen habe. – Ihr zunächst standen Herr *Berndal* als Abraham und Fräulein *Stollberg* als jüdisches Weib. Ihr Zusammenspiel in der 2. Scene des 2. Akts war von großer Wirkung und weckte den lebhaftesten Beifall. Fräulein Stollberg erstaunte mich geradezu, besonders an der Stelle, wo der erschütternde Jubel über das empfangene, rettende Geld aus ihr hervorbricht. Es fehlt Fräulein Stollberg bekanntermaßen etwas; hätte sie *das* noch, oder, an Stelle davon, auch blos eine bessere Schule, so wäre sie eine bedeutende Künstlerin geworden. Viel bedeutender als manche jener gefeierten Heroinen, die, beim Tränkebrauen in Kolchis, den Zaubertrank für sich selber vergessen haben. Aber nicht das Goldene Vließ.

Ich nenne, aus der Reihe der Mitspielenden, noch die Herren *Hellmuth-Bräm* (Ortsrichter) und *Krause* (Schulmeister). Auch Herr *Müller* (Joseph) spielt und wächst sich hinein. – Fräulein *Abich* hatte wieder ihren vollkommenen Simplicitäts-Tag. Wenn die Heilige, die Huß anrief, je gemalt werden sollte, so wüßt' ich wie. Niemand, der Frl. Abich an solchem Abende kennen lernte, würde sich vorstellen können, daß es eine sehr talentvolle Künstlerin ist, die diese Dünnheiten vor sich hin zimpert.

Sehr gut war Herr *Drach* als Ruben. Hier, zum ersten Male seit ich ihn kenne, ganz an seiner Stelle. Sein sonores Organ, dessen Wohlklang für gewöhnlich in seiner Monotonie begraben wird, kam hier zu vorzüglicher Wirkung, weil der begleitende melancholische Herbsteswind in speziell *dieser* Rolle mehr förderte als schadete.

Der Inscenirung war viel Sorgfalt gewidmet, besonders im 1. und 4. Akt, und die Dorfstraße, bei Beginn des Stückes, wirkte sehr anmuthig. Ueberraschend war mir nur die Kirche, deren Front eine rundbogige Basilica zu sein schien. Im 3. Akt begegnen wir derselben Kirche wieder, aber nicht von der Dorf-, sondern von der Kirchhofs-Seite her. Und hier erschien mir ihre Rückfront als eine gothisirende Renaissance. Bekanntlich giebt es solche Doppelkirchen aber doch sehr selten, und ich weiß nicht, ob es rathsam ist, solche kunsthistorischen Finessen zur Darstellung zu bringen. Th. F.

Wilhelmine von Hillern
Die Geier-Wally

Aufführung vom 8. 10. 1881; Kritik vom 11. 10. 1881

Sonnabend den 8. Oktober, zum ersten Male: *Die Geier-Wally*, Schauspiel in 5 Akten und einem Vorspiel von Wilhelmine v. Hillern. In Scene gesetzt vom Direktor Deetz.

Ein großer Erfolg ist zu verzeichnen, größer als erwartet (*nicht* größer als verdient) und es wird mir obliegen zu zeigen, oder doch wenigstens den Versuch dazu zu machen, worin dieser Erfolg begründet liegt. Er liegt *nicht* in dem »Packenden« der Vorgänge – hierin lag vielmehr umgekehrt eine Gefahr – er liegt zu größerem und größtem Theil in einer überall in diesem Stücke zu Tage tretenden Richtigkeit, eine Sache, die viel, viel seltener ist, als in unserer vom Conventionalismus beherrschten dramatischen Kunst in der Regel angenommen wird. In diesem Schauspiele der Frau v. Hillern haben wir richtige Menschen, die das Richtige sagen und das Richtige thun, und dies Richtige thun zu richtiger Zeit und am richtigen Ort. Und so kommt es denn, daß wir alles mit zu durchleben glauben und in jene Mitleidenschaft gezogen werden, die nur da sich einstellt, wo statt der Eingebildetheiten von Leid und Lust, ihre Wirklichkeiten an uns herantreten. Diese Richtigkeit (»Correktheit« ist etwas anderes und »Aechtheit« auch und »Wahrheit« auch) ist der gute Engel, der neben dem beständig am Abgrunde hinschreitenden Stück einhergeht und es, unter einem unausgesetzten Zittern und Bangen von unserer Seite, wenn nicht auf die höchste Höhe der Kunst so doch an ein glückliches Ziel führt. Vergäße dieser gute Engel seines Dienstes auch nur einen Augenblick, so läg' es unten, zerschmetterter als der Bären-Joseph und es muß zugestanden werden, daß ein Theil unserer Bewunderung ein bloßes Kind der Angst ist, mit der wir diesen auf dem Drahtseil haltenden Blondin seine Feuerwerkskörper abbrennen sehn.

Seine Feuerwerkskörper, an denen denn nun freilich kein Mangel ist. Vom ersten Augenblick an glüht es und sprüht es, und knattert's und prasselt's, und wenn die Rakete mit den fünf Leuchtkugeln eben als Sanspareil in die Luft gestiegen ist, so folgt auch schon eine zweite, die mit ihren zwölf niederknatternden Schwärmern die Fünf-Leuchtkugel-Rakete wieder aus dem Felde schlägt. Effekt über Effekt, zugestanden, und doch nichts von eigentlicher Effekthascherei; die grellen Farben geben sich als das natürliche Kleid und mehr braun oder grau darin zu verlangen, hieße den Goldfasan vom Sperling-Standpunkt aus rectificiren zu wollen. Alles im Leben *hat* entweder sein besonderes Licht oder verlangt es, und für den, der Nächtens ein Thurmseil ansteigen will, sind vielleicht Sonnen und *pot à feu's* die natürliche Beleuchtung.

Nichts von Effecthascherei? Nein. Alles was geschieht, geschieht mit Nothwendigkeit; es ist viel, aber nicht *zu* viel. Ich wüßte nichts – von ein paar Bagatellen abgesehen – was gestrichen werden müßte oder auch nur gestrichen werden *könnte*. Je mehr ich mich noch nachträglich mit dem Gang und Bau des

Stückes beschäftige, je mehr wird mir dies zur Gewißheit. Denn das Stück, wie durchaus gesagt werden muß, verliert nicht durch eine hinterherkommende ruhige Betrachtung, sondern gewinnt dadurch, gewinnt, weil die von Anfang bis Ende vorherrschende logische Consequenz auch *das* noch rechtfertigt, was unserer ersten Empfindung anstößig oder doch anfechtbar oder doch zweifelhaft erscheinen wollte.

Solcher Stellen sind nun allerdings verschiedene vorhanden, und davon wie sich der Einzelne mit diesen Stellen abzufinden weiß oder abzufinden Lust hat, davon sag ich, wird schließlich das äußre Schicksal des Stückes abhängen. Der einzelne Einzelne bedeutet freilich nichts, aber viele Einzelne, wenn ihre Einzel-Empfindung zusammenklingt, machen ein ausschlaggebendes Publikum. Und überblick' ich noch einmal die nicht blos von der Bühne, sondern auch vom Parquet her empfangenen Eindrücke, so sollt' es mich schließlich nicht allzu sehr wundern, dies Frau v. Hillern'sche Stück, all seiner glänzenden Eigenschaften unerachtet, mehr in die Reihe der Kometen, als in die der Dauer-Sterne gestellt zu sehen. Eine gewisse Betäubung lag über dem Publikum, eine Betäubung, die zuletzt einer Ermüdung nahe kam. »Ich habe Ruhepunkte vermißt« hieß es, oder »es ist mir zu kraß.« – »Es sind erschütternde Scenen, aber es ist kein Stück;« – »es entwickelt sich wohl, aber es steigert sich nicht, oder wenigstens nicht in kunstgerechter Weise;« – »Trumpf über Trumpf, immer höher und höher, ohne doch die Trümpfe des Vorspiels übertrumpfen zu können.« Ich könnte diese Blüthenlese fortsetzen, aber das Vorstehende genügt, genügt um so mehr, als alles was auch sonst noch laut ward, immer nur Ausdruck ein und derselben Empfindung war: »es fehlt Maaß und die höhere künstlerische Form.«

Und wie stell' *ich* mich nun zu diesen Ausstellungen? Ich finde sie begreiflich, aber *ich theile sie nicht.* Ich wurde drei Stunden lang nicht nur gefesselt, sondern abwechselnd erschüttert und erhoben, und Einzelmomente, die mich choquirten, blieben eben Momente, so viel ihrer auch sein mochten. Ein lächelndes »Alle Wetter, auch *das* noch« überflog mich mehr als einmal, und eine leise Lust, Alles, was geschah, aufs Komische hin anzusehn, überkam mich immer wieder und wieder; aber in demselben Augenblicke wo diese Lust sich regte, schämte sie sich auch und starb hin an dem dominirenden Talente der Verfasserin. Es war *auch* ein Ringen wie vor dem Höchsthof; aber in diesem Ringen blieb *sie* die Siegerin und die Macht der Poesie war stärker, als das immer wieder sich regende kritische Bedenken.

Und bei diesem *historischen* Berichte, der nichts anderes als ein Bild der Empfindungen geben will, mit denen ich das Stück begleitete, laß ich es bewenden. Von Befragen des aesthetischen Gesetzes nehm' ich Abstand; ich habe, wie der neuliche Volksredner, mein Nachschlagebuch vergessen. Nur so viel, daß ich zu *diesen* Gesetzlichkeiten stehe, wie zu den Gesetzlichkeiten überhaupt. Ich freue mich, wenn's stimmt und wenn wir *d'accord* sind. Es ist das immer das Bequemste; ach, und Bequemlichkeit ist eine so süße Sache. Wenn's aber *nicht* stimmt, und wenn wir *nicht d'accord* sind, nun, so verlaß ich mich auf *mich* und nicht auf das Gesetz. Ich habe nichts dagegen, wenn andere eine andere Wahl treffen, und es vorziehen *in verba magistri* zu schwören. Aber »eines schickt sich nicht für alle.« Mir ist das Stehen auf eigenen zwei Beinen immer als der bessere, der fördernde Standpunkt vorgekommen und von diesem meinem Lieblingsstandpunkt aus erscheint mir dann auch die »Geier-Wally« trotz alledem und alledem als ein brillantes Stück. Es ist reich an Schönheiten (nicht an »Finessen«) mächtig und kerngesund, und was ihm an Fehlern eignen mag, sind Stäubchen, Sandpartikelchen, die, mit Hilfe des kritischen Mikroskops, zu Steinen des Anstoßes zu vergrößern, in meinen Augen wenigstens ein unthunlich und undankbar Beginnen wäre.

Was ich an dem Stück gerühmt habe, das hab' ich auch an der Aufführung zu rühmen: es stand alles an *richtiger* Stelle. Die Kräfte, die wir haben, waren aufs glücklichste verwandt und nur wenige der auftretenden Personen fielen aus dem Ton. Es waren dies nicht *die*, die des Oetzthalschen oder irgend eines andern Tyroler Dialekts unmächtig waren; Dinge derart sind entweder bedeutungslos oder schaden wohl gar in ihrer virtuosen Handhabung. Also keine falschen Aechtheiten! Aber was dann an die Stelle des Oetzthalschen oder Pinzgauschen zu treten hat, muß etwas Unschuldiges und Indifferentes, so zu sagen eine Neutralitäts-Sprache sein. Spricht dann aber plötzlich irgend wer onkelbräsigsch oder im Minchen und Tinchen-Stil, so wird dadurch freilich ein höchst störender *Gegensatz* geschaffen und man fragt sich ungeduldig: »was soll das *hier*?« Ein Bühnen-Tyroler braucht nicht specifisch Tyrolerisch zu sprechen; aber freilich seine Sprache darf uns nicht *entgegengesetzt* Specifisches bringen. Tritt dieser Fall ein, so wirkt es halb komisch, halb provocirend. Namen oder auch nur die Rolle zu nennen, ist nicht nöthig. Nur bei der Afra (Fräulein *Haacke*) muß ich es, weil diese Rolle so bedeutsam in das Stück eingreift, daß ihre Darstellung über die Wirkung ganzer Scenen und zwar einiger der wichtigsten entscheidet. Ihr Spiel war nicht geradezu zu tadeln, aber es war unausreichend und entbehrte ganz und gar, und weit über die bloße Dialektfrage hinaus, *jedes* Lokaltons.

Die Titel-Rolle wurde durch Fräulein *Schwartz* gegeben. Wohl jedem zu Dank. So Gutes ich von ihr erwartet hatte, so war ich doch einer *so* vortrefflichen Leistung nicht gewärtig gewesen. Was mich am meisten überraschte, war das Maaß an Kraft, Energie, Leidenschaft. Am bedeutendsten war ihr Spiel in der zweiten Hälfte des 2. Akts, erst in dem weichen und jubelnden Ausdruck ihres Glücks und gleich danach in dem Kochen und endlichen Durchbrechen ihres Haß- und Rachegefühls, als sie sich verhöhnt und betrogen sieht. Das Stück thut hier viel für die Schauspielerin, aber die Schauspielerin that auch viel für das Stück.

Die Geier-Wally ist die einzige große Rolle; schon die zunächststehenden, also die des Bären-Joseph (Herr *Drach*), des Benedikt (Herr *Keßler*), des Vincenz (Herr *Kahle*), des Klettenmaier (Herr *Krause*) und des Venter Boten (Herr *Link*) treten um ein Erhebliches zurück. Herr *Drach* war hier an seinem Platze wie nie. Wundervoll wirkte gleich sein erstes Auftreten im Vorspiel, wo die bloße Macht seiner Erscheinung einem die Gewißheit einer raschen Friedensschließung und einer Beruhigung aller erregten Elemente gab. All' das, was ich sonst wohl an ihm tadeln müßte: das Anschlagen eines unmotivirten Gemüthlichkeitstons und jener Sentimentalität, wie sie freilich das Vorrecht der Großen und Starken ist, – all das war hier am Ort und schuf eine große Wirkung. Er ist wie vorherbestimmt für diese Rolle. – Herr *Keßler* (Benedikt) brachte den Naturburschen nicht voll genug heraus und ließ im Colorit das ein' und andre vermissen, war aber in seiner Brackenburg-Scene mit Wally recht gut. – Auch der »böse *Vincenz*« wirbt um Wally (2. Akt) und das meisterhafte Spiel des Herrn *Kahle* gestaltete die betreffende Scene zu einer der effektvollsten des an effektvollen Scenen so reichen Stücks. Im ersten Moment freilich stört einen etwas specifisch Kahle'sches und man wird fast ärgerlich immer derselben kleinen Tongruppe wieder zu begegnen, die sich, wie die drei Rütlimänner, die Hände reichen und sich's aufs Neue schwören, »unentwegt« zu einander stehn zu wollen. Aber das ist nur das Entree, nur dem Stimmen der Instrumente zu vergleichen. Ist er erst warm geworden, so bleibt von dem Ueberkommenen nichts übrig und, von Leidenschaft durchglüht, ist jeder Ton wie durch Zauberschlag ein andrer geworden. Vorzüglich war auch der alte Knecht Klettenmaier des Herrn *Krause*, namentlich im Vorspiel, als er athemlos in die verschneite Hütte stürzt und dem Benedict und seinen zwei Brüdern die Gefahr meldet, dabei zugleich auch erzählend, »wie das Alles so gekommen sei.« Vortrefflich, sage ich, war der Krause'sche Klettenmaier, aber doch zurückbleibend hinter Herrn *Link*, der den Venter Boten spielt. Dieser Venter Bote tritt nur zweimal auf, erst um den versammelten Dorfleuten in lebendigster Schilderung eine neue Couragethat vom Bärenjoseph zu vermelden, dann um als Abgesandter eben dieses Joseph bei der Geier-Wally um einen Tanz zu bitten; in beiden Scenen aber war er *derartig* brillant, daß sein Spiel wohl das Künstlerisch-vollendetste, jedenfalls das Virtuoseste war, was der Abend bot. – Aus der Reihe der kleineren Rollen erscheinen mir noch der Nicodemus Klotz des Herrn *Juegelt*, der Strominger des Herrn *Oberländer* und besonders die Marianne Gestreiner des Fräuleins *Stollberg* erwähnungswerth.

Alle Decorationen, vom Decorationsmaler Lechner herrührend, waren neu; die glänzendste darunter wohl die das Stück einleitende und abschließende: das Hochjoch auf dem Murzoll.

Frau von Hillern in Geier-Wally hat eine gewisse Verwandtschaft mit den Stücken ihrer Mutter: der Frau Birch. Aber zweierlei, bei sonst gleicher Erkenntniß für das dramatisch wirksame, hebt doch die Tochter über die Mutter hinaus: ein feinerer künstlerischer Sinn und ein Schnitzen aus eigenem Holz. Denn man spreche mir nicht von den »Originalstücken« der Birch. Th. F.

Erckmann-Chatrian
Die Rantzau

Aufführung vom 7. 2. 1883; Kritik vom 9. 2. 1883

Mittwoch, den 7. Februar, zum ersten Male: *Die Rantzau*, Schauspiel in 4 Akten von Erckmann-Chatrian. Deutsch von Karl Saar. In Scene gesetzt vom Direktor Deetz.

Der Stoff ist der alte Capuletti- und Montecchi-Stoff oder auch »Romeo und Julia auf dem Dorfe«, wie Gottfried Keller eine seiner schönsten Novellen genannt hat. Nimmt man etwas »Erbförster« und etwas »Geier-Wally« hinzu, so hat man so ziemlich alle Elemente, aus denen sich das Erckmann-Chatrian'sche Stück zusammensetzt.

Sich befehdende Brüder, deren Kinder sich lieben, – ein uraltes Motiv, aber was das Dichterpaar daraus gemacht hat, ist etwas Neues. Neu nicht blos durch Lokal-Colorit, sondern auch in der Art, wie der Conflict auftritt und sich löst. Der Kern war ein Kern wie andre mehr, aber eine geschickte Hand zog den aufsprießenden Baum mit besondrem Glück und zeitigte goldne Früchte. Was ich vor anderthalb Jahren über die »Geier-Wally« schrieb, paßt auch auf diese Rantzau. »Der Erfolg liegt hier in einer überall zu Tage tretenden *Richtigkeit*, eine Sache, die viel viel seltener ist, als in unsrer von Conventionalismus beherrschten dramatischen Kunst in der Regel angenommen wird. Ueberall in diesem Stücke haben wir richtige Menschen, die das Richtige sagen und das Richtige thun, und dies Richtige thun zu richtiger Zeit und an richtigem Ort. So geschieht es, daß wir alles mit zu durchleben glauben und in jene Mitleidenschaft gezogen werden, die nur da sich einstellt, wo statt der Worte, der Eingebildetheiten von Leid und Lust, ihre Wirklichkeiten an uns herantreten.« So damals meine Bemerkungen über das vorzügliche Stück der Frau v. Hillern. Die Rantzau's stehen aber insoweit höher, als sie, voll feineren künstlerischen Gefühls, *die* Linie vermeiden, die hart neben dem Komischen hinläuft und die seitens der Geier-Wally mit einer beinahe imponirenden Consequenz innegehalten wird. Der verhängnißvolle Schritt *du sublime au ridicule* unterbleibt zwar in dem Stücke der Frau v. Hillern, aber die Furcht, daß er geschehen *könnte*, begleitet uns unausgesetzt und stört uns durch eine kleine Neben-Angst in dem vollen Ergriffensein unseres Herzens. Von dieser störenden Neben-Angst bleiben wir in den Rantzau's frei; keinen Augenblick beschleicht uns die Sorge, daß wir vielleicht *doch* noch in's Lachen fallen könnten, alles ist sicherer fundirt, und giebt uns, auch an den erschütterndsten Stellen, ich will nicht sagen das Behagen aber doch die Ruhe dieser Sicherheit. Mit einem Worte, beide concurrirenden Mächte beherrschen das Gebiet des Theatralischen, aber während Frau v. Hillern einer Nachtwandlerin gleicht, die schließlich ebenso gut niederstürzen wie glücklich ankommen kann, erblicken wir zu Seiten Erckmann-Chatrians immer ein durch die Kunst gezogenes Sicherheits-Seil, das uns, auch an der gefährlichsten Steigestelle, beruhigt.

Der 1. Akt ist ein Expositionsakt *comme il faut*, der 2. von allerglänzendster Wirkung, ebenso nach der Seite des blos Bildlichen wie nach der Seite des Heitren und Erschütternden hin.

Beide, so weit das Maaß meiner Kunst-Erkenntniß reicht, erscheinen mir absolut fehlerlos. Das Gleiche läßt sich von Akt 3. und 4. nicht sagen, und doch übertreffen beide noch die beiden ersten Akte. Deshalb, weil sich hier Vorzüge finden, die durchaus von der höheren Ordnung sind. Am meisten gilt dies von der Schlußscene, richtiger noch von dem Schluß*momente* des 3. Akts. Daß der ältere Bruder in der Liebe zu seinem auf den Tod liegenden Kinde nächtens über die Straße schleicht, um bei dem jüngren Bruder für das Glück und das Leben seines Kindes zu betteln, ist eine dramatische Situation, die sich, weil aus dem Vorhergegangenen folgerichtig erwachsend, vielleicht auch einer geringeren Kraft dargeboten hätte; – der Genieblitz zeigt sich erst in der *Behandlung* bez. Durchführung dieser Situation. Ihr charakteristischer Zug ist nämlich *der*, daß Anfang und Ende so zu sagen zusammenfällt und daß das erste Wort der Begegnung auch nahezu das letzte ist. Ich beschreibe die Scene. Der ältere Bruder klopft dreimal; eine lange Pause, dann kommt ein Licht den Flur hinauf, die Riegel werden zurückgeschoben, und nun stehen sich die beiden feindlichen Brüder einander gegenüber. Ein gewöhnlicher Dramatiker hätte sich jetzt ein Gespräch entspinnen lassen. Aber mit nichten Erckmann-Chatrian. In wenigen, kurz herausgestoßenen Sätzen trägt der ältere Bruder sein Anliegen vor und der jüngere, nachdem er sich besonnen und sich gleichzeitig an dem Anblicke des Gedemüthigten geweidet hat, schließt die Scene mit einem kurzen: »Komm herein.« Im selben Momente fällt der Vorhang.

Der 4. Akt weist *nicht* solchen Genieblitz auf; aber die Kunst, mit der der geschürzte Knoten in diesem Akte gelöst wird, ist von kaum geringerem Werth. Es sind zwei Dinge, die mich hier mit ganz besonderer Bewunderung erfüllen: erstens der glückliche Gedanke, den Inhalt des zwischen den Brüdern geführten Gesprächs in einem inzwischen aufgesetzten Ehecontracte zu allseitiger Kenntniß zu bringen und zweitens der Einfall an die Vorlesung eben dieses Ehekontrakts eine Scene zu knüpfen – und zwar indem sich der Sohn des siegenden jüngeren Bruders gegen den Sieger-Uebermuth seines eignen Vaters empört – eine Scene, sag' ich, die nun statt zur traurigen Verlobung der Kinder zweier *feindlicher* Brüder, zur freudigen Verlobung der Kinder zweier *versöhnter* Brüder führt. Die Hochherzigkeit des Neffen und Eidams löst erst recht eigentlich den Conflict und verwandelt eine Situation, in der bis dahin alles Zwang und nur äußerliches Nachgeben war, in eine Situation voll Freiheit und Liebe. Nicht nur die Brüder sind versöhnt, auch *wir*. Alles geht auf, und es bleibt kein Rest.

Das Spiel war gut, ohne dem Stück ein volles Genüge zu thun. Jeder that, was in seinem Vermögen lag, aber dies Vermögen war nicht überall ausreichend. Unübertrefflich erschien mir Frau *Frieb* als »alte Nanette« und neben ihr Herr *Vollmer* als »Herr Förster Lebel.« Aber beide Rollen sind doch nur Nebenrollen. Die Hauptrollen sind die der feindlichen Brüder: Herr *Kahle*, Herr *Krause*, des Liebespaares: Herr *Müller* und Fräulein *Meyer*, und des Dorfschulmeisters Florentius: Herr *Berndal*.

Herr *Müller* als Georg Rantzau, Sohn des jüngeren Bruders Jacob, war erst recht gut, an ein paar Stellen bemerkenswerth gut; aber sein Spiel hält doch immer nur einen Mittelkurs. Wenn man eben zu hoffen anfängt: »ah, jetzt fliegt er« so versagen ihm plötzlich die Schwingen wieder. Er steigt nur auf, um über kurz oder lang in ein gewisses Strauß- und Trappen-Tempo zurückzufallen. Mitschuldig ist sein Organ. An und für sich nicht klanglos, hat es doch ein Etwas, das zur Erde, zum Alltäglichen zurückzieht.

Fräulein *Meyer* (Luise Rantzau) war im 1. und mehr noch im 2. Akt *sans phrase* entzückend. Im 4. aber (im 3. tritt sie nicht auf) blieb sie hinter sich selbst um ein Erhebliches zurück. Es bewahrheitet sich immer wieder, was ich wiederholentlich gesagt habe: Bild und Erscheinung sind anmuthig, Spiel und Bewegungen desgleichen, Einzelwort und Einzelsatz effektvoll, oft ergreifend; aber der längere Vortrag verfällt nur allzu oft in eine sentimentale Singsangmanier, die mehr oder weniger verdrießt und die Wirkung voraufgegangener glücklicherer Momente wieder in Frage stellt.

Von den feindlichen Brüdern gab Herr *Kahle* den ältern, den Johann Rantzau. Bild und stummes Spiel, letzteres namentlich im 4. Akt, waren, wie bei Frl. Meyer, vorzüglich. Aber während dem Fräulein Meyer das Einzelwort glückt, und der stille, kleine Satz um vieles bedeutender auftritt, als die längere Rede, liegt es bei Herrn Kahle gerad' umgekehrt. Wo er ausholen kann, wo die Rolle Kraft und Leidenschaft in vesuvischen Eruptionen verlangt oder zuläßt, da wirkt er, da steht sein Spiel auf seiner Höhe. Der ruhige Vortrag aber ist nicht seine Sache; sein Schlichtheits-Ton kleidet sich sofort in einen Kahlismus, mit dem ich mich nun mal nicht aussöhnen kann. Ihn abzulegen ist ihm natürlich unmöglich, es wäre sonst längst geschehn; aber eine leise Klage darüber muß wenigstens gestattet sein. Neben seinem stummen Spiel im 4. Akt war sein Spiel im 2. Akt am bedeutendsten.

Herr *Krause* gab den jüngeren Bruder: Jacob Rantzau. Nirgends griff er fehl, ja seinen Intentionen vermocht' ich überall zuzustimmen. Es war beispielsweis eine Feinheit, daß er den Jacob, der zugleich der Bürgermeister im Dorf ist, um eine Nüance gebildeter und »studirter« hielt als den im bäuerlichen Geldprotzenthum steckengebliebenen älteren Bruder Johann. Trefflich vor allem war sein Erscheinen in dem vorgeschilderten Schlußmoment des 3. Aktes, ebenso sein Auftreten im 4., wo er, von Erinnerungen an seine Mutter bestürmt, den seit einem halben Menschenalter nicht betretenen Raum mustert und ausschreitet. Aber so richtig das alles gewollt und gethan war, so gebrach es doch an Einem: an einem Vollmaß von Kraft. Bei mehr innerem Feuer, wäre die Wirkung größer gewesen.

Den Dorfschulmeister Florentius, die vielleicht bedeutendste Rolle, gab Herr *Berndal*. Zu meinem Bedauern mir nicht sonderlich zu Dank. Florentius ist der »arme Poet«, der, von jedem der beiden feindlichen Brüder, insonderheit aber von ihren Kindern, mit Achtung und Liebe behandelt, ängstlich zwischen den Parteien abwägt, endlich aber, als er sich zu muthiger Rede zusammenrafft, durch eben diese Rede zu Bekehrung und Versöhnung Aller führt. Eine herrliche Rolle. Herr Berndal traf es aber nicht ganz. Mehr als einmal hab' ich die Typen aufgezählt, in denen er excellirt, und unter diesen (allerdings als angreifbarste, weil ihm die Sentimentalität nicht allzu glücklich sitzt) auch *die* des weichherzigen alten Professors, der mal unglücklich geliebt hat, immer gerührt und immer zerstreut ist und sich eine halbe Schmetterlingsammlung auf den Rockärmel steckt. Ich kann nur wiederholen, auch diese tief in Gefühl und Wohlwollen getauchte Professoren-Species ist nicht gerade seine Force. Dennoch will ich sie gelten lassen. Sie geht noch gerade, trotzdem es Herrn Berndal nicht glückt, den dieser Species zugehörigen Gestalten eine gewisse *Gefühls-Gezwungenheit* zu nehmen. An diesem Florentius aber hat er so zu sagen einen doppelten Schiffbruch gelitten, und zwar dadurch, daß er in dem ihm ohnehin nicht allzu günstig liegenden, weichen und gebildeten Schmetterlings-Professor der Gensichen'schen »Märchen-Tante« stecken geblieben ist. Mit anderen Worten, er ist den Dorfschulmeister uns schuldig geblieben. Ueberhaupt gelang ihm, meinem Gefühl nach, nur eine Scene vollkommen und zwar *die*, wo Johann Rantzau zur Gratulation kommt und ihm ein Kalb als Geschenk zusagt. Hier war alles echt, auch das Zusammenspiel glücklich.

Das Stück selbst, wie schon gestern in einer vorgängigen Notiz angedeutet, wird sehr wahrscheinlich den Rest der Saison beherrschen. Und mit Recht. Es ist eine ganz ausgezeichnete dichterische Schöpfung. So wenig Sympathieen ich mit diesen verpariserten Elsässern habe, die sich (und wenn sie noch viel bessere Stücke schrieben) immer nur lächerlich machen, wenn sie sich einbilden, auch als Franzosen zweiter Klasse noch zu schade für Deutschland zu sein, ich sage, so wenig Sympathieen ich mit dem politischen Gebahren dieser Herren habe, so kann ich ihr Stück doch nur bewundern und wenn ich Dramatiker wäre beneiden. Alles was dem 3. und 4. Akt vorzuwerfen ist, wäre mit einem dicken Federkiel in einer Viertelstunde herauszustreichen. Anstößig für unser norddeutsches Ohr ist eigentlich nur der Titel. Wenn ein Stück den Namen »die

Rantzau« (richtiger wohl »die Rantzaus«) führt und die Träger dieses Namens unausgesetzt von ihrem Stolz, ihrem Reichthum und ihrem Familienansehen peroriren läßt, so verlangen wir, daß diese Rantzau's südlich und nördlich der Eider wohnen und *jener* Familie zugehören, die durch ein Jahrhundert hin, wenn nicht die Königsmacher- so doch wenigstens die Ministermacherfamilie von Dänemark war. Es verwirrt uns, uns bei Nennung dieses Namens aus der Sphäre der selbstbewußten und superioren Niedersachsen in die der verbockten und verbauerten Allemannen versetzt zu sehen und berührt uns leise nach Art eines Mißklangs, der freilich nicht *in* dem Stücke, wohl aber neben ihm her klingt. Th. F.

Henrik Ibsen
Gespenster

Aufführung vom 9. 1. 1887 im Residenztheater; Kritik vom 13. 1. 1887

Noch einmal Ibsen und seine »Gespenster«

Paul Schlenther hat in der Montag-Abendnummer liebevoll eingehend über die Sonntagsaufführung von Ibsen's »Gespenstern« berichtet und die Redaktion ihrerseits hat in aller Form in einer Schlußnote Veranlassung genommen, ihre Nicht-Uebereinstimmung mit dem Referat ihres Referenten auszusprechen. Es ist damit eigentlich Alles geschehen, was geschehen konnte: P. S. ist dem eminenten Talente des Dichters, die Redaktion der im Publikum vorherrschenden Anschauung gerecht geworden, und so hat es denn in der That sein Mißliches (weil Anspruchsvolles), nachträglich noch als Dritter in diesen Meinungsstreit einzutreten. Die hervorragende Bedeutung Ibsen's und seines Werkes aber, über welch letzteres ein Wort zu sagen, es jeden Mann von Fach drängen muß, läßt mich auf Indemnität bei den Lesern der Zeitung rechnen.

Was will Ibsen? Es sind zwei Sätze, die, wenn ich sein Stück recht verstanden habe, von ihm wie Thesen an seine neue Wittenberger Schloßkirche geschlagen werden. *Erste These*: Wer sich verheirathen will, heirathe nach Neigung, aber nicht nach Geld. *Zweite These*: Wer sich dennoch nach Geld verheirathet hat und seines Irrthums gewahr wird, ja wohl gar gewahr wird, sich an einen Träger äußerster Libertinage gekettet zu haben, beeile sich, seinen *faux pas* wieder gut zu machen, und wende sich, sobald ihm die Gelegenheit dazu wird, von dem Gegenstande seiner Mißverbindung ab und dem Gegenstande seiner Liebe zu. Bleiben diese Thesen unerfüllt, so haben wir eine hingeschleppte, jedem Glück und jeder Sittlichkeit hohnsprechende Ehe, darin im Laufe der Jahre nichts zu finden ist als Lüge, Degout und Cretinschaft der Kinder. Physisches und geistiges Elend werden geboren, Schwächlinge, Jammerlappen, Imbeciles.

So die Thesen, die das Ibsen'sche Drama, dessen Kunst und Technik ich rückhaltslos bewundere, zur Anschauung bringt.

Sind diese Thesen richtig?

Ich halte sie für falsch.

So lange die Welt steht oder so lange wir Aufzeichnungen haben über das Gebahren der Menschen in ihr, ist immer nach den »Verhältnissen« und nur sehr ausnahmsweise nach Liebe geheirathet worden. Die vorchristliche Zeit kannte den Luxus des Nach-Liebe-Heirathens kaum, jedenfalls war es Ausnahme, nicht Regel. Jacob, der Rahel liebte, begann, wohl oder übel, mit Lea; Ruben, Simeon, Levi, Juda und zwei andere noch (schon die Zahl imponirt) wurden ihm aus dieser vergleichsweisen Gleichgiltigkeits-Ehe geboren, Hervorbringungen, die hinter Benjamin und selbst hinter der ägyptischen Excellenz Joseph in nichts, am wenigsten in Kraft und Gesundheit, zurückblieben. Ist anzunehmen, daß die Spartaner nach Liebe geheirathet haben? Vermählen sich die Fürsten, in der großen Mehrzahl der Fälle, nach Liebe? Heirathet man in den reichen Bauerndörfern aus purer Passion? Umgekehrt, alles ist Pakt und Uebereinkommen. »Die Liebe findet sich« und wenn sie sich nicht findet, so schadet es nicht. Die Herrnhuter schlossen, bis vor wenigen Jahrzehnten, ihre Ehen nach dem Loos, und nirgends, so viel ich weiß, ist Degenerirung die Folge davon gewesen. Im Gegentheil, die Herrnhuter sind nicht nur ehrenfeste, sondern auch feste, gesunde Leute. Beaconsfield, befragt weshalb er nach Geld geheirathet habe, gab zur Antwort »um Ruh' und Friedens, also um Glückes willen,« denn alle »aus Liebe« geschlossenen Ehen habe er mit Thätlichkeiten oder Untreue enden sehn. Das ist scherzhaft zugespitzt aber sehr ernsthaft gemeint, und es verlohnt sich wohl, diesen Satz des berühmten englischen Staatsmanns dem Satze des berühmten norwegischen Dichters gegenüber zu stellen. Hie Welf-Beaconsfield, hie Waibling-Ibsen. Wenn ich mich entscheiden soll, bin ich, in *diesem* Fall, ein entschiedener Welf. Unter allen Umständen aber bleibt es mein Credo, daß, wenn von Uranfang an, statt aus Konnivenz und Vortheils-Erwägung, lediglich aus Liebe geheirathet wäre, der Weltbestand um kein Haarbreit besser sein würde, als er ist.

Aber wie steht es mit These II.? Ist Ehescheidung, Uebertritt aus dem einen in das andre Lager, ein für allemal unabweisliche Pflicht, wenn sich im Weiteren auch noch die Zusatzbemerkung erfüllt und in der Ehe die Wahrnehmung gemacht wird »sich an einen Träger äußerster Libertinage«, ja geradezu an Laster und Sünde gekettet zu haben?

Ueber diese These II. ließe sich streiten, wenn dieser Streit nicht längst durch unser Ehescheidungsgesetz gelöst wäre. Wo Schuld, gleichviel auf welcher Seite, nachgewiesen wird, wird dem Verlangen einer Trennung nirgends widerstritten, wenigstens nicht innerhalb der protestantischen Welt. Weder das Gesetz noch die Sitte behindern das siegreiche Durchkämpfen einer freien und wohlmotivirten Entschließung. Und so scheint es denn, daß wir in den Ibsen'schen »Gespenstern« nicht einen Ansturm gegen thörichte, vom Gesetz errichtete Schranken, sondern einfach einen eindringlichen Appell an das Individuum haben, an jeden Einzelnen in der Zuhörerschaft, dem an dem Beispiele dieser einst so schönen Kammerherrin Alving gezeigt werden soll, wie ihm, dem Einzelnen, nicht blos das Recht, sondern in gleichem Falle die *Pflicht* der Losreißung obliegt, eine Pflicht, ohne deren Erfüllung das physische und moralische Verderben mit unerbittlicher Naturnothwendigkeit über ihn und in der millionenfachen Vielheit der Fälle über die Menschheit hereinbrechen muß.

Habe ich These II. hierin richtig definirt, ist Trennung der Ehe, wo Laster und Sünde vorliegen, nicht blos persönliches Recht, sondern unabweisliche Menschenpflicht, so kann, meines Erachtens, auch These II. nicht bestehen. Das Hin und Her vom einen zum andern, das Lieben auf Abbruch, die souveräne Machtvollkommenheit ewig wechselnder Neigungen über das Stabile der Pflicht, über das Dauernde des Vertrages, all das würde die Welt in ein unendliches Wirrsal stürzen und eine Verschlimmbesserung ohne Gleichen sein. Und wenn diesem Satze, der, wie zugestanden werden mag, über bis dahin Unerprobtes spricht, die Beweiskraft fehlen sollte, so läßt sich doch, retrospektiv und historisch, mit aller Bestimmtheit *der* Beweis führen, daß trotz alles Sünden-Elends, das uns durch die Jahrhunderte hin begleitet und sich selbstverständlich auch in unsrem intimsten Leben in hundertgestaltiger Häßlichkeit bethätigt hat, daß trotz all dieses Elends, trotz entnervter Männer und entarteter Frauen, trotz Schein, Komödie, Lüge, die Welt nicht rückwärts sondern vorwärts gekommen ist. Wie war, um nur die letzten Jahrhunderte zu befragen, England unter den letzten Stuarts, wie war Frankreich unter der Regentschaft? Der Wechsel, der sich seitdem vollzogen hat, verzeichnet einen moralischen Fortschritt, nicht einen Niedergang. Alle die Millionen Ehen, die, von damals bis heute, auf nichts anderes als auf Gold und Glanz hin geschlossen wurden, alle die Wüstlinge, die von damals bis heute die Hoffnungen junger Herzen getäuscht und zur Elends- und Widerlichkeitsgeschichte der Menschheit ihr ehrlich Theil beigetragen haben, alle diese Geld-Ehen, alle diese trauermäßig auf Halbmast herabgelassenen Lebenskräfte haben weder die Verdummung der Generationen, noch ihre physisch-moralische Versumpfung zur Folge gehabt. Wo war Entartung, als die Altenfritz-Grenadiere die Höhen bei Prag stürmten, wo war Entartung, als die pommersche Landwehr die Marine-Bataillone bei Möckern niederschlug, wo war Entartung, als die Halberstädter Kürassiere die französischen Carrés durchbrachen? Ein frischer Zug geht durch die Welt, gerade auch jetzt wieder, und ein moderner Mensch sein, heißt ein Mensch sein voll Spannkraft und Nerv (jedenfalls mehr noch voll Nerv als voll Nerven), und wenn es sicherlich nicht wohlgethan wäre, den Blick gegen unsere Gebrechen und Schwachheit verschließen zu wollen, so verbietet es sich doch mehr noch, all das, was uns von Schuld und Sünde durch's Leben hin begleitet, unter ein vergrößerndes Zerrglas zu thun. All das, womit wir in diesen »Gespenstern« geängstigt und zum Wechsel unserer sittlichen Anschauungen gedrängt werden sollen, ist uralten Datums. Sardanapale, kleine und große, historische und private, sind, durch alle Jahrhunderte hin, auf Thron und Lotterbett aufeinander gefolgt, ohne daß es die Menschheit sonderlich geschädigt hätte, sie hat es überdauert und wird es weiter überdauern. Alles ruht in einer ewigen, immer neue Lebensströme spendenden Erhaltungshand, der es ein Leichtes ist, die Sünden eines norwegischen Kammerherrn und noch vieler anderen Kammerherrn, aus ihrer Kraft- und Gnadenfülle wieder wett zu machen. Das alles ist nur der schwarze Fleck am Apfel, der in der Weltenwage nicht aufwiegt. Unsere Zustände sind ein historisch Gewordenes, die wir als solche zu respektiren haben. Man modle sie, wo sie der Modlung bedürfen, aber man stülpe sie nicht um. Die größte aller Revolutionen würde es sein, wenn die Welt, wie Ibsen's Evangelium es predigt, übereinkäme, an Stelle der alten, nur scheinbar prosaischen Ordnungsmächte die freie Herzensbestimmung zu setzen. Das wäre der Anfang vom Ende. Denn so groß und stark das menschliche Herz ist, eins ist noch größer: seine Gebrechlichkeit und seine wetterwendische Schwäche. Th. F.

Ernst von Wildenbruch
Der Fürst von Verona

Aufführung vom 6. 4. 1887; Kritik vom 8. 4. 1887

Mittwoch, den 6. April, zum ersten Male: *Der Fürst von Verona*, Trauerspiel in 5 Akten von Ernst v. Wildenbruch. In Szene gesetzt vom Direktor Deetz.

In einer vorgängigen Notiz über Wildenbruch's neuestes Stück sprach ich metaphorisch von dem »Wagenradscharakter der Lorbeerkränze«, die das Publikum in seinem übergütigen Beifall nicht müde werde, für seinen Lieblingsdichter bereit zu halten, und ich wählte diesen Ausdruck wohlüberlegt, nicht um zu verletzen oder zu nörgeln, sondern um einfach auf *den* Punkt hinzuweisen, der, meinem Ermessen nach, einzig und allein die mehr oder weniger kopfschüttelnde Haltung der Kritik den Schöpfungen Herrn v. Wildenbruchs gegenüber bedingt. Herr v. W. hat ausgesprochene Gaben, die zu bezweifeln oder auch nur zu verkleinern, so viel ich weiß, bisher Niemandem eingefallen ist; als Gesammterscheinung aber ist er mindestens ebenso tadelns- wie preisenswerth, eben so reich an großen Fehlern wie an Vorzügen, und dies seitens des Publikums beständig ignorirt und dadurch ein schreiendes Mißverhältniß zwischen Gabe und Dank, zwischen Anspruch und Leistung geschaffen zu sehen, *das* ist es, was verstimmt und reizt und es dem Gewissenhaftesten und Wohlwollendsten (und ich nehme *beides* für mich in Anspruch) schwer macht, immer und besonders in der ersten Hitze des Gefechts den richtigen Ton zu treffen. Da giebt es denn Leute, die nicht müde werden, von der gewohnheitsmäßigen Tadelsucht und der Neidhammelei der Kritik zu sprechen, als ob Kritik-üben eine ruchlose Beschäftigung und der Kritiker in Person unter den vielen catilinarischen Existenzen die catilinarischste sei. Wie liegt es denn nun aber in Wahrheit? Da hat beispielsweise *Dr.* Hans Hopfen zu Kaiser Wilhelms 90. Geburtstag ein Festspiel geschrieben, *auch* so zu sagen ein Guelfen- und Ghibellinenstück, und alle

Welt, und die Kritik an der Spitze, hat sich darüber geeinigt, daß es eine zwar nur kleine, aber wundervolle dramatische Szene gewesen sei. Ja, meine persönliche Meinung geht dahin, daß die deutsche Literatur, die große Weimarsche Zeit mit eingeschlossen, nichts aufzuweisen habe, was sich, auf dem Festspielgebiet, an Frische, Leben und ungesuchter Originalität über diese kleine dramatische Szene *Dr.* Hans Hopfens erhöbe. Selbst in dem ungeheuren Lärm jener Tage kam dies zur Geltung. Und nun frage ich, wenn sich die Kritik vor Hans Hopfen verneigt, warum sollte sie sich nicht auch vor Ernst v. Wildenbruch verneigen? Ist Hans Hopfen von einer eingeschworenen Anhängerschaar umringt, ist er von einer besonderen Liebe getragen? Eher das Gegentheil. Er ist zu streitbar, um viele Freunde zu haben und wenn ihm trotz alledem, unter dem Einfluß seiner Dichtung, nicht blos die Schulen und Pensionate beiderlei Geschlechts, sondern auch die Herzen seiner Kritiker zujubelten, so beweist das, neben dem Werth seiner Dichtung, vor allem auch noch das andere, daß der Kritiker gerade so begeisterungsfähig ist wie jeder andere Mensch (mitunter auch noch mehr) und von einem richtigen Dichter jeden Augenblick hingerissen werden kann. Es ist nicht so schlimm mit dem Rezensententhum, wie dem Publikum beständig vorgeredet wird; die Kritik ist kein Tadel-Institut, aber freilich auch keine Beifalls-Statistik; sie hat Besseres zu thun, als die Zahl der Hervorrufe zu registriren; sie soll nicht durch Applaus und nicht einmal durch dauernd erscheinende Triumphe bestimmt werden, sie soll ihr Gesetz, am besten das ins eigene Herz geschriebene, haben und danach verfahren; wenn sie das nicht kann, so ist sie »gut für nichts.«

Ernst v. Wildenbruch's »Fürst von Verona«, so wenig mich das Ganze zur Zustimmung bestimmen konnte, scheint mir nichts desto weniger, nach einer wichtigen Seite hin, einen ganz erheblichen Fortschritt in dem Schaffen oder doch mindestens in der Arbeitsart des Dichters zu bekunden. Was war es, was ich all' seinen Stücken bisher vorgeworfen hatte? Willkürlichkeit der Szene wie der Einzelhandlung, Sprünge, Mangel an Motivirung, geschraubte Leidenschaft und falsches Pathos. Von der mit falschem Pathos nicht geradezu nothwendig, aber doch immerhin meistens zusammenfallenden geschraubten Leidenschaft hat auch diese neueste Wildenbruch'sche Tragödie noch ihr gutes, um nicht zu sagen ihr gerüttelt und geschüttelt Maß, aber doch ist es besser damit geworden, und was den Mangel an Motivirung und vor allem die Willkürlichkeiten angeht, so waren sie vergleichsweise verschwindend und ließen jenen Hochgrad von Ungeduld nicht mehr in mir aufkommen, der mich sonst wohl bei Vorführung der Wildenbruch'schen Stücke von Anfang bis Ende begleitete. Der Fürst von Verona muthet einem nirgends, wie zum Beispiel der 3. Akt der Karolinger, bis zum Ungeheuerlichen, ja bis zum grotesk Komischen gesteigerte Unglaublichkeiten zu, führt uns vielmehr umgekehrt in Zusammenhang und richtiger Reihenfolge Geschehnisse vor, die sich, wenn auch nicht ebenso, denn Zeitkolorit ist keine starke Wildenbruch'sche Seite, so doch wenigstens ähnlich ereignet haben können. Eingeführt in das in Guelfen und Ghibellinen getheilte Verona, sehen wir den Wechselsieg der einen und der anderen Partei, bis der ghibellinische Mastino della Scala den ein Jahrhundert lang gestörten Frieden der Stadt dadurch wieder herstellt, daß er der guelfischen Selvaggia von Sanbonifazio die Hand zum Bunde reicht. Aber nur kurzer Friede und nur kurzes Glück! Am Hochzeitsvorabend erneuert sich der Streit, eine Tybalt-Merkutio-Szene spielt, und als im selben Augenblicke die Meldung kommt, Conradin, der junge Hohenstaufe, steige nach Italien hinab und hoffe die Thore Verona's offen zu finden, da bricht das kaum verschüttete Feuer neu hervor, und Selvaggia fällt als ein Opfer wundersam verschlungener Verhältnisse. Die die Katastrophe heraufbeschwörende Szene nämlich verläuft etwas unklar und läßt uns im Ungewissen darüber, ob der Tod der schönen Selvaggia lediglich im Ghibellinenhaß des sie leidenschaftlich aber unglücklich liebenden Scaramello, oder aber in der unglücklichen Liebe desselben, oder endlich in der Eifersucht ihrer Stiefmutter, der Gräfin Adelaide v. Sanbonifazio seinen Grund habe, ein Fehler, der an dieser Stelle nothwendig und nachdrücklich betont werden müßte, wenn er nicht neben einem viel größeren verschwände. Dieser viel größere Fehler ist der, daß es uns absolut gleichgiltig läßt, woran die schöne Selvaggia zu Grunde geht, ob an Politik oder Eifersucht oder Liebe. Wir sind froh, daß es aus ist, und erschrecken bei dem Gedanken, daß eine größere Klarlegung der Motive, schlecht gerechnet noch einen Zeitaufwand von 5 Minuten gekostet hätte. So viel liegt uns nicht daran. Da doch lieber in Ungewißheit bleiben!

Ja, da doch lieber in Ungewißheit bleiben, nicht weil es schon 10¼ ist, sondern weil auch schon um 8¼ und 9¼ unser Auge wohl den Bildern, aber unsere Seele nicht mehr den Vorgängen folgte. Das Interesse schließt um 7¾; bis dahin blühte Hoffnung und der Klosterhof, in dem uns die Kränze windenden jungen Fräulein in die großen Gegensätze der Zeit einführen und mehr noch das Erscheinen des Klostergärtners Leonisio, der uns in halbwahnsinniger, etwas an Veitstanz und etwas an Brutus erinnernder Weise von einem eben erfochtenen Siege der Guelfen berichtet, – das waren die Szenen und Momente, die nicht blos auf die Sinne, sondern auch auf das Herz fielen. Der ganze erste Akt, trotz einiger Sonderbarkeiten beim Auftreten Scaramellos, kann alles in allem als eine nahezu meisterhafte, den Zuschauer und sein Interesse jeden Augenblick in der Hand behaltende Exposition gelten. Aber schon vom 2. Akt an ist dies Interesse hin und alles was folgt, ist vorwiegend ein Guelfen- und Ghibellinen-Radau. Das hat Raupach auch gekonnt und »Karl konnte mehr.« Er hieß übrigens auch Ernst. Die beiden einzigen Guelfen und Ghibellinen, die mich zur Zeit überhaupt noch interessiren, heißen Windthorst und Bismarck. *Die* zu sehen, das wäre was. Aber Sanbonifazio und Della Scala, – todte Namen, wenigstens für uns. In einem spanischen Stücke kann ich keine Preciosa und in einem korsikanischen keine Blutrache mehr aushalten, und beinah noch schlimmer sind veronesische Guelfen und Ghibellinen. Was wissen wir von ihnen? Nichts. Und so ist denn thatsächlich nichts da, was ächtes, wirkliches Leben hätte. Die hohe Tragödie braucht dessen freilich nicht, aber sie braucht dafür leidenschaftlich gespannte Tendenzen, eine hinreißende Macht der Ideen und Gegensätze, Konflikte, die wir empfinden, in denen wir selber mit aufgehen. Aber ist dies hier der Fall? Nein und abermals nein. Ich interessire mich für Reiff-Reifflingen 33 Mal mehr, als für alle 33 Personen dieses Trauerspiels zusammengenommen. Sie sind mir nichts, ich habe keine Spur von Zusammenhang mit ihnen, es ist mir gleichgiltig, ob sie sich heut in den Vesuv oder morgen in den Aetna stürzen. Und da liegt der Mangel. Wer anders fühlt, der mag sich beglückwünschen; ich gönne ihm sein Glück. – Die weitaus beste Figur des Stückes ist Scaramello, eine merkwürdige Mischung von Mortimer und Glöckner von Notre Dame. Trotzdem ist es mir fraglich, ob es als lohnend angesehen werden kann, solche Bastarde künstlich zu züchten. Der Bastard im Shakespeareschen King John ist jedenfalls glücklicher gemischt. Faulconbridge ist ein interessanter Mensch. Scaramello ist blos eine interessante Karikatur. Dennoch hat er was, und wenn es auch nur das Groteske wäre, was ihn weit über den Rest der anderen Figuren erhebt. Herr *Sauer* spielte ihn sehr gut; dieser Scaramello ist das Beste, was ich von ihm gesehen habe. Bin ich recht unterrichtet, so war die Rolle ursprünglich für Herrn Kahle bestimmt, der denn auch das Dämonische vielleicht besser, das wild Gutmüthige dagegen, das diesem Charakter zu Grunde liegt und ihn erst acceptabel macht, wahrscheinlich weniger gut gespielt hätte.

Neben Herrn Sauer sind Herr *Oberländer* als Graf Sanbonifazio (namentlich in der Szene mit der Tochter, wo er seine Verlegenheit hinter Schroffheit verbirgt) desgleichen Herr *Ludwig* als Mastino della Scala und vor allem Herr *Krause* als Gärtner Leonisio zu nennen. In der Reihe der Damen stand Fräulein *Schwartz* als Gräfin Adelaide, Stiefmutter Selvaggia's, obenan. Erscheinung, Haltung, Kostüm, alles gleichmäßig vortrefflich. Die schöne Selvaggia selbst, betreffs deren Scaramello (nachdem er sie im 1. Akt »Göttin« und »Heilige« genannt) im 5. Akte versichert »die gebenedeite Jungfrau« erschlagen zu haben, wurde von Fräulein *Meyer* gegeben, zu wenig als »Göttin«, zu sehr als legendäre »Heilige«. Der reine Giotto. Etwas weniger Wohllaut und hinschmelzende Süße würde den Reiz dieser Guelfentochter eher gesteigert als gemindert haben. Auch selbst bei Klostererziehung entwickelte sich damals alles mehr forsch als weich.

Der Ausstattung des Stückes war viel Liebe zugewandt worden, ja mehr als Liebe – Geld. Die Kostüme zum Theil sehr schön. Unter den neuen Dekorationen erschienen mir die der Gebrüder *Brückner* in Koburg wieder als die künstlerischsten und wirkungsvollsten. Th. F.

Henrik Ibsen
Die Wildente

Aufführung vom 21. 10. 1888 im Residenztheater; Kritik vom 22. 10. 1888

Das Residenz-Theater, dessen Direktion (Sigmund Lautenburg) wir dafür zu danken haben, brachte am Sonntag, in einer Vormittags-Vorstellung, eine Wiederholung von Henrik Ibsens »*Wildente*«. Das Stück, dessen vorjähriger Aufführung ich beizuwohnen verhindert war, machte noch einen tieferen Eindruck auf mich, als die »Gespenster« desselben Herrn Verfassers. Beiden gemeinsam ist die Wahrheit und Ungeschminktheit in der Wiedergabe des Lebens, beiden gemeinsam auch die pessimistische Weltanschauung. »Alles ist eitel«; wohin wir blikken, Phrasen, die wir uns gewöhnt haben »Ideale« zu nennen, Lügen-Ideale, mit denen, so verstehen wir Ibsen, als nächstes Menschheitsziel aufgeräumt werden muß. Erst wieder reiner Tisch; das andere wird sich finden. Und wenn sich's *nicht* findet, lieber der Häßlichkeit ins Gesicht gestarrt als der Verzerrung, lieber der Sünde als der Gleißnerei. Beide Stücke haben dieselbe Doktrin; aber auch die pessimistische Doktrin, wie jede andere, hat ihre Rubriken, und so sehr ich der Ibsen'schen Gesammtanschauung zustimme, so doch nicht jedem Einzelparagraphen. Und ein solcher anfechtbarer Einzelparagraph bildet den Inhalt der »Gespenster« oder tritt wenigstens in den Vordergrund des Stückes. Es ist die Lehre von der Heimsuchung oder »der Väter Sünde der Kinder Fluch.« Mir scheint aber die Bibel diese heikle Frage mit ihrem bis »ins *vierte*« und bis »ins *tausendste*« Glied, nicht blos trostreicher, sondern auch nachweisbar wahrer entschieden zu haben. Wo wären wir, wenn es anders läge! Behandle die Menschen nach seinem Verdienst und selbst der Beste kommt an den Galgen. Wir erstickten, wenn nicht der Wind wäre, und solch Geist der Auffrischung zieht durch die Menschheit und hält sie bei Existenz. Epidemieen versagen plötzlich, das Miasma stirbt hin, und dem entsprechend auch in der moralischen Welt. Die Gnade fällt der Vernichtung in den Arm und wo Krankheit geboren werden sollte, blüht Gesundheit auf. Räthselhaft für uns (auch noch trotz Darwin), aber Räthsel oder nicht, die Thatsachen zeugen. Hieran ist Ibsen in den »Gespenstern« vorüber gegangen und hat, wie das vielfach dem Realismus begegnet, das Vorhandensein auch *freundlicher* Realitäten übersehen. Von diesem Fehler ist die »Wildente« durchaus frei; was hier gepredigt wird, ist echt und wahr bis auf das letzte Tüttelchen und in dieser Echtheit und Wahrheit der Predigt liegt ihre geradezu hinreißende Gewalt. Der Zweifel, der die Macht jedes Kunstwerks bricht, *hier* bleibt er aus, wir verharren vielmehr in derselben Stimmung von der ersten Szene bis zur letzten, und das Leben als solches feiert seinen künstlerischen Triumph. »Es sei nichts, ein Stück Leben aus dem Leben herauszuschneiden«, behaupten die, die's nicht können, und behandeln die Sache so ziemlich nach der Analogie von Kattun und Scheere. Aber weit gefehlt. Es ist das Schwierigste was es giebt (und vielleicht auch das Höchste), das Alltagsdasein in eine Beleuchtung zu rücken, daß das, was eben noch Gleichgiltigkeit und Prosa war, uns plötzlich mit dem bestrickendsten Zauber der Poesie berührt. Im 2. Akt der »Wildente« sitzt die Ekdal'sche Familie am Tisch, Mann, Frau, Tochter, und die Frau rechnet eben ihr Wirthschaftsbuch zusammen: »Brod 15, Speck 30, Käse 10, ja – 's geht auf« und dabei brennt die kleine Lampe mit dem grünen Deckelschirm und die Luft ist schwül und das arme Kinderherz sehnt sich nach einem Lichtblick des Lebens, nach Lachen und Liebe – ja, *das* packt und erschüttert das Herz trotz 10-Pfennig Käse und ein Jambentragödienschreiber, der aus Jugurtha und Catilina nie herausgekommen, er watet daneben umsonst durch Blut und Redensarten ... »Und vielleicht das Höchste« sagte ich; freilich, vielleicht auch *nicht*. Diese schwierigen letzten Fragen sind eben in der Schwebe. Der, für den sie abgeschlossen sind, erscheint mir wenig beneidenswerth. Das Gebäude der überkommenen Aesthetik kracht in allen Fugen und auch von *ihrer* großen Mittelsäule darf gesagt werden: »auch diese schon geborsten etc.« – Es ist wahr, ein Stück wie die »Wildente« entläßt uns ohne Erhebung; aber *muß* es denn durchaus Erhebung sein? Und wenn es Erhebung sein muß, muß sie den alten Stempel tragen? Sind nicht *andere* Erhebungen möglich? Liegt nicht – des erschütternden Waltensehens unerforschlicher Schicksalsmächte ganz zu geschweigen – liegt nicht auch in der Unterwerfung eine Erhebung? Ist nicht auch Resignation ein Sieg? Und wenn das alles verneint werden sollte, haben wir in diesem Stücke *nur* ein Niederdrückendes? wird nur Menschenelend demonstrirt und nur Verzicht auf Freud' und Glück in den Vordergrund des Daseins gestellt? Bei längerer Betrachtung jedenfalls weniger, als es auf den ersten Blick erscheint. In Turgenjew's letztem Romane »Neuland« verklingt auch Alles trübe genug und alle die, die wirr und wirrer strebten, gehen zu Grunde; aber auf den einen, der, allen Utopien feind, ohne Phrasen einfach *Nützliches* und zugleich nächstliegend Menschliches in's Auge faßt, auf *ihn* fällt das Licht eines kommenden Tages. Und ähnlich auch in diesem *Ibsen'schen* Stück. Zu Grunde geht die Prätension, die mit öden Redensarten die Welt reformiren will, aber die von Wissen und Können getragene Nüchternheit bewährt sich und neben ihr kommt der nicht genug zu beherzigende Satz zu seinem Rechte: daß die Lebeleute, die sich zu fördern wußten (und wenn es selbst *Schuld* war, was sie förderte) lange nicht die Schlimmsten sind und schließlich, hilfreich und mitleidsvoll einspringend, ihre Schuld entweder quitt machen oder sie doch mindern, im Gegensatz zu jenen unklaren Köpfen, die, während sie von »Idealen« sprechen, nur sich selbst meinen und während sie von Weltverbesserung sprechen, nur ihrer Eitelkeit fröhnen wollen. Th. F.

Gerhart Hauptmann
Vor Sonnenaufgang

Aufführung der »Freien Bühne« vom 20. 10. 1889 im Lessingtheater; Kritik vom 21. 10. 1889

Sonntag, den 20. Oktober: *Vor Sonnenaufgang,* Soziales Drama in 5 Aufzügen von Gerhart Hauptmann.

Es ist (so wenigstens stehe ich zu der Sache) nie ganz leicht, zu kritisiren, und mitunter ist es schwer. Ein solcher Fall war gestern gegeben. Nur wer den Muth hat, frisch, fromm, fröhlich und frei rundweg zu verabscheuen oder rundweg in den Himmel zu heben, dem wird auch dies G. Hauptmann'sche soziale Drama kein großes Kopfzerbrechen machen; wer diesen Muth aber nicht hat, vielmehr sich mit jeder neuen Szene vor immer neue Fragen gestellt sieht, der wird sich der Schwierigkeit der Beantwortung all dieser Fragen bewußt werden und einen schweren Schreibetag haben.

Es sind keine 2 Monate, daß mir das Stück (in der Paul Ackermann'schen Buchhandlung hierselbst, Friedrichstraße 19., erschienen) zu Händen kam. Gerhart Hauptmann. Wer war er? Und dann weiter: »Vor Sonnenaufgang, soziales Drama.« Mit dem Muth einer eben überstandenen Sommerfrische beschloß ich ans Werk zu gehen. Das Büchelchen verkroch sich aber eine Woche lang unter den Papieren, bis es wieder in die Höh kam und nun las ich es, las es von Anfang bis Ende in einem Zuge durch.

Eine sonderbare, eine gruslige Geschichte. Ueberall im Lande haben wir jetzt Gegenden, wo Bauern und mitunter bloße Käth-

ner über Nacht reich geworden sind, und in eine solche Gegend
führt uns das Stück. Es ist ein schlesisches Dorf am Rande des
Gebirges und das Haus, in das wir eintreten, ist nicht nur städ-
tisch tapezirt und mit Bildern ausgestattet, es hat auch elektri-
sche Klingeln und Telephon. Durch letzteres wird sogar gesprochen. Bewohnt ist das Haus, so weit es »herrschaftlich« ist,
von 5 Personen, von denen 4 den alten Stamm bilden; Bauer
Krause, seine viel jüngere Frau zweiter Ehe, und zwei Töchter
erster Ehe. Die ältere Tochter ist bereits mit einem Ingenieur
Hoffmann verheirathet, der nun der Fünfte im Hause, seiner
Stellung nach aber der erste ist. Er hat das Geschäftliche in die
Hand genommen und das Vermögen, das er vorfand, schwin-
delhaft gesteigert, dabei zugleich für die Modernisirung des
Hauses Sorge getragen. Ja, Klingeln und Telephon sind da,
Pferd' und Wagen auch, sogar ein »Eduard«, Livréediener aus
Berlin, in Wahrheit aber ist dies auf den Vornehmheitsschein
gestellte Haus ein furchtbares Haus, ein Haus mit einem Ge-
spenst in jedem Winkel. Der alte Bauer lebt, als hochgradiger
Säufer, eigentlich nur noch in der Schänke, die Frau zweiter
Ehe, eine Kuhmagd von vordem, oder doch nicht viel was andres spielt sich, wenn's ihr paßt, auf die »gnädige Frau« hin aus,
die mit dem Ingenieur Hoffmann verheirathete ältere Tochter
hat, vom Vater her, das Fuselbedürfniß geerbt, und ihr Gatte,
Hoffmann, der Dirigens des Hauses, ist Phraseur und rück-
sichtsloser Genußmensch, der nur sich kennt und seinem Vergnügen *alles* unterordnet. Ehe sich uns diese Schnaps- und
Sündensippe vollzählig vorstellt, machen wir die Bekanntschaft Alfred Loth's, eines ehemaligen Schul- oder Studienge-
nossen Ingenieur Hoffmann's. Alfred Loth kam hierher, um
die Arbeiterfrage, besonders die der Kohlengrubenarbeiter, an
Ort und Stelle studiren zu können. Er ist idealer, sozialdemo-
kratisch angeflogener Politiker und lebt von Artikel- und Bü-
cherschreiben, ein anständiger Kerl, etwas verrannt, starker
Doktrinär und Prinzipienreiter, aber durchaus ehrlich und zuverlässig. Unter seinen Prinzipien steht Bekämpfung des Alko-
holismus obenan. Er gehört zu denen, die kraft ihrer Kraft wie-

der eine tüchtigere Menschensorte herstellen wollen, um dann, von der verbesserten Rasse, zur Menschenbeglückung fortzuschreiten. Gesundheit natürlich erste Bedingung, Grundlage. Dieser mit Menschheits-Erhebungs-Gedanken gesättigte Alfred Loth, den man kurz als einen Abstinenzfanatiker charakterisiren kann, steckt nun also in einer Schnapshöhle. Scharfe Beobachtung scheint nicht seine Spezialität; er merkt nichts. Vielleicht deshalb nicht, weil er sich, wie so oft die Doktrinäre, sofort für die jüngere Tochter Helene zu interessiren beginnt. Und sie für ihn. Mit dieser Helene steht es übrigens anders wie mit den andern Mitgliedern des Hauses. Ein letzter Wille ihrer verstorbenen Mutter hatte sie vor etlichen Jahren, Erziehungs halber, nach Herrenhut geführt und das Eintreten Alfred Loth's in ihres Vaters Haus ist ihr gleichbedeutend mit einer Wiederanknüpfung an Zeiten, wo sie noch Menschen sah und Menschen hörte. Mit einer von Augenblick zu Augenblick wachsenden Macht drängt sich ihr die Ueberzeugung auf, daß ihre Rettung aus dem Sumpf, in dem sie steckt, nur durch diesen, wie durch eine göttliche Fügung in ihr Haus gekommenen, einfachen Mann bewirkt werden kann, der nicht blendet und bestich, der aber ehrlich ist und Grundsätze hat. Und was das Beste ist, der sie liebt. Es kommt zu keiner feierlichen Verlobung, aber sie sind verlobt und Helene zählt die Stunden, die sie frei machen und in andere Verhältnisse hinüberführen sollen. Wenn nöthig durch Flucht. Da führt das Schicksal, zu Heil oder Unheil, den Arzt des Gebirgsdorfes ins Haus, den *Dr.* Schimmelpfennig, in dem Alfred Loth, wie Tags zuvor in Hoffmann, abermals einen Genossen aus alten Verbindungszeiten wiedererkennt, einen Genossen, der aber den Grundsätzen von damals treu geblieben ist. In einer wundervollen Szene, der dramatisch bedeutendsten des Stücks, entrollt der pessimistische, zugleich, wie Loth, von Idealen getragene Schimmelpfennig ein Bild des Krause'schen Hauses und Familienlebens vor dem entsetzt aufhorchenden Freunde, der sich nun vor die Wahl gestellt sieht, entweder mit seinen Prinzipien oder mit seinem Liebesversprechen zu brechen. Er wählt das Letztere, schreibt ein Abschiedswort und verläßt das Haus. Als Helene, wenige Minuten später, von furchtbaren Ahnungen erfaßt, nach ihm sucht und nichts findet als das Abschiedswort, reißt sie verzweifelt und rasch entschlossen einen Hirschfänger von der Wand und stürzt auf die Nebenstube zu. Gleich danach kommt eine Magd, um Helenen eine Bestellung zu machen, und als sie, sie suchend, zuletzt in das angrenzende Zimmer getreten, stürzt sie mit einem Schrei des Entsetzens wieder hinaus und durch das öde Haus hin klingt die Kunde von dem blutig Geschehenen. Die Szene bleibt leer, während der Vorhang niedergeht.

Dies ist der Inhalt des Stücks, den ich in dieser Skizze, seinem Kern und Wesen nach, glaube richtig wiedergegeben zu haben. Aber was ich nicht wiedergegeben habe, weil es sich nicht wiedergeben läßt, das ist der *Ton*, in dem das Ganze gehalten. Und deshalb ist jede Wiedergabe derart immer unvollkommen und meist auch schädigend. Der Ton ist, bei Arbeiten wie diese, die viel von der Ballade haben, nahezu Alles, denn er ist gleichbedeutend mit der Frage von Wahrheit oder Nicht-Wahrheit. Ergreift er mich, ist er so mächtig, daß er mich über Schwächen und Unvollkommenheiten, ja selbst über Ridikulismen hinwegsehen läßt, so hat ein Dichter zu mir gesprochen, ein wirklicher, der ohne Reinheit der Anschauung nicht bestehen kann und diese dadurch am besten bekundet, daß er den Wirklichkeiten ihr Recht und zugleich auch ihren rechten *Namen* giebt. Bleibt diese Wirkung aus, übt der Ton nicht seine heiligende, seine rettende Macht, verklärt er nicht das Häßliche, so hat der Dichter verspielt, entweder weil seine Gründe doch nicht rein genug waren und ihm die Lüge oder zum Mindesten die Phrase im Herzen saß, oder weil ihn die Kraft im Stich ließ und ihn sein Werk in einem unglücklichen Momente beginnen ließ. Ist das Letztere der Fall, so wird ers beim nächsten Male besser machen, ist es das erstere, so thut er gut, sich »anderen Sphären reiner Thätigkeit« zuzuwenden. Gerhart Hauptmann aber darf aushalten auf dem Felde, das er gewählt, und er *wird* aushalten, denn er hat nicht blos den rechten Ton, er hat auch den rechten Muth, und zu dem rechten Muthe die rechte *Kunst*. Es ist thöricht, in naturalistischen Derbheiten immer Kunstlosigkeit zu vermuthen. Im Gegentheil, richtig angewandt (worüber dann freilich zu streiten bleibt) sind sie ein Beweis höchster Kunst.

Das ungefähr waren meine Betrachtungen, als ich das Stück G. Hauptmann's *gelesen*. Er erschien mir einfach als die Erfüllung Ibsen's. Alles, was ich an Ibsen seit Jahr und Tag bewundert hatte, das »Greif' nur hinein ins volle Menschenleben«, die Neuheit und Kühnheit der Probleme, die kunstvolle Schlichtheit der Sprache, die Gabe der Charakterisirung, dabei konsequenteste Durchführung der Handlung und Ausscheidung alles nicht zur Sache Gehörigen, – alles das fand ich bei Hauptmann wieder, und alles was ich seit Jahr und Tag an Ibsen bekämpft hatte: das Spintisirenige, das Mückenseigen, das Bestreben, das Zugespitzte noch immer spitzer zu machen, bis dann die Spitze zuletzt abbricht, dazu das Verlaufen ins Unbestimmte, das Orakeln und Räthselstellen, Räthsel, die zu lösen Niemand trachtet, weil sie vorher schon langweilig geworden sind, alle diese Fehler fand ich bei G. Hauptmann *nicht*. Kein von philosophisch romantischen Maotten gelegentlich angekränkelter Realist, sondern ein stilvoller Realist, das heißt von Anfang bis Ende derselbe.

So stand ich zu dem jungen Dichter und seinem Stück und so gewappnet und gefeit (wie ich glaubte) trat ich gestern ins Theater. Und ich bin auch in meinen Grundanschauungen unerschüttert geblieben, kann aber andererseits nicht in Abrede stellen, daß die Wirkung der Aufführung eine von der Lektüre sehr verschiedene war. Sie war nicht geringer, sie war nur ganz anders, Szenen, wie beispielsweise die, wo Loth seinem Freunde Hoffmann und der Tochter des Hauses sein politisches Programm entwickelt, die Liebesszene zwischen Loth und Helene, die Streitszene zwischen Loth und Hoffmann und endlich die große, den halben 4. Akt füllende Szene zwischen Loth und *Dr.* Schimmelpfennig, alle diese vergleichsweise herkömmlichen Szenen – herkömmlich in *dem* Sinne, daß in ihnen nichts geschieht oder gesagt wird, was nicht in jedem anderen guten Stück auch hätte gethan oder gesagt werden können – alle diese Szenen waren von großer und von Niemandem im Publikum beanstandeter Wirkung, während alle *die* Vorkommnisse, die dem Stücke, wohl oder übel, seine bestimmte Physiognomie geben und so recht eigentlich das waren, wovon ich mir eine mächtige, so zu sagen kunstrevolutionäre Wirkung versprochen hatte, ziemlich spurlos vorübergingen. Im Publikum wurden dabei, je nach der Parteistellung, mehr oder weniger heftige Beifalls- oder Mißfallenszeichen laut, ein zustimmendes oder ein verhöhnendes Lachen, auch wohl eins jener kritischen Impromptus, darin die Berliner exzelliren, von einer großen Wirkung war aber nichts wahrzunehmen, weder bei Freund noch Feind, und befrage ich mich, welchen Eindruck ich persönlich von *den* Szenen empfing, auf die ich, wenn ich Sportman wäre, gewettet haben würde, so war es vorwiegend der der Langeweile. Zumeist zeigte sich das im 2. Akt, den ich, nach der Lektüre, für den besten und genialsten des ganzen Stückes erklärt hatte. Jetzt, bei der Aufführung, schuf er mir eine große Enttäuschung, und der Grusel, der hier durch eine Häufung von Entsetzlichkeiten hervorgebracht werden soll und auf den das Stück und sein tragischer Ausgang zu gutem Theile gestellt ist, blieb aus. Man sah einen schwer Betrunkenen und einige Imbeciles. Durch stärkeres Betonen der Brutalitäts-Elemente, die der Dichter, in vollem künstlerischen Bewußtsein, hier vorgeschrieben hat, wäre diese Nicht-Wirkung freilich leicht in eine starke Wirkung umzusetzen gewesen, aber es ist mir nachträglich doch ganz sicher, daß das dem Grusel auch nicht aufgeholfen, sondern nur einfach das Widerliche (mit vielleicht sehr bedenklichen Folgen für den Ausgang des Stücks) an die Stelle des prosaisch Indifferenten gesetzt hätte. Und so hatten denn Oberleitung und Regie von zwei Uebeln das kleinere gewählt. Das aber nahm ich, als Resultat dieser Aufführung, für mich persönlich mit heim, daß der Realismus, auch der künstlerischste, wenn er aus dem Buch auf die Bretter tritt, doch gewissen Bühnengesetzen unterworfen bleibt, und daß Züge lebendigen Lebens, die dem realistischen Roman, auch wenn sie häßlich sind, zur Zierde gereichen, auf der Bühne prosaisch wirken, wenn man ihnen die Locken ihrer Kraft nimmt, oder abstoßend, wenn man ihnen ihre Echtheit beläßt. Auf das Spiel komme ich morgen früh zurück. Th. F.

Arno Holz/Johannes Schlaf
Die Familie Selicke

und

Alexander Kielland
Auf dem Heimwege

Aufführung der »Freien Bühne« vom 7. 4. 1890 im Lessingtheater; Kritik vom 8. 4. 1890

Die gestrige Vorstellung der »Freien Bühne« brachte das drei-aktige Drama der Herren Arno Holz und Johannes Schlaf: *Die Familie Selicke*. Diese Vorstellung wuchs insoweit über alle vor-hergegangenen an Interesse hinaus, als wir *hier* eigentlichstes Neuland haben. Hier scheiden sich die Wege, hier trennt sich Alt und Neu. Die beiden am härtesten angefochtenen Stücke, die die »Freie Bühne« bisher brachte: G. Hauptmann's »Vor Sonnenaufgang« und Leo Tolstoi's »Die Macht der Finsterniß«, sind auf ihre Kunstart, Richtung und Technik hin angesehn, keine neuen Stücke, die Stücke, bez. ihre Verfasser, haben nur den Muth gehabt, in diesem und jenem über die bis dahin tra-ditionell innegehaltene Grenzlinie hinauszugehen, sie haben eine Fehde mit Anstands- und Zulässigkeitsanschauungen auf-genommen, und haben auf dem Gebiete dieser kunstbezüg-lichen, im Publikum gäng und gäben Anschauungen zu refor-miren getrachtet, aber nicht auf dem Gebiete der Kunst selbst. Ein bischen mehr, ein bischen weniger, das war alles; die Frage »wie soll ein Stück sein?« oder »sind nicht Stücke denkbar, die von dem bisher Ueblichen vollkommen abweichen?«, diese

Frage wurde durch die Schnapskomödie des einen und die Knackkomödie des anderen kaum berührt. Ich darf diese Worte wählen, weil ich durch mein Eingenommensein für Beide vor dem Verdacht des Uebelwollens geschützt bin.

Die Familie Selicke! Ja, wie steht es damit? Soll man ihr wünschen, daß sie fortlebt und sprießt und gedeiht, oder soll man ihr wünschen, daß sie wie Lieschen Selicke, das liebe süße Kind, frühzeitig an Schwindsucht hinstirbt? Die Beantwortung dieser Frage ist nicht leicht, aber über einzelne Punkte, freilich vergleichsweise Nebenpunkte, bin ich doch zu einem bestimmten »ja« oder »nein« gekommen. Das Stück beobachtet das Berliner Leben und trifft den Berliner Ton in einer Weise, daß auch das Beste, was wir auf diesem Gebiete haben, daneben verschwindet. Und in einem nahen Zusammenhange damit ist die glänzende Charakterzeichnung der auftretenden Figuren, *aller,* ohne Ausnahme. Figuren, wie den »alten Kopelke« gezeichnet zu haben, könnte jeden Dichter, der mit seiner Kunst im modernen Leben steht, mit Stolz erfüllen. Aber freilich diesen zwei sicheren Vorzügen scheinen mir zwei gleich sichere Bedenken gegenüber zu stehen. Eins davon ist nicht groß und berührt keine prinzipielle Frage. Das Stück leidet an Wiederholungen, die, weil es meist Szenen und Momente sind, die an und für sich schon auf der Wippe stehen, doppelt peinlich wirken. In Wirklichkeit geht es zwar so her und wem die photographische Treue alles bedeutet, der wird auch diese richtige Beobachtung des Lebens bewundern müssen; die Bühne aber – wenigstens nach der gegenwärtig noch geltenden, und zwar bei den Freunden der »Freien Bühne« noch geltenden Anschauung – hat ihre eigenen bestimmten Gesetze, von denen vorläufig nicht wohl abzusehen ist. Dies alles indessen bedeutet nicht viel, weil es ein Fehler ist, der jeden Augenblick aus dem Stücke wegkorrigirt werden kann. Wichtiger ist das Bedenken, das sich gegen die Stoffwahl überhaupt richtet und mir das Bekenntniß abzwingt: *Einmal* geht das, *einmal* laß ich mir das gefallen, sogar unter wärmster und bewundernder Anerkennung gefallen. Und wenn der Ostermontag mal wieder auf den 7. April fällt, dann mag es auch mal wieder gehen, aber doch immer nur in Abständen, in Etappen. Um Himmels willen keine »Kontinuation«, ein Punkt, der nicht genug betont werden kann. Denn allerdings scheint der moderne Realismus eine traurige Tendenz nach dem Traurigen hin zu haben und mit dieser Tendenz muß er brechen, wenn er sich seiner Widersacher erwehren, wenn er leben will.

Auf diese Dinge war, nach der Seite von Lob und Tadel hin, Antwort zu geben; aber schwierigere Fragen, die gerade *das* betreffen, was »Neuland« an diesem Stücke ist, diese Fragen freilich bleiben in der Schwebe. Solche realistischen Jammerstücke, so viel steht mir fest, können allerdings nicht das geistige tägliche Brot der Nation werden, aber wenn nun der Jammer fortfällt, wenn der alte Selicke seine Bummelbrüderschaft abstreift, wenn Frau Selicke das Reißen in ihrem Bein verliert und das Gnauen und Stöhnen endgiltig aufgibt, wenn Toni ihren Kandidaten kriegt und als Pastorsfrau nach Malchow oder Marienfelde kommt, und wenn, nicht zu vergessen, das arme kleine Lieschen, das immer so rührend »Mamachen« ruft, wenn das arme Lieschen *nicht* an der Schwindsucht stirbt, sondern nach Görbersdorf geht und auskurirt wird und schließlich, weil die Kränklichen immer was Feines haben, einen Geheimen Hofrath oder gar (vom Mutter Selicke-Standpunkt aus kaum auszudenken) einen Bankier heirathet, – wie steht es *dann* mit einem solchen realistischen Stück, wie steht es dann mit der ganzen Gruppe von Stücken, die, nach alter Anschauung, eigentlich keine Stücke sind? Wie steht es dann mit diesen »Ausschnitten« aus dem Leben, mit diesen Momentbildern, die das, was wir auf der Hintertreppe gratis sehen können, uns gegen Entree noch einmal zeigen? Ich habe keine bestimmte Antwort darauf; man muß es abwarten, wie so vieles andre. Darf ich aber eine Vermuthung aussprechen, so wird diesen Stücken, »die keine Stücke sind«, doch die Zukunft gehören, zum Mindesten werden sie Bürgerrecht haben, und von meinem Gefühlsstandpunkt aus, auch mit Recht. Denn es bleibt nun mal ein gewaltiger Unterschied zwischen dem Bilde, das das Leben stellt und dem Bilde, das die Kunst stellt; der Durchgangsprozeß, der sich vollzieht, schafft doch eine räthselvolle Modelung und an dieser Modelung haftet die künstlerische Wirkung, die Wirkung überhaupt. Wenn ich das kleine Lieschen Selicke bei Nachbarsleuten im Hinterhause hätte sterben sehen, so ist es mir zweifelhaft, ob ich geweint hätte, dem kleinen Lieschen, das gestern auf der Bühne starb, bin ich unter Thränen gefolgt. Kunst ist ein ganz besonderer Saft.

Gespielt wurde trefflich, besonders in den Hauptrollen. Obenan standen die Herren *Wilhelm Hock* und *Theodor Müller*, jener als Vater Selicke, dieser als der alte Kopelke. Ihnen zunächst stand Frau *Stägemann* als Frau Selicke. Fräulein *Agnes Müller*, in der schwierigen Rolle der Toni, war vielleicht um einen Grad zu echt. Die Herren Verfasser wurden am Schlusse stürmisch und wiederholt gerufen und erschienen, um zu danken. Es konnte nicht ausbleiben, daß einem, bei der Plötzlichkeit dieser Doppelerscheinung, das »zwei Leoparden auf einmal aus« durch die Seele ging. Uebrigens glaubt man ihnen, daß sie zusammen arbeiten *müssen*, sie sind wie zwei Hälften, und ihrem gemeinschaftlichen Schaffen möge, bei mehr Frohmuth und Heiterkeit, noch vieles so glücken wie diese »Familie Selicke.«

Den Beschluß machte ein Kiellandscher Einakter »Auf dem Heimwege«, Charakterbild. Ein wegen schnöden Bankerutts zum Zuchthaus verurtheilter Kaufmann kehrt in Haus und Familie zurück, und die liebende Gattin empfängt ihn, nachdem sie ihm in groß und charaktervoll sein sollenden, aber eigentlich albernen Tiraden ihren Standpunkt klar gemacht hat. Ein ziemlich verrücktes Stück, unerquicklich von Anfang bis Ende. Da hat Conrad Alberti neulich eine Erklärung abgegeben, »daß man sich von dieser ewigen Norwegerei doch endlich frei machen müßte.« Gegenüber den verschrobenen Tendenzen, die so viele norwegische Stücke kennzeichnen, hat er vollkommen Recht. Selbst mit Ibsen ist es, auf *diesen* Punkt hin angesehn, all seiner Größe unerachtet, nur so so. Daß er unserer ganz leer und ledern gewordenen Bühne neue Stoffe, neue

Menschen und vor allem auch eine neue Sprache zugeführt hat, das ist sein unsterbliches Verdienst, was aber seine mannigfachen menschheitbeglückenden Probleme angeht, so kann ich nur mit dem alten Kopelke, dem ich mich überhaupt verwandt fühle, sagen »alles Mumpitz«. Welch' Riesenunterschied zwischen »Familie Selicke« und »Auf dem Heimwege«. Diese norwegischen Sachen haben beinah ausnahmslos etwas Geschraubtes und verletzen durch den grenzenlosen geistigen Hochmuth, der aus all diesem Gehabe spricht. Sie wollen Natur und Wahrheit geben und sind furchtbar weit ab von beiden. – Die Hauptrolle des Stücks, die der Frau Kaufmann Nordahl, gab Frau Olga Lewinski mit der Geschicklichkeit und dem Applomb einer ersten Künstlerin, aber der unerquickliche Doktrinarismus des Stücks wurde durch die Virtuosität des Vortrages nur noch gesteigert. Die anderen Rollen sind unbedeutend oder verbraucht; – der frömmelnde norwegische Pfarrer, der immer wieder an den Pranger der Lächerlichkeit gestellt wird, ist nicht mehr auszuhalten. Th. F.

Simon Strauß
Ein Fremdling auf der anderen Seitenlinie

In seinen zwischen 1870 und 1890 verfassten Theaterkritiken beschreibt Theodor Fontane dicht und konzentriert, was auf der Bühne geschieht, ob die Handlung trägt, wie der Text wirkt. Inbrünstig nimmt er sich jeden einzelnen Schauspieler, jede einzelne Schauspielerin vor, kritisiert ihr Auftreten, ihren Ton. Auch ob das Verhandelte lebensecht, also »richtig« und »wahr« ist, interessiert ihn sehr. Doch von der Regie, vom Regisseur ist nie die Rede. Nur am Anfang, in der Überschrift steht manchmal beiläufig ein halber Name: »In Scene gesetzt von …« – und ganz selten einmal missfällt dem Rezensenten an einer »Inscenirung«, dass ein »Jungfrauen-Schlachthelm« zu sehr glänzte, einem alten Kottwitz der dick aufgesetzte weiße Schnurrbart beim Sprechen im Weg oder eine römische Villa nicht historisch genug ausstaffiert war. Theodor Fontane sieht kein »Regisseurstheater«, sondern in erster Linie Handlungsabläufe und Darstellungstechniken. Das ist die erste, offensichtlichste Trennungslinie, die zwischen seiner und unserer Theaterzeit verläuft: Am Königlichen Schauspielhaus in Berlin, seinem Stammtheater als Kritiker, wurden selbst für Neueinstudierungen nur zwei bis drei Proben angesetzt. Einen Regisseur oder gar Dramaturgen im heutigen Sinne gab es nicht. Die Spielleitung übernahm mitunter einer der Schauspieler mit. Die Interpretation des Textes überließ man Publikum und Kritik, von »Setzungen« wollte man damals noch nichts wissen.

Heute schon. Theatergänger wie -kritiker interessieren sich mittlerweile vorrangig für die unterschiedlichen Handschriften von Regisseuren, ihren jeweiligen individuellen Stil, ihren interpretatorischen und ästhetischen Zugriff auf ein Stück. Weder seine Leser noch Fontane selbst hätten das verstanden. Er, der schon als sechzehnjähriger Schüler das Königliche Schauspielhaus in Berlin besuchte und die Bühnendiven dort anhimmelte, war als Theaterbetrachter von Kopf bis Fuß auf das reine Vorspiel von Text eingestellt. Was das Ganze dann zu bedeuten hatte, das einzuschätzen, verstand er als seine alleinige, vornehme Aufgabe – eine fremde Interpretationshilfe hätte er nicht akzeptiert. Schon wenn Schauspieler ihren Text nicht natürlich-zurückhaltend, sondern mit falschem Pathos und glitzernden Gefühlsgirlanden umrankten, wurde er böse. Fontanes Devise lautete, dass dramatische Kunst nichts anderes sein solle »als die Spiegelung eines erhöhten, aber doch immer wahren Lebens«. Wer sich auf der Bühne daran nicht hielt, der bekam die ganze Härte seines theaterkritischen Gesetzes zu spüren.

Die Anfänge von Fontanes theaterkritischem Schreiben gehen zurück in die 1850er Jahre, als er – nach seiner anfänglichen Apothekertätigkeit – in London als kulturpolitischer Korrespondent der »Zentralstelle für Preßangelegenheiten« erste Berichte über kleinere Aufführungen und Gastspiele verfasste. Als er im Sommer 1870 dann zum Theaterkritiker bei der »Vossischen Zeitung« ernannt wurde, standen die weltgeschichtlichen Tage der deutschen Reichsgründung unmittelbar bevor: »Die Welt liegt in Wehen«, heißt es in einer Kritik vom 2. November 1871, »wer will sagen, was geboren wird.« Und doch nahm Fontane in seinen Texten nur sehr sporadisch auf das aktuelle Zeitgeschehen Bezug. Als seine zentrale bürgerliche Verantwortung galt ihm die Kritik. Das scharfe Urteil über ein dargebotenes Schauspiel war sein Ausweis von engagierter Teilhabe am Gemeinwesen. Den Hof als kulturfördernde Einrichtung schätze Fontane nichtsdestotrotz. In der (auffällig milde gehaltenen) Rezension eines »Festspiels zur Feier des hundertjährigen Bestehens des Königlichen Schauspielhauses« mit dem Titel »Die Unterschrift des Königs« heißt es an einer Stelle (gegen das emanzipatorische Wort von Émile Zola, nach dem »wahre Kunst erst mit der Freiwerdung der Künstler von allem Fürstenthum beginne«) mit Verbeugung vor dem anwesenden Herrscherpaar: »Bessere Dichterzeiten als am Versailler und am Weimaraner Hofe, hat es nie gegeben [...]. An das forsche: ›Es soll der Dichter mit dem König gehen‹, läßt man sich jederzeit gern erinnern.«

Seine Kritiken in der »Tante Voss« unterzeichnete Fontane mit dem Kürzel »Th. F.«, was übelgesinnte Zeitgenossen ironisch als Abkürzung für »**Th**eater**F**remdling« lasen. Eine Frechheit natürlich, aber in einem hatten sie recht: Fontane, der den Beruf des Theaterkritikers erst mit fünfzig Jahren hauptamtlich ergriff, war ein Quereinsteiger ins Geschäft. Nicht als Theatermann, sondern als lebhafter Berichterstatter und scharfsinniger Essayist hatte er sich einen Namen gemacht. Fontane blieb als Kritiker des Theaters im wörtlichen Sinne Dilettant, ein Liebender ohne allzu beschwerende Vorkenntnisse und theoretische Vorurteile. Seine wichtigsten Anhaltspunkte bei der Betrachtung eines Schauspiels waren nicht intellektuelle Grundsätze oder ästhetische Prinzipien, sondern die eigene unvermittelte Empfindung. »Meine Berechtigung zu meinem Metier«, schrieb er 1873 an den Schauspieler Maximilian Ludwig, »ruht auf einem, was mir der Himmel mit in die Wiege gelegt hat: Feinfühligkeit künstlerischen Dingen gegenüber. An diese meine Eigenschaft hab' ich einen festen Glauben. Hätt' ich ihn nicht, so legte ich heute noch meine Feder als Kritiker nieder. Ich habe ein unbedingtes Vertrauen zu der Richtigkeit meines Empfindens.«

Damit stoßen wir auf eine zweite Linie, die uns von Fontane trennt. Für sein unbedingtes Vertrauen in die Intuition, für seine Überzeugung, dass es so etwas geben könnte wie ein unwiderlegbares Veto des Gefühls, herrscht kein Verständnis mehr in Zeiten, in denen der Duktus des Dekonstruktivismus sich allerorts als überlegen erweist und jedes vorschnelle Gemütsurteil belustigt beäugt wird. Genauso staunend und verunsichert stößt uns »traurigen Modernen« sein emotionaler Erkenntnisoptimismus auf. Der selbstgewisse Subjektivismus, der Fontanes Kritiken durchzieht, sein klar formulierter Anspruch an ein Stück und seine Wiedergabe – wahr muss es sein, innerlich konsequent und lebensecht – machen uns Schüler der dialektischen Lehre schnell überheblich. Naiv wollen wir einen solchen Zugriff nennen, unreflektiert, vorkritisch. Aber so, wie man ja auch in der Traditionsbewertung der Geschichtswissenschaft den Historismus und sein angebliches Ideal »eunuchischer Objektivität« (Droysen) heute nicht mehr so einfach verdammen mag wie vormals, so sollte man auch beim Rückblick auf die zeitlich damit korrespondierende Strömung in der Theaterkritik vorsichtig sein, den eigenen, zeitgemäßen Standard rückwirkend absolut zu setzen. Vor allem weil sich die in Verruf geratene Hoffnung, darzustellen, »wie es eigentlich gewesen« ist, womöglich im Genre einer Theaterkritik leichter erfüllen lässt als beim Abfassen einer Reformationsgeschichte.

Und doch erstaunt uns Fontanes offenherziger, mitunter geradezu leichtgläubiger sprachlicher Ausdruck, mit dem er seine Urteile verkündet. Er, der der Ansicht war, dass ein Kritiker »mit naivem Sinn« ins Theater gehen müsse, schrieb auch seine Texte mit ungekünstelter Deutlichkeit. Statt eines vornehmen Stils pflegte er einen Ton des apodiktischen Urteilens. Er selbst war der Meinung, dass seine Kritiken vor allem auf »natürliche Menschen« eine Wirkung haben würden. In einem 1884 erschienenen Sammelband über »Berliner Theater-Kritiker« werden Fontanes Kritiken giftig einem »Mittelpublikum« empfohlen, das zwar mit einem bestimmten Behagen Texte über das Theater lesen, aber nicht »aufgeregt« oder »angefeuert« werden wolle. In mancher Hinsicht lässt sich der Theaterkritiker Fontane als Gegenfigur zu seinem späteren Berliner Kollegen Alfred Kerr sehen, jenem brillant-bissigen Herzblutschreiber, in dem sich die Hitzigkeit, das Stürmen und Drängen einer ganzen Epoche spiegelte und der die sinnesfrohe Neugierde, die beißende Ironie, auch die Selbstüberschätzung des Intellektuellen bis in die letzte Letter seiner Kritiken verkörperte.

Während Fontane im ruhigen Plauderton von den Vorzügen und Nachteilen der gerade gesehenen Vorstellung berichtete, schrieb Kerr über einen Theaterabend, als gäbe es nichts Wichtigeres auf der Welt. Er interpretierte munter drauflos, sprach den Leser auf fast schon impertinent intime Weise an, provozierte mit einer gnadenlosen, häufig respektlosen Schärfe und zelebrierte den Verriss – kurzum: er tat alles, um sich und seine lesende Umwelt nicht zu langweilen. Ganz im Gegensatz zu Fontane war Kerr – der die Theaterkritik neben Epik, Lyrik und Dramatik kurzerhand zur vierten literarischen Gattung erhob – eine Pointe oder ein sonstiger stilistischer Coup wichtiger als die Gerechtigkeit gegenüber Schauspielern und Stück.

Beide Matadoren trafen sich allerdings in ihrer Bejahung des aufkommenden Naturalismus. Der siebzigjährige Fontane, der lieber von Realismus als von Naturalismus sprach, schrieb eine lange, konzentrierte Rezension über Gerhart Hauptmanns Skandalstück »Vor Sonnenaufgang«. Er bejubelte die alltagstragische Handlung, weil sie »das wahre Leben« repräsentiere. Mit ähnlicher Verve rühmte er dann auch als einer der ersten Henrik Ibsen, dessen »Ungeschminktheit in der Wiedergabe des Lebens« ihn faszinierte.

Im Großen und Ganzen bevorzugte Fontane Theaterstücke, die auf leichte, »phrasenlose« Art und Weise eine »Kenntnis des Lebens« widerspiegelten. Ausgeprägte Aversionen hegte er gegen jene prätentiöse, artifizielle Dramatik, die unter dem Deckmantel der Poesie nur unverständlichen »Mumpitz« produzierte. Um die »rüpelhafte Unwahrheit« einer Szene nachzuweisen, führte Fontane mehr als einmal die eigene Lebenserfahrung ins Feld, wie zum Beispiel in seiner am 1. April 1885 veröffentlichten Kritik von Friedrich Wilhelm Hackländers Drama »Magnetische Kuren«, in dem ein junger Adliger seinen Handschuh fallen lässt, damit ein alter Kammerdiener sich bücken muss, um ihn aufzuheben. Fontane kommentiert: »Überschlag ich meine persönlichen Erfahrungen auf diesem delikaten Gebiet, so möcht' ich behaupten dürfen, ein junger Adliger von 25 Jahren, wenn er wirklich ein Kavalier und

Gentleman ist, läßt seinen Handschuh nicht fallen, damit ein 55jähriger gräflicher Kammerdiener ihn aufhebe, *wenn* er ihn aber fallen läßt, so hebt ihn der schon gereizte Kammerdiener *nicht* auf [...].« Der Beweis ist schlagend, weil direkt aus dem Leben des Kritikers gegriffen.

Viele der Bühnenautoren, die Fontane hochhielt – ein Adolf Wilbrandt, ein Otto Franz Gensichen, eine Wilhelmine von Hillern –, sind heute vergessen und lediglich als Epigonen in den Theaterlexika abgeheftet. Was er an ihnen schätzte, sind allerdings mittlerweile auch vergessene Kategorien: die »Wahrheit des Ganzen, Wahrheit der Charaktere und Situationen«, eine »zu Tage tretende Richtigkeit«, die passende »Temperatur«. Auch bei der Beschreibung von Schauspielern, die sich Fontane in seinen Besprechungen einzeln vornimmt, sind seine Qualitätsmerkmale wenig variantenreich: Einfachheit, Natürlichkeit, inneres Seelenleben. Keine Typen, sondern Individuen sollen sie spielen, mit »Lebenswahrheit« und vor allem im richtigen Ton. Phantasten und Träumer kann er nicht ausstehen. In einer Kritik vom 11. Dezember 1881 heißt es: »Wer gar nichts mehr zu sagen weiß, erzählt einen Traum.«

Vielleicht ist das eine dritte Linie, die uns von Fontane trennt. Oder vorsichtiger gesagt: trennen sollte. Seine Abneigung gegen den Manierismus, die Übersteigerung, das »traurige Schnörkelwesen«. Fontanes Realismusbegriff erscheint, je mehr man in seinen Kritiken liest, allzu einseitig. Was ist das für ein Anspruch, dass man auf der Bühne nur das sehen will, was man auch selber fühlen und sagen kann? Schauspieler sollen Spiegelbilder des Premierenbesuchers sein? Ganz so eng sieht es Fontane natürlich nicht. Wenn es drauf ankommt, kann auch er einen König Ödipus oder einen Prinzen Hamlet bewundern, aber es fällt doch auf, dass er vor allem lobt, was ihm bürgerlich verständlich erscheint. Für große Helden- und Göttersagen hat er nicht viel übrig, der antike Tragödienkosmos bleibt ihm fremd. Hinter seiner Forderung nach »Wahrheit« und »Richtigkeit« verbirgt sich ein modern-psychologischer Begriff: Identifikation.

So wichtig die Erfahrung von etwas Eigenem auch heute noch beim Theaterbesuch sein mag – mittlerweile ist hier die Erfahrung von Fremdheit das eigentlich Aufregende. Im Grunde bietet das Theater die besten Chancen, unsere Gesellschaft von der momentan überall dominierenden selbstbezüglichen Fixierung auf Identität zu heilen. Im Theater lernt man die Vielfalt unterschiedlicher Weltanschauungen und Charaktereigenschaften kennen. Man trifft hier kluge Besiegte und irr gewordene Helden, bürgerliche Tollpatsche und surreale Todesboten, sogar Königinnen lernt man hier kennen. Allein schon deswegen geht man heute ins Theater: um sich von Gegenbildern verunsichern zu lassen, um Andersartigkeit zu verstehen und sie akzeptieren zu lernen. Anders als zu Fontanes Zeiten darf eine Theaterkritik heute von einem Schauspielabend erwarten, dass hier vor allem auch das Befremdliche, Unverständliche, Abgefahrene zu sehen ist, auch das Archaische oder Reaktionäre, weil die empfundene Welt einer Gesellschaft eben nicht nur aus Realität, sondern auch aus Träumen und vor allem aus Alpträumen besteht. Wer von ihnen zu sprechen versucht, hat nicht nichts, sondern sehr viel zu sagen. Das würde man Fontane gerne entgegnen, ihm, der auf dem Parkettplatz 23 im Königlichen Schauspielhaus saß und sich vor den bösen Blicken der Theaterleute fürchtete – »da sitzt das Scheusal wieder«, diesen Gedanken vermutete er in allen ihn umgebenden Köpfen.

Fontane, der Theaterkritiker: Er lässt uns mit einem wohligen Zweifel zurück. In seinen Besprechungen spiegelt sich das Kolorit einer bürgerlichen Kulturgesellschaft, die auf eindeutige Urteile aus war und vom Theater vor allem ein Abbild ihrer eigenen Lebensumstände erwartete. So gewissenhaft wie Fontane in seinen Texten die Leistung der Schauspieler beurteilt, so konzentriert dokumentiert er auch die Wirkung des vorgetragenen Textes. Er kann Handlungen in wenigen Sätzen um- und zerreißen, Dramatiker-Schicksale beschließen, Abende verdammen und in die höchsten Höhen heben. Aber anders als bei Kerr verlässt einen bei Fontane nie das Gefühl, dass hier im Bewusstsein größter Verantwortung geschrieben wurde. Leichtfertig wirken seine apodiktischen Urteile nie – anfechtbar dafür immer. Fontane war ein Theatergänger, mit dem man sich gern in der Pause angeregt über das Gesehene unterhalten hätte. Nur, um dann am Ende umso sicherer zu einem ganz anderen Urteil zu kommen.

Kommentiertes Personenverzeichnis

Abich, Julie (1852–1928), dt.-österr. Schauspielerin; 1876–1919 am Königlichen Schauspielhaus
Achenbach, Andreas (1815–1910), dt. Landschaftsmaler, bevorzugtes Sujet: Seestücke
Ackermann, Paul (1812–1846), frz. Schriftsteller und Linguist
Ahlden-Uslar (Familie), Adelsgeschlecht aus dem Raum Hannover
Alberti, Conrad   (eigtl. Conrad Sittenfeld; 1862–1918), dt. Journalist, Schriftsteller und Literaturkritiker
Albertus Magnus (geb. um 1200, gest. 1280), dt. Gelehrter u. Bischof
Antonelli, Giacomo (1806–1876), ital. Kardinalstaatssekretär
Auerbach, Berthold (eigtl. Moses Baruch; 1812–1882), dt. Schriftsteller u. Publizist
Augusta von Sachsen-Weimar-Eisenach (1811–1890), verh. mit Kaiser ☞ Wilhelm I., 1861 Königin von Preußen, 1871 deutsche Kaiserin

Barkany, Marie (1862–1928), österr.-ung. Schauspielerin, 1881 bis 1887 am Königlichen Schauspielhaus
Bauernfeld, Eduard von (1802–1890), österr. Lustspieldichter
Beaconsfield ☞ Disraeli
Bel, Claire, frz. Schauspielerin; 1879 mit der frz. Theatergesellschaft in Berlin
Bell, Currer (eigtl. Charlotte Brontë; 1816–1855), engl. Schriftstellerin; im Text unter dem Pseudonym ›Currer Bell‹
Benedix, Roderich (1811–1873), dt. Lustspieldichter u. Theaterintendant
Bergmann, Julie (1843–1894), dt. Schauspielerin; 1862–1894 am Königlichen Schauspielhaus

Berndal, Gustav Carl (1830–1885), dt. Schauspieler; 1854–1885 am Königlichen Schauspielhaus

Birch-Pfeiffer, Charlotte (1799–1868), dt. Dramatikerin; 1844 bis 1865 Schauspielerin am Königlichen Schauspielhaus; 1837–1843 Theaterdirektorin am Stadttheater Zürich; schrieb zahlreiche Theaterstücke (meist dramatische Bearbeitungen von Romanen anderer Autoren), die deutschlandweit sehr erfolgreich waren

Bismarck, Otto von (1815–1898; seit 1865: Graf, seit 1871: Fürst), dt. Politiker u. Diplomat

Bjørnson, Bjørnstjerne (1832–1910), norw. Schriftsteller; Literaturnobelpreis 1903

Blondin, Charles (eigtl. Jean François Gravelet, 1824–1897), engl. Hochseilartist u. Akrobat

Borch, Marie von (1853–1895), Übersetzerin

Boursier, frz. Schauspieler; 1878 mit der frz. Theatergesellschaft in Berlin

Brachvogel, Albert Emil (1824–1878), dt. Schriftsteller

Britchell, C., frz. Schauspielerin; 1874 mit der frz. Theatergesellschaft in Berlin

Brückner, Gebrüder Max (1836–1919) und Gotthold (geb. um 1830, gest. 1892), dt. Theatermaler; betrieben in Coburg ein ›Atelier für szenische Bühnenbilder‹

Bürger ☞ Lubliner

Buska, Johanna (1848–1922), dt. Schauspielerin; 1868–1871 am Königlichen Schauspielhaus

Casanova, Giacomo Girolamo (1725–1798), venezian. Dichter und Abenteurer

Cassini, Elena, ital. Schauspielerin

Claudius, Matthias (1740–1815), dt. Lyriker und Publizist

Clement, Lothar, eigtl. Friedrich Woldemar Ortleb, dt. Schriftsteller

Conrad, G. (eigtl. Georg Prinz von Preußen; 1825–1902), dt. Dramatiker, Großneffe von König ☞ Friedrich Wilhem III.

Conrad, Paula (1862–1938), österr. Schauspielerin; 1880–1898 am Königlichen Schauspielhaus; verh. seit 1893 mit ☞ Paul Schlenther

Coppée, François (1842–1908), frz. Schriftsteller; schrieb Romane, Dramen und Lyrik

Cramer, Carl Gottlob (1758–1817), dt. Romancier; schrieb vor allem Ritterromane

Crelinger, Auguste (1795–1865), geb. Düring, dt. Schauspielerin; gehört zu den bedeutendsten Heroinen ihrer Zeit

Crüsemann, Gustav (1803–1870), dt. Schauspieler; 1821–1856 am Königlichen Schauspielhaus

Dany, frz. Schauspielerin; 1874 mit der frz. Theatergesellschaft in Berlin

Deetz, Arthur (1826–1897), dt. Schauspieler u. Theaterregisseur; 1873–1887 am Königlichen Schauspielhaus

Dehnicke, Paul (1840–1914), dt. Schauspieler, 1863–1900 am Königlichen Schauspielhaus

dell'Era, Antoinette (1861–1945), ital. Tänzerin, Primaballerina

Demanne, frz. Schauspieler; 1878 mit der frz. Theatergesellschaft in Berlin

Dettmer, Friedrich (1835–1880), dt. Schauspieler; 1880 Gastspiel am Königlichen Schauspielhaus

Dickens, Charles (1812–1870), engl. Schriftsteller

Disraeli, Benjamin, 1st Earl of Beaconsfield (1804–1881), engl. Politiker u. Romancier; zweimaliger brit. Premierminister

Dóczi, Ludwig von (1845–1918, seit 1889: Baron), österr.-ungar. Schriftsteller, Übersetzer u. Hofrat

Döbbelin, Karl Theophil (1727–1793), dt. Schauspieler u. Theaterdirektor

Döring, Theodor (1803–1878), dt. Schauspieler; 1845 bis zu seinem Tod am Königlichen Schauspielhaus

Drach, Emil (1855–1902), dt. Schauspieler, Regisseur u. Theaterleiter; 1879–1882 am Königlichen Schauspielhaus

Dumanoir, Philippe (eigtl. Philippe François Pinel; 1806–1865), frz. Dramatiker u. Librettist

Dumas, Alexandre fils (1824–1895), frz. Schriftsteller; Sohn von ☞ Alexandre Dumas père

Dumas, Alexandre père (1802–1870), frz. Schriftsteller; vor allem durch seine Historienromane bekannt; Vater von ☞ Alexandre Dumas fils

Eberhard im Bart (1445–1496), Graf, seit 1495 als Eberhard I. Herzog von Württemberg

Emma, Hélène, frz. Schauspielerin; 1878 mit der frz. Theatergesell-
schaft in Berlin
Eppner, Louise, dt. Schauspielerin; 1880 Gastspiel am Königlichen
Schauspielhaus
Erckmann-Chatrian, gemeinsamer Künstlername des frz. Schrift-
stellerduos Emile Erckmann (1822–1899) und Alexandre Cha-
trian (1826–1890)
Erhartt, Louise (1844–1916), dt. Schauspielerin, 1865–1878 am
Königlichen Schauspielhaus
Esquier, Paul, frz. Schauspieler; 1879 mit der frz. Theatergesellschaft
in Berlin

Fleck, Johann Friedrich Ferdinand (1757–1801), dt. Schauspieler;
langjähriges gefeiertes Mitglied des Berliner Nationaltheaters
Franz, Richard (geb. 1865), dt. Schauspieler; 1884–1887 am Königlichen Schauspielhaus
Frieb-Blumauer, Minona (1816–1886), geb. Johanna Minona Blu-
mauer, dt. Schauspielerin; 1885–1886 am Königlichen Schauspielhaus
Friedmann, Siegwart (1842–1916), österr. Schauspieler; 1864–1872
am Königlichen Schauspielhaus
Friedrich II. von Preußen (1712–1786), seit 1740 König von Preußen, gen. ›der Große‹ bzw. ›der Alte Fritz‹
Friedrich Wilhelm III. (1770–1840), seit 1797 König von Preußen

Gauthier, frz. Schauspieler; 1874 mit der frz. Theatergesellschaft in
Berlin
Gensichen, Otto Franz (1847–1933), dt. Schriftsteller u. Publizist;
artistischer Leiter des Berliner Wallner-Theaters
Gern, Albert Leopold (1789–1869), dt. Schauspieler; 1807–1865
am Berliner Nationaltheater
Goethe, Johann Wolfgang (1749–1832; seit 1782: von), dt. Dich-
ter
Golmick, Emma (1852 oder 1860–1939), dt. Schauspielerin; 1877
bis 1898 am Königlichen Schauspielhaus
Goritz, Otto (geb. um 1840), dt. Schauspieler; 1872–1880 am
Königlichen Schauspielhaus
Gottschall, Rudolf (1823–1909; seit 1877: von), dt. Schriftsteller,
Literaturhistoriker u. Literaturkritiker

Graven, Charlotte von (eigtl. Ch. von Gravenreuth; 1808–1877), dt. Schriftstellerin u. Übersetzerin

Grillparzer, Franz (1791–1872), österr. Dramatiker; seit 1818 Hoftheaterdichter in Wien

Grua, Franz Wilhelm (1799–1867), dt. Schauspieler

Grube, Max (1854–1934), dt. Schauspieler; 1887 Gastspiel, 1889 Engagement am Königlichen Schauspielhaus, 1890 Ernennung zum Oberregisseur

Günther, Anton (eigtl. Elimar Herzog von Oldenburg; 1844–1895), dt. Schriftsteller u. Komponist

Gutzkow, Karl (1811–1878), dt. Schriftsteller, Kritiker, Journalist, populärer Bühnenautor u. Romancier

Haacke, Jenny, Schauspielerin; 1881–1883 am Königlichen Schauspielhaus

Hackenthal, A. (eigtl. Antonie H.; geb. 1856), dt. Schriftstellerin

Hackländer, Friedrich Wilhelm (1816–1877; seit 1860: Ritter von), dt. Schriftsteller u. Journalist

Hagn, Charlotte von (1809–1891), dt. Schauspielerin; europaweit gefeierte Bühnenkünstlerin

Hartmann, Agnes, Schauspielerin; 1869–1871 am Königlichen Schauspielhaus

Hauptmann, Gerhart (1862–1946), dt. Dichter; 1912 Literaturnobelpreis

Hebbel, Friedrich (1813–1863), dt. Dramatiker u. Lyriker

Hellmuth-Bräm, Wilhelm (1827–1889), Schweizer Schauspieler u. Sänger; 1880–1889 am Königlichen Schauspielhaus

Heyse, Paul (1830–1914), dt. Schriftsteller; 1910 Nobelpreis für Literatur

Hillern, Wilhelmine von (1836–1916), dt. Schriftstellerin

Hiltl, Georg Johann (1826–1878), dt. Schauspieler; 1843–1878 am Königlichen Schauspielhaus

Hochberg, Bolko Graf von (1843–1926), dt. Theaterintendant u. Komponist; Generalintendant der Königlichen Schauspiele 1886 bis 1902

Hock, Marie (1866–1890), dt. Schauspielerin, 1888/89 am Königlichen Schauspielhaus

Hoffmann, Ernst Theodor Amadeus (eigtl. Ernst Theodor Wilhelm H.; 1776–1822), bekannt als E. T. A. Hoffmann, dt. Schriftsteller

Hofmeister, H., Schauspielerin; 1875–1881 am Königlichen Schauspielhaus

Holbein, Franz von (eigtl. Holbein Edler von Holbeinsberg; 1779 bis 1855), österr. Schriftsteller u. Direktor verschiedener Theater

Holz, Arno (1863–1929), dt. Schriftsteller des Naturalismus u. Impressionismus

Hopfen, Hans (1835–1904; seit 1888: Ritter von), dt. Schriftsteller u. Generalsekretär der Schillerstiftung

Horn, Clara (1852–1884), dt. Schauspielerin; 1873–1874 am Königlichen Schauspielhaus

Hoxar, Wilhelm Freiherr von (1843 oder 1848–1904), dt. Schauspieler; 1870–1875 am Königlichen Schauspielhaus

Hülsen, Botho von (1815–1886), preuß. Offizier; seit 1851 Generalintendant der Königlichen Schauspiele in Berlin, seit 1866 auch Leitung der Hoftheater Kassel, Hannover u. Wiesbaden

Ibsen, Henrik (1828–1906), norw. Schriftsteller; Begründer des naturalistischen Gesellschaftsdramas

Jean Paul (eigtl. Jean Paul Friedrich Richter; 1763–1825), dt. Schriftsteller

Johannes, Gustav (1837–1901), dt. Schauspieler u. Regisseur; 1882 bis 1884 am Königlichen Schauspielhaus

Jünger, Johann Friedrich (1759–1797), dt. Bühnenautor u. Romancier

Kahle, Richard (1842–1916), dt. Schauspieler, verh. mit ☞ Marie Kahle-Keßler; 1871–1899 am Königlichen Schauspielhaus

Kahle-Keßler, Marie (1844–1896), geb. Keßler, dt. Schauspielerin; verh. mit ☞ Richard Kahle; 1866–1895 am Königlichen Schauspielhaus; nannte sich nach ihrer Heirat zunächst Kahle-Keßler, später Kahle

Karlowa, Emil Hermann (1835–1889), dt. Schauspieler; 1855–1876 am Königlichen Schauspielhaus

Keller, Gottfried (1819–1890), Schweizer Schriftsteller, Politiker

Keßler, Oskar (1846–1923), dt. Schauspieler; 1881–1913 am Königlichen Schauspielhaus; Bruder von ☞ Marie Kahle-Keßler

Kielland, Alexander Lange (1849–1906), norw. Schriftsteller u. Lokalpolitiker

Klein, Adolf (1847–1931), dt. Schauspieler; 1876–1880 am Königlichen Schauspielhaus

Kleist, Heinrich von (1777–1811), dt. Dichter u. Journalist

Kohl von Kohlenegg, Leonhard (1834–1875), österr. Schauspieler u. Bühnenautor

Kotzebue, August von (1761–1819), Schriftsteller, Bühnenautor u. Journalist

Krause, Ernst (1842–1892), dt. Schauspieler u. Regisseur; 1870 bis 1892 am Königlichen Schauspielhaus

Kühle, Mathilde (1849–1918), dt. Schauspielerin;1870–1873 am Königlichen Schauspielhaus

Kunst, Wilhelm (eigtl. Kunze; 1799–1859), dt. Schauspieler

Lacombe, frz. Schauspieler; 1874 mit der frz. Theatergesellschaft in Berlin

Laube, Heinrich (1806–1884), dt. Schriftsteller, Journalist u. Theaterdirektor

Lautenburg, Sigmund (1852–1918), österr. Schauspieler u. Theaterleiter

Leclerc, frz. Schauspieler; 1879 mit der frz. Theatergesellschaft in Berlin

Legouvé, Ernest (1807–1903), frz. Schriftsteller; Dramatiker u. Verfasser sozialpolitischer Sachbücher

Léon Noel, auch Léon-Noël, frz. Schauspieler; 1877–1879 mit der frz. Theatergesellschaft in Berlin

Leopold I. (1676–1747), Fürst von Anhalt-Dessau; preuß. Generalfeldmarschall und Heeresorganisator; gen. ›der alte Dessauer‹

Lewinsky, Olga (1853–1935), geb. von Precheisen, österr. Schauspielerin; 1879 und 1881–1882 am Königlichen Schauspielhaus

Lichtenau, Wilhelmine Gräfin von (1753–1820), geb. Enke, Mätresse Friedrich Wilhelms II. von Preußen; heiratete später Johann Friedrich Ritz (im Text: »Rietz«)

Liedtcke, Theodor (1823 o. 1828–1902), dt. Schauspieler; 1850 bis 1889 am Königlichen Schauspielhaus; verh. mit ☞ Clara Stich

Lindau, Paul (1839–1919), Schriftsteller u. Publizist; 1872 Begründer und bis 1881 Hrsg. der Wochenschrift »Die Gegenwart«

Link, Georg (1833 oder 1843–1903), dt. Schauspieler; 1876–1903 am Königlichen Schauspielhaus

Lohmann, Friederike (1749–1811), dt. Schriftstellerin

Lorenz, Olga (geb. um 1860, gest. 1920), dt. Schauspielerin; 1881 Gastspiel und 1882 Engagement am Königlichen Schauspielhaus

Lubliner, Hugo (1846–1911), dt. Schriftsteller; veröffentlichte zunächst unter dem Pseudonym ›Hugo Bürger‹, später unter seinem Geburtsnamen; Fontane verwendet zunächst das Pseudonym, bisweilen beide Varianten, später (seit etwa 1883) vorwiegend ›Lubliner‹

Ludwig, Maximilian (1847–1906), dt. Schauspieler; 1872–1906 am Königlichen Schauspielhaus

Luguet, Eugène (1819–1886), frz. Theaterdirektor u. Schauspieler; 1874 Leiter der frz. Theatergesellschaft in Berlin

Marenco, Carlo (1800–1846), ital. Dramenschriftsteller

Mariot, Ella (eigtl. Margarethe Neumann; geb. um 1840, gest. nach 1901), dt. Schauspielerin

Marx, Ludwig (1836–1901), dt. Schauspieler u. Regisseur, 1874 Gastspiel am Königlichen Schauspielhaus

Matkowsky, Adalbert (eigtl Matzkowsky; 1857 oder 1858–1909), dt. Schauspieler; 1887/88 Gastschauspieler am Königlichen Schauspielhaus, 1889 Engagement

Meyer, Clara (1848–1922), dt. Schauspielerin; 1871–1891 am Königlichen Schauspielhaus

Meyerbeer, Giacomo (eigtl. Jakob Liebmann Meyer Beer; 1791 bis 1864), dt. Komponist

Mosenthal, Salomon Hermann von (1821–1877), dt. Schriftsteller

Moser, Gustav von (1825–1903), dt. Dramatiker, 1881 zum Hofrat ernannt

Mozart, Wolfgang Amadeus (1756–1791), österr. Komponist

Mozzidolfi, Napoleone, ital. Schauspieler

Müller, Agnes, dt. Schauspielerin

Müller, Eugen (1857–1917), dt. Schauspieler; 1880–1893 am Königlichen Schauspielhaus

Müller, Theodor (1832–1896), dt. Schauspieler

Müller-Hanno, Hermann (eigtl. Hermann Müller; 1860–1899), dt. Schauspieler; 1885–1889 am Königlichen Schauspielhaus

Napoleon I. Bonaparte (1769–1821), frz. General u. Staatsmann; 1804–1814 u. 1815 Kaiser der Franzosen

Nesper, Josef (1844–1929), dt. Schauspieler; 1884–1917 am Königlichen Schauspielhaus

Niemann-Raabe, Hedwig (1844–1905), geb. Raabe, dt. Schauspielerin

Oberländer, Heinrich (1834–1911), dt. Schauspieler; 1871–1911 am Königlichen Schauspielhaus

Oxenstierna, Axel (1583–1654), richtig: Axel Gustafsson Oxenstierna af Södermö, schwed. Reichskanzler

Philippi, Felix (1851–1921), dt. Schriftsteller, Regisseur u. Theaterkritiker

Poppe, Rosa (1867–1940), österr. Schauspielerin; 1889–1915 am Königlichen Schauspielhaus

Putlitz, Gustav Heinrich Gans Edler zu (1821–1890); dt. Schriftsteller u. Intendant

Raupach, Ernst Benjamin Salomo (1784–1852), dt. Dramatiker

Reicher, Emanuel (1849–1924), österr. Schauspieler; 1888/89 am Königlichen Schauspielhaus

Rietz ☞ Lichtenau

Ristori, Adelaide (1822–1906), ital. Schauspielerin; international erfolgreiche Tragödin

Rodenberg, Julius (eigtl. Julius Levy; 1831–1914), dt. Schriftsteller u. Publizist

Rossi, Ernesto (1827–1896), ital. Schauspieler; europaweit erfolgreich, besonders als Shakespeare-Darsteller

Rott, Moritz (eigtl. M. Rosenberg; 1795–1867), dt. Schauspieler; 1832–1855 am Königlichen Schauspielhaus

Rübsam, Marie, dt. Schauspielerin; 1885 Gastspiel am Königlichen Schauspielhaus

Rusconi, Carlo (1819–1889), ital. Schriftsteller u. Übersetzer (vor allem Shakespeare)

Ruta, Cesarina, ital. Schauspielerin

Saar, Karl (eigtl. Charles Claud; 1850–1923), österr. Schauspieler, Regisseur u. Dramatiker

Saldern (Familie), Adelsfamilie aus dem Raum Hildesheim/Braunschweig

Sardou, Victorien (1831–1908), frz. Dramatiker und Librettist; vor allem bekannt für seine Stücke im Genre de ›pièce bien faite‹

Sauer, Edmund (1837–1892), dt. Schauspieler; 1886–1891 am Königlichen Schauspielhaus

Schaub, Paul, frz. Schauspieler; 1874 u. 1879 bei der frz. Theatergesellschaft in Berlin

Schiller, Friedrich (1759–1805; seit 1802: von), dt. Dichter

Schlaf, Johannes (1862–1941), dt. Schriftsteller des Naturalismus, Übersetzer

Schlenther, Paul (1854–1916), dt. Theaterdirektor, Theaterkritiker u. Schriftsteller; Mitbegründer des Theatervereins »Freie Bühne«, Fontane-Nachfolger als Theaterkritiker der »Vossischen Zeitung«; verh. mit ☞ Paula Conrad

Schmidt, Julian (1818–1886), dt. Literaturkritiker u. -historiker

Scholz, Bernhard (1831–1871), dt. Dramatiker u. Journalist

Schönthan, Franz von (eigtl. Franz Schönthan von Pernwaldt; 1849–1913), österr. Dramatiker u. Schauspieler

Schumann, Clara (1819–1896), dt. Pianistin u. Komponistin

Schwartz, Johanna (gest. 1938), dt. Schauspielerin; 1881–1889 am Königlichen Schauspielhaus

Schwing, Fernando (eigtl. Ferdinand S.; geb. um 1836, gest. 1897), dt. Schauspieler; 1863–1890 am Königlichen Schauspielhaus

Scribe, Eugène (1791–1861), frz. Schriftsteller, Dramatiker u. Librettist; wohl erfolgreichster frz. Dramatiker seiner Zeit

Seydelmann, Karl (1793–1843), dt. Schauspieler; seit 1838 am Hoftheater in Berlin

Shakespeare, William (1564–1616), engl. Dichter

Spielhagen, Friedrich (1829–1911), dt. Romancier, Novellist u. Essayist

Spieß, Christian (1755–1799), dt. Schauspieler u. Schriftsteller; schrieb Dramen u. Schauerromane

Staegemann, Eduard Otto Eugen (1845–1899), dt. Schauspieler u. Theaterdirektor; 1873 Gastspiel am Königlichen Schauspielhaus; verh. mit ☞ Ida Staegemann

Staegemann, Ida Valeska Malvine (1848–1905), österr. Schauspielerin; verh. mit ☞ Eugen Staegemann

Stawinsky, Karl (1794–1866), dt. Schauspieler u. Regisseur; 1828 bis 1856 am Königlichen Schauspielhaus

238

Stich, Clara (1820–1862), dt. Schauspielerin; verh. in zweiter Ehe mit ☞ Theodor Liedtcke; Tochter von ☞ Auguste Crelinger

Stoecker, Adolf (1835–1909), dt. ev. Theologe u. Politiker

Stollberg, Leopoldine (geb. um 1849, gest. 1928), österr. Schauspielerin; 1873–1899 am Königlichen Schauspielhaus

Subra, frz. Schauspielerin; 1877 u. 1879 mit der frz. Theatergesellschaft in Berlin

Taglioni, Auguste (geb. um 1831, gest. um 1911), dt. Schauspielerin; bis zu ihrer Pensionierung 1874 am Königlichen Schauspielhaus

Taubert, Wilhelm (1811–1891), dt. Komponist; seit 1841 Musikdirektor an der Königlichen Oper in Berlin

Tessandier, frz. Schauspielerin; 1878 mit der frz. Theatergesellschaft in Berlin

Thomas, Bertha (1819–1852), dt. Schauspielerin, geb. Hausmann

Tolstoi, Leo (1828–1910), russ. Dichter

Uhland, Ludwig (1787–1862), dt. Dichter, Literaturforscher, Jurist u. Abgeordneter

Vogt, Karl (1817–1895), dt.-schw. Naturwissenschaftler u. Politiker

Vollmer, Arthur (1849–1927), dt. Schauspieler; seit 1874 am Königlichen Schauspielhaus

Voß, Richard (1851–1918), dt. Schriftsteller

Weimar, A. (eigtl. Auguste Götze; 1840–1908), dt. Dramatikerin, Schauspielerin u. Sängerin

Wichert, Ernst (1831–1902), dt. Schriftsteller u. Jurist

Wildenbruch, Ernst von (1845–1909), dt. Schriftsteller u. geheimer Legationsrat; schrieb viel gespielte historische Dramen, Gedichte und Erzählungen

Wilhelm I. (1797–1888), Prinz von Preußen; 1858 Prinzregent (Vertreter des erkrankten Königs Friedrich Wilhelm IV.), 1861 als Wilhelm I. König von Preußen, 1871 deutscher Kaiser

Windthorst, Ludwig (1812–1891), dt. Politiker

Wittgenstein, Wilhelm zu Sayn-Wittgenstein-Hohenstein (1770 bis 1851, seit 1804: Fürst), preuß. Politiker

Wünzer, Theodor (1831–1897), dt. Schauspieler

Ziegler, Clara (1844–1909), dt. Schauspielerin; 1868–1874 am
Münchner Hoftheater, erfolgreiche Heroine, danach kein festes
Bühnenengagement, sondern Gastspiele u. a. am Königlichen
Schauspielhaus und am Berliner Theater (1888–1890) sowie in
Russland u. der Schweiz

Zieten, Hans Joachim von (1699–1786), preuß. Reitergeneral, gen.
›der alte Zieten‹

Zola, Émile (1840–1902), frz. Schriftsteller des Naturalismus